한자성어로 배우는 한자

LP 삶의 깨우침이 있는 한자 공부 003

漢字

한자성어로 배우는 한자

成語

권승호 지음

앨피

머리말

교육 현장에서 느끼는 감정의 모양과 빛깔은 하루에도 열두 번 변하지만 가장 밑바닥에 깔려 있는 감정은 안타까움입니다. 인성 교육이 실종되고 지식 교육만 강조되는 현실도 안타깝지만, 그 지식 교육마저 엉터리인 것에서 큰 안타까움을 느낍니다. 易地思之**역지사지**의 之**지**를 '갈 지'가 아닌 '그것 지'로, 緣木求魚**연목구어**의 緣**연**을 '인연 연'이 아닌 '오를 연'으로, 事大主義**사대주의**와 事君以忠**사군이충**의 事**사**를 '일 사' '사건 사'가 아니라 '섬길 사'로 설명하는 책을 찾을 수 없었습니다. 이 책을 집필하게 된 이유입니다.

烏足之血**조족지혈**, 塞翁之馬**새옹지마**의 '之'를 '갈 지'가 아닌 '관형격조사 지'로, 披露宴**피로연**의 露**노**를 '이슬 로'가 아닌 '드러낼 로'로, 巧言令色**교언영색**의 令**영**을 '명령할 령'이 아닌 '아름다울 영'으로, 千載一遇**천재일우**의 載**재**를 '실을 재'가 아닌 '해(year) 재'로 설명하는 책, 고개를 갸우뚱하지 않아도 되는 명쾌한 설명이 필요하다는 생각에 우선 각 한자성어의 의미에 맞는 훈(뜻)을 하나하나 적었습니다. 그 훈에 맞게 직역한 뒤 의역을 덧붙이고, 직역과 의역만으로 부족한 한자성어에는 참고될 내용을 소개하고, 혼동을 줄이면서 한자 실력도 키울 수 있게 비슷한 한자들을 정리하였습니다. 한자성어의 쓰임을 정확히 알 수 있도록 예문도 덧붙였습니다. 이해하기 쉽게 설명한 책을 만나면 즐거운 마음으로 공부할 수 있고, 공부가 재미있는 작업임을 느낄 수 있을 것입니다.

이 책을 통해 확실하게 아는 것만이 진짜 아는 것임을 깨닫고, 그동안 갸

우뚱했던 한자성어의 의미를 정확하게 이해하며, 즐거움 속에서 지식과 지혜를 터득할 수 있다면 좋겠습니다. 독자들이 한자 실력 향상으로 책 읽는 즐거움에 푹 빠지고, 여러 방면의 공부에 흥미를 느끼며, 인간에 대한 이해까지 깊어지기를 바라는 마음에서 집필하였습니다. 그 어떤 작업보다 신나고 즐거운 작업이었기에 글자판을 두드리며 행복했습니다.

이 책은 처음부터 순서대로 읽어 내려갈 필요는 없습니다. 펼쳐지는 대로 읽어도 좋고, 사전을 볼 때처럼 필요한 부분만 읽어도 괜찮습니다. 다만 서두르지 말고 천천히 음미하면서 읽고 반복해서 읽는다면 도움이 될 것입니다. 생각하고 또 생각해서 만들어 낸 例文**예문**이 智慧**지혜**를 키우는 데 도움이 된다면 더 바랄 것이 없습니다.

2019년 8월

권승호

차례

ㅂ~ㅅ

ㅇ

ㅋ~ㅎ

일러두기

【예문】 에서 인용한 작품은 국립국어원 《표준국어대사전》에 수록된 것이다.

001

街談巷說 가담항설

길거리나 보통 사람들 사이에서 떠돌아다니는 소문

街 거리 **가** 談 말 **담** 巷 거리 **항** 說 말 **설**

【직역】 거리에 (떠돌아다니는) 말과 거리에서 (들려오는) 말.

➲ 街談**가담**과 巷說**항설**은 같은 의미이므로 '街談' 또는 '巷說'만 써도 되지만, 네 자를 만들기 위해 같은 의미의 다른 글자를 겹쳐 '街談巷說'이라 함.

【예문】 "가짜 뉴스가 판을 치는 세상인데 街談巷說**가담항설**을 믿으려 하느냐? 직접 확인해 보고 따져 본 다음에 믿어도 늦지 않는 것을."

【비슷한 글자】 談 말씀 담 淡 묽을 담 ‖ 巷 거리 항 港 항구 항
說 말씀 설 設 세울 설 悅 기쁠 열

002

苛斂誅求 가렴주구

貪官汚吏**탐관오리**들이 여러 명목의 세금을 무리하게 거두어들이고, 백성들을 협박하여 재산을 함부로 빼앗던 일

苛 가혹할(사나울) **가** 斂 거둘 **렴** 誅 목 벨 **주** 求 구할(빼앗을) **구**

【직역】 가혹하게 (세금이나 물건을) 거두어들이고 목을 베겠노라 (협박하면서) 구함(빼앗음).

【예문】 "왕실의 苛斂誅求**가렴주구** 때문에 난리를 일으킨 도민들에게 어찌 배상금을 물라 하며…." – 현기영, 《변방에 우짖는 새》

【비슷한 글자】 求 구할 구 球 공 구 救 건질 구

003

家貧思賢妻
가 빈 사 현 처

어려운 상황에 닥치게 되면 현명한 사람을 생각하게 됨

家 집 **가** 貧 가난할 **빈** 思 생각 **사** 賢 어질 **현** 妻 아내 **처**

【직역】 집이 가난해지면 (비로소 살림을 잘하는) 어진 아내를 생각하게 됨.

➲ '나라가 어지러워지면 어진 재상을 생각하게 된다'는 國難思良相 **국난사양상**과 對句**대구**를 이루어 많이 쓰임. 평소에는 진정한 가치를 모르다가 어려운 상황에 처하면 가치를 알게 된다는 말. 가난해지기 전에 생각할 수 있으면 좋을 텐데 그렇지 못하는 경우가 많음을 통해, 대부분의 인간이 어리석다는 사실까지 인정할 수 있으면 좋을 것 같다.

【예문】 "家貧思賢妻**가빈사현처**라더니, 회사 사정이 어려워지니 자네에게 연락을 하는군."

【비슷한 글자】 貧 가난할 빈 貪 탐낼 탐 ‖ 思 생각 사 恩 은혜 은
妻 아내 처 悽 슬퍼할 처

貝(조개 패)는 '재물' '돈'의 의미로 많이 쓰인다. 옛날에는 조개가 화폐로 사용되었기 때문이다. 財(재물 재), 販(팔 판), 貨(재화 화), 貸(빌릴 대), 買(살 매), 賣(팔 매), 資(재물 자) 등이 그 예이다. 재물(貝)을 나누면(分) 가난해지므로 貧(가난할 빈)이고, 재물(貝)이 지금(今) 눈앞에 있으면 욕심이 생기므로 貪(탐낼 탐)이다.

004

佳人薄命
가 인 박 명

얼굴이 예쁜 여자의 삶(운명)은 순탄하지 않음

佳 아름다울 **가** 人 사람 **인** 薄 엷을 **박** 命 목숨 **명**

【직역】 아름다운(예쁜) 사람은 목숨이 엷다(짧다).

중국 北宋**북송**의 문인 蘇軾**소식**이 어린 승려의 아름다운 모습과 우수에 젖은 듯한 표정을 보고 노래한 시 〈薄命佳人**박명가인**〉에서 유래. '自古佳人多命薄**자고가인다명박** 閉門春盡楊花落**폐문춘진양화락**(예로부터 아름다운 사람은 많이 운명이 기박했으니, 문 닫으니 봄은 다하고 버들꽃 떨어지는구나)' 사실이 그렇다기보다는 못생긴 사람을 위로하는 의미가 아닐까? 좋은 점이 있으면 나쁜 점도 있다, 장점이 단점이 되고 단점이 장점이 될 수 있다는 해석도 가능함.

【예문】 "佳人薄命**가인박명**이로세. 하늘은 어찌하여 미래가 창창한 아름다운 청년을 그리 서둘러 데려가시는가!"

【비슷한 글자】 佳 아름다울 가 住 살 주 往 갈 왕 ‖ 人 사람 인 入 들 입 八 여덟 팔
薄 엷을 박 博 넓을 박 搏 잡을 박 賻 부의 부

여기서 薄**박**은 '엷다' '적다'는 의미인데, '넓다' '많다'는 의미의 博**박**도 있다. '보고 들은 것이 많아서 아는 것이 많음'을 識(알 식)을 써서 博識**박식**이라 하며, '전문 학술 분야에서 연구가 깊고 뚜렷한 업적을 이룬 사람에게 대학에서 수여하는 가장 높은 학위'를 士(선비 사)를 써서 博士**박사**라 한다. '오래된 유물이나 문화적, 학술적 의의가 깊은 자료를 수집하여 보관하고 전시하는 곳'은 博物館**박물관**이고, '온갖 물품을 전시 · 진열 · 판매 · 선전 · 심사하여 생산물의 개량 발전 및 산업 진흥을 꾀하기 위해 여는 展覽會**전람회**'는 覽(볼 람) 會(모임 회)를 써서 博覽會**박람회**라 한다. 이때의 博**박**은 모두 博(넓을 박)이다.

한편, '거의 차이가 나지 않음'을 비유적으로 일컫는 말은 氷(얼음 빙)을 써서 薄氷**박빙**, '얼마 되지 않는 적은 금액의 봉급'은 俸(급료 봉)을 써서 薄俸**박봉**, '정성을 들이지 않고 아무렇게나 대하는 것'은 待(대접할 대)를 써서 薄待**박대**, '의지나 체력 따위가 굳세지 못하고 여림'을 일컫는 말은 弱(약할 약)을 써서 薄弱**박약**, '생각이 깊지 않고 조심성이 없어 말과 행동이 가벼움'은 輕(가벼울 경)을 써서 輕薄**경박**이라 하는데, 이때의 薄**박**은 薄(엷을 박)이다.

005

苛政猛於虎
가 정 맹 어 호

혹독한 정치의 폐해가 엄청나게 큼

苛 가혹할 **가** 政 정치 **정** 猛 사나울 **맹** 於 ~보다(어조사) **어** 虎 호랑이 **호**

【직역】 가혹한 정치는 호랑이보다 사납다.

➡ 공자가 제자들과 태산 옆을 지나고 있을 때 한 부인이 무덤 앞에서 슬피 울고 있었다. 까닭을 물으니, "옛날에 시아버지가 호랑이에게 잡혀 죽었고 얼마 전에 남편도 호랑이에게 잡혀 죽었는데 이번에는 자식이 호랑이에게 잡혀 죽고 말았습니다"라고 대답했다. "그런데 왜 이 무서운 땅을 떠나지 않는 거요?"라고 공자가 반문하자, 부인은 "그래도 이 고장에는 가혹한 정치가 없기 때문입니다"라고 대답했다는 데에서 유래. 정치를 가혹하게 해서는 안 된다는 뜻.

【예문】 "지역구의 선심성 예산은 그대로 두고 얼마 안 되는 저소득층 지원 예산을 삭감했다니 苛政猛於虎**가정맹어호**가 따로 없군."

【비슷한 글자】 苛 매울 가 可 옳을 가 ‖ 猛 사나울 맹 孟 맏이(처음) 맹

006

家和萬事成
가 화 만 사 성

집안이 평화로워야 마음이 편하고 마음이 편안해야 어떤 일이든 잘할 수 있게 됨

家 집 **가** 和 화목할 **화** 萬 모두 **만** 事 일 **사** 成 이룰 **성**

【직역】 집안이 화목하면 모든 일이 이루어진다.

【예문】 "家和萬事成**가화만사성**이라 했으니 시간과 돈을 사교육에 쏟아부을 것이 아니라 여행이나 공연 관람 등 가족의 행복을 만드는 데 쓰는 것이 현명하지 않을까? 집안이 화목해야 공부도 잘할 수 있을 테니 말이다."

【비슷한 글자】 家 집 가 嫁 시집갈 가

007

刻骨難忘
각 골 난 망

은혜가 너무 커서 그 고마움이 뼛속까지 스며들어 도저히 잊을 수 없음

刻 새길 **각** 骨 뼈 **골** 難 어려울 **난** 忘 잊을 **망**

【직역】 뼈에 새겼기 때문에 잊기가 어려움.

【예문】 "'刻骨難忘**각골난망**입니다'라는 말을 들으면 더 많은 은혜를 베풀고 싶은 것이 人之常情**인지상정**인데… 고마움을 표현하지 않는 것은 얼마나 어리석은가."

【비슷한 글자】 刻 새길 각 劾 캐물을 핵 該 갖출 해 核 씨 핵
忘 잊을 망 忌 꺼릴 기 亡 망할 망 望 바랄 망 妄 망령될 망 忙 바쁠 망

刂=刀(칼 도)를 보고 刻(새길 각)이 '칼'과 관계 있는 글자임을, 月=肉(고기 육)을 보고 骨(뼈 골)이 '고기' '살' '몸'과 관계 있는 글자임을, 亡(망할 망)과 心(마음 심)이 더해진 것을 보고 忘(잊을 망)이 '마음이 망했다' '마음이 없어졌다' '생각이 없어졌다'는 의미임을 유추할 수 있다.

008

刻骨痛恨
각 골 통 한

매우 큰 정신적 고통과 원통함

刻 새길 **각** 骨 뼈 **골** 痛 아플 **통** 恨 원통할 **한**

【직역】 뼈에 새겨진 아픔과 원통함.

➡ 뼈에 새겨질 만큼 마음에 깊이 사무쳐 맺힌 원한.

【예문】 "刻骨痛恨**각골통한**하며 괴로워하지 말고, 잊음으로써 불행에서 벗어나는 편이 나을 수도 있다."

【비슷한 글자】 恨 원통할 한 限 한계 한

疒(병질 엄)이 들어간 글자는 모두 질병과 관계가 있다. 病(병들 병), 疫(전염병 역), 症(병 증세 증), 疾(병 질), 疲(피곤할 피), 痛(아플 통), 癌(암 암), 痴 · 癡(어리석을 치) 등이 그것이다.

009

各樣各色 각양각색

각각 모두 다 다름

各 각자 **각** 樣 모양 **양** 各 각자 **각** 色 색 **색**

【직역】 제각각의 모양과 제각각의 색깔.

➡ 여러 가지 모양과 빛깔.

【예문】 "各樣各色**각양각색**의 세상사를 받아들이고 인정하면 서운함과 괴로움과 분노가 사라지고 幸福**행복**이 성큼 다가올 것이다."

【비슷한 글자】 各 각자 각 名이름 명

010

角者無齒 각자무치

한 사람이 재주나 복을 함께 가질 수 없는 것이 세상의 이치

角 뿔 **각** 者 ~것 **자** 無 없을 **무** 齒 이빨 **치**

【직역】 뿔이 있는 것(동물)에게 이빨은 없음.

➡ 뿔을 가지면 이빨을 가질 수 없고 이빨을 가지면 뿔을 가질 수 없는 것이니(뿔과 이빨은 무기이다), 모든 것을 가지려 욕심 부리지 말아야 한다. 자기가 가진 것에 만족하고 감사하라는 의미로도 해석할 수 있다.

【예문】 "角者無齒**각자무치**임을 안다면 공부 못하는 것을 안타깝게 여길 필요가 없다. 공부도 하나의 재주이고 복이니까. 공부 재주가 없다면 다른 재주를 가진 것이 분명하니까."

者자를 '놈 자'라 하는데, 옛날에 '놈'은 卑語비어가 아니라 平語평어였다. 者는 '사람'이라는 의미로만 쓰이는 것이 아니라 '~것' '일' '물건'이라는 의미로도 쓰이며, 말을 강하게 하기 위해 쓰이기도 한다. 때로는 둘 이상의 사물을 구별하는 어조사로도 쓰인다.

ㄱ

011

刻舟求劍 각주구검

융통성 없이 낡은 생각만 고집함

刻 새길 **각** 舟 배 **주** 求 찾을 **구** 劍 칼 **검**

【직역】 (칼이 떨어진 위치를) 배에 새겨 놓고서 (배가 이동했다는 사실은 생각하지 않고 배에 새긴 표식을 보고 잃어버린) 칼을 찾음.

➲ 상황의 변화를 모르고 과거의 것만 고집하는 미련함과 어리석음. 배를 타고 가던 도중 칼을 배 밖으로 떨어뜨린 사람이 뱃전에 표시를 해 놓은 뒤 배가 정박하자 배가 움직여 이동한 것은 생각하지 않고 칼을 찾기 위해 표시해 놓은 곳에 뛰어들었다는 이야기에서 유래(《呂氏春秋여씨춘추》, 〈察今篇찰금편〉).

【예문】 "전 세계에서 兩性平等양성평등이 話頭화두인 마당에 성차별 광고라니 남성 쇼비니즘인가 刻舟求劍각주구검인가."

【비슷한 글자】 舟 배 주 丹 붉을 단 ‖ 求 구할 구 救 도울 구 球 공 구
劍 칼 검 險 험할 험 檢 단속할 검

012

肝膽相照 간담상조

속마음이 통하는 친구

肝 간 **간** 膽 쓸개 **담** 相 서로 **상** 照 비출 **조**

【직역】 간과 쓸개를 서로 비추어 보여 줌.

➡ 속마음을 터놓고 사귀는 친구.

【예문】 "친구가 많은 사람보다 한 명이라도 肝膽相照**간담상조**할 수 있는 친구를 가진 사람이 부럽다."

【비슷한 글자】 照 비출 조 昭 밝을 소

013

甘言利說
감 언 이 설

남의 비위를 맞추려는 의도를 가지고 던지는 달콤한 유혹의 말솜씨

甘 달 **감** 言 말씀 **언** 利 이로울 **이** 說 말씀 **설**

【직역】 달콤한 말과 이로운 (조건을 내세워서 꾀는) 말.

【예문】 "甘言利說**감언이설**로 속이는 사람도 잘못이지만, 甘言利說에 속아 넘어가는 사람에게도 잘못은 있다."

【비슷한 글자】 說 말 설 設 세울 설 悅 기쁠 열

여기서 利**이**는 '이롭다'는 의미지만, 銳利**예리**에서는 '날카롭다', 勝利**승리**에서는 '이기다', 利子**이자**나 利率**이율**에서는 '이자'라는 의미이다.

014

感之德之
감 지 덕 지

과분한 듯하여 아주 감사하게 여김

感 감사할 **감** 之 그것 **지** 德 덕 **덕** 之 그것 **지**

【직역】 그것을 감사하게 여기고 그것을 덕으로 생각함.

➡ 감사하게 생각함.

【예문】 "누군가에게 도움을 받으면 感之德之**감지덕지**하자. 그 마음이 도움을 준

사람에게 힘이 되고 결국 나도 행복하게 만들 것이다."

【비슷한 글자】 感 느낄 감 減 덜 감 憾 섭섭할 감 咸 모두 함
之 어조사 지 芝 영지 지 乏 가난할 핍

015

甘呑苦吐
감 탄 고 토

옳고 그름과 상관없이 자신에게 이익이 될 것 같으면 받아들이고 그렇지 않으면 받아들이지 않음

甘 달 **감** 呑 삼킬 **탄** 苦 쓸 **고** 吐 토할(뱉을) **토**

【직역】 달면 삼키고 쓰면 토해 냄.

➡ 자신의 이익만을 생각하는 이기주의자의 행태.

【예문】 "일손이 부족할 때는 정규직 전환을 약속하며 일단 출근부터 하라더니 이제 와서 일방적으로 계약 해지 통보를 하니 회사의 甘呑苦吐**감탄고토**식 경영에 배신감이 느껴진다."

016

甲男乙女
갑 남 을 녀

신분이나 이름이 알려지지 아니한 평범한 사람들을 일컫는 말

甲 첫째 **갑** 男 사내 **남** 乙 둘째 **을** 女 여자 **녀**

【직역】 甲갑이라는 남자와 乙을이라는 여자.

➡ A라는 남자와 B라는 여자, 첫째 아들과 둘째 딸처럼 평범한 사람을 뜻함.

【예문】 "甲男乙女**갑남을녀**의 이야기와 기록들을 발굴, 복원한다면 우리 역사가 훨씬 더 풍부해질 텐데."

【비슷한 글자】 甲 첫째 갑 申 아홉째 신

여기서 甲갑과 乙을은 10간의 甲갑 乙을 丙병 丁정 戊무 己기 庚경 申신 壬임 癸계에서 가져온 것으로 1 2 3 4…, 가나다라…, ABCDE…와 같이 순서를 나타낼 뿐 특별한 의미는 없다.

017

甲論乙駁 갑론을박

사람들이 서로 자신의 주장을 내세우면서 상대편의 주장을 반박함

甲 첫째 사람 **갑** 論 주장할 **론** 乙 둘째 사람 **을** 駁 논박할 **박**

【직역】 甲갑이라는 첫째 사람이 주장하면 乙을이라는 둘째 사람이 논박함.

【예문】 "자신의 주장이 틀렸을 수 있다는 前提전제 없이 甲論乙駁갑론을박에 뛰어들었다가는 낭패를 당할 수 있다."

【비슷한 글자】 論 말할 론 倫 인륜 륜 輪 바퀴 륜

018

康衢煙月 강구연월

태평한 시대의 평화스러운 풍경

康 오거리 **강** 衢 네거리 **구** 煙 연기 **연** 月 달 **월**

【직역】 (사람들의 왕래가 많은) 오거리나 네거리에서 (음식 만드는) 연기가 달을 향해 피어오름.

【예문】 "경상 수영은 임전 대적하는 엄숙한 진터가 아니라, 마치 康衢煙月강구연월을 노래하는 놀이터 같았다." – 박종화, 《임진왜란》

康강은 여기서 '오거리'라는 의미로 쓰였지만 '편안하다'는 의미로 많이 쓰인다. 몸이나 정신에 아무 탈이 없다는 健康건강, 몸이 건강하고 마음이 평안하다는 康寧강녕이 그 예이다.

ㄱ

019

改過不吝 개과불린

잘못이 있을 때 고치는 일을 조금도 주저하지 말아야 함

改 고칠 **개** 過 허물 **과** 不 아니 **불** 吝 인색할 **린**

【직역】 허물을 고치는 데 인색하지 아니함.

【예문】 "실수는 누구나 할 수 있다. 중요한 것은 改過不吝**개과불린**의 자세를 갖고 있느냐이다."

020

改過遷善 개과천선

과거의 잘못을 반성하고 바르게 고쳐 착하게 생활함

改 고칠 **개** 過 허물 **과** 遷 바꿀 **천** 善 착할 **선**

【직역】 허물을 고쳐서 착함으로 바꿈.

【예문】 "어린아이들의 잘못에 크게 화내지 말라. 믿고 기다리면 아이들은 반드시 스스로 改過遷善**개과천선**의 길로 들어설 것이다."

過**과**는 過失**과실** 過誤**과오**에서는 '허물' '잘못'의 의미이지만, 通過**통과** 過去**과거** 過程**과정**에서는 '지나다'의 의미이며, '몸이 고달플 정도로 지나치게 일한다'는 뜻의 過勞**과로**에서는 '지나치다'는 의미다.

021

蓋棺事定 개관사정

살아 있을 때에는 정확한 평가가 이루어질 수 없고 죽은 후에라야 진정한 평가가 내려질 수 있음

蓋 덮을 **개** 棺 널(시체 넣는 상자) **관** 事 일 **사** 定 정할 **정**

[직역] 널의 뚜껑을 덮은 다음에야 (그 사람이 했던) 일에 대한 평가가 정해짐.

➲ 杜甫**두보**가 깊은 산골에 내려와 실의에 찬 나날을 보내던 친구의 아들을 격려하기 위해 쓴 시 〈蓋棺事始定**개관사시정**〉에서 유래. 별 볼 일 없이 초라하게 지내던 사람이 어느 날 갑자기 영웅이 될 수도 있다는 의미로도 쓰임.

[예문] "고등학교 성적이 인생을 좌우한다고? 하기야 나도 知天命**지천명**이 되어서야 蓋棺事定**개관사정**의 이치를 알게 되었으니…."

[비슷한 글자] 官 벼슬 관 管 대롱 관 棺 널 관 館 집 관

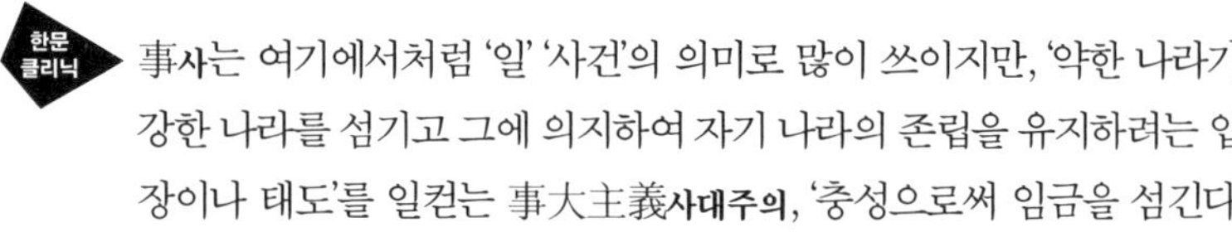

한문 클리닉

事**사**는 여기에서처럼 '일' '사건'의 의미로 많이 쓰이지만, '약한 나라가 강한 나라를 섬기고 그에 의지하여 자기 나라의 존립을 유지하려는 입장이나 태도'를 일컫는 事大主義**사대주의**, '충성으로써 임금을 섬긴다'는 事君以忠**사군이충**에서는 '섬기다'는 의미다.

022

開卷有益
개 권 유 익

책을 많이 읽어서 지식과 지혜를 쌓으면 좋은 일이 많이 생겨 행복하게 됨

開 열 **개** 卷 책 **권** 有 있을 **유** 益 이익 **익**

[직역] 책을 열면 이익이 있음.

➲ 독서를 무척 좋아했던 宋**송**나라 太宗**태종**은 수많은 일을 처리하면서도 《太平御覽**태평어람**》을 매일 세 권씩 읽었다. 신하가 건강을 염려하자 태종이 "책을 펼치면 이로움이 있다(開卷有益). 나는 조금도 피로하지 않다"고 말했다고 한다.

[예문] "누군가에게 배워야만 알 수 있는 게 아니다. 開卷有益**개권유익**을 믿고 지금이라도 책을 가까이 하렴."

[비슷한 글자] 卷 책 권 券 문서 권 拳 주먹 권 捲 말 권 倦 게으를 권

023

改善匡正
개 선 광 정

잘못된 것들을 좋게 고치고 올바르지 않은 것들을 올바르게 고쳐 나감

改고칠 **개** 善좋을 **선** 匡바로잡을 **광** 正바를 **정**

【직역】 좋게 고치고 바르게 바로잡음.

【예문】 "改善匡正**개선광정**이 쉬운 일은 아니다. 그러나 실패할 용기만 있다면 어려운 일도 아니다."

善**선**이 '착하다'는 의미로 많이 쓰이지만, '좋다' '잘'이라는 의미로도 많이 쓰인다.

024

去頭截尾
거 두 절 미

앞과 뒤의 인사말은 생략하고 본론만 이야기함

去제거할 **거** 頭머리(앞) **두** 截끊을 **절** 尾꼬리 **미**

【직역】 머리(앞)를 제거하고 꼬리도 끊어 버림.

【예문】 "誤解**오해**한 사람을 탓하기 전에, 去頭截尾**거두절미**하고 본론만 말한 너의 잘못을 돌아보렴."

去**거**는 여기에서 '제거하다'는 의미로 쓰였지만 '가다' '지나다'는 의미로도 많이 쓰인다. '지나간 일이나 때'를 일컫는 過去**과거**, '상품이나 용역을 사고팔거나 서로 돈을 융통함'을 일컫는 去來**거래**, '늘어놓은 물건을 거두어 가는 일'인 收去**수거**, '사람이 어디로 가거나 다니거나 하는 움직임의 상태'를 일컫는 去就**거취** 등이 그것이다.

025

居安思危
거 안 사 위

편안할 때에 위태로운 상황이 올 것에 대해 준비해야 함

居 살 **거** 安 편안할 **안** 思 생각 **사** 危 위태로울 **위**

【직역】 편안하게 살고 있을 때에 위태로운 상황이 올 것에 대해 생각해야 함.

➲ '준비가 있으면 근심이 없다'는 有(있을 유) 備(준비 비) 無(없을 무) 患(근심 환)의 有備無患**유비무환**과 통하는 말.

【예문】 "貯蓄**저축**하거나 保險**보험**에 가입하는 것보다 더 확실한 居安思危**거안사위**는 주위 사람들에게 德**덕**을 베푸는 일이다."

026

乾坤一擲
건 곤 일 척

하늘과 땅(세상의 모든 것)을 걸고 마지막 결단을 내리는 일. 이기든 지든 싸움을 끝내기 위해 승부수를 던지는 일.

乾 하늘 **건** 坤 땅 **곤** 一 하나 **일** 擲 던질 **척**

【직역】 하늘과 땅을 걸고 하나의 주사위를 던짐.

➲ 勝敗**승패**와 興亡**흥망**을 걸고 마지막으로 결행하는 단판 승부. 하늘과 땅을 걸고 주사위를 던진다는 해석이 일반적인데, 창을 던진다고 해석해도 좋을 듯하다. 싸움 중에 나는 힘이 다했으나 상대는 아직 힘이 남은 상태에서 마지막 창을 던지는 것이다. 창이 상대방을 적중시킨다면 이기는 것이고, 적중시키지 못한다면 창이 없어진 나는 패배할 수밖에 없다는 이야기이다.

【예문】 "深思熟考**심사숙고**해야 할 때와 乾坤一擲**건곤일척**의 승부를 걸어야 할 때를 구분할 줄 알아야 한다."

【비슷한 글자】 擲 던질 척 鄭 나라 이름 정

ㄱ

027

格物致知
격 물 치 지

천하 만물의 이치를 끝까지 캐고 들어가서 진실한 앎의 상태에 도달함

格 연구할 **격** 物 사물 **물** 致 이를 **치** 知 알 **지**

【직역】 사물을 연구하여 앎에 이름.

➡ 사물의 이치를 연구하여 지식을 완전하게 쌓음. 《大學**대학**》에 나오는 '格物致知誠意正心**격물치지성의정심** 修身齊家治國平天下**수신제가치국평천하**'에서 나온 말이다. 많은 사람들이 修身齊家治國平天下만 이야기하는데, 더 중요한 것은 格物致知誠意正心이고, 그중에서도 가장 중요한 것은 格物致知다. 사물을 철저하게 연구해야 앎에 이르고 뜻을 정성스럽게 할 수 있으며, 그래야 마음을 바르게 하고 몸을 닦을 수 있으며, 그래야 집안을 다스릴 수 있고 나라를 다스릴 수 있으며, 그런 다음에라야 천하를 평정할 수 있기 때문이다. 格物**격물**은 지식과 지혜를 쌓는 기초이면서 가장 중요한 일이다.

【예문】 "朱子**주자**의 性理學**성리학**을 理學**이학**이라고 부르는 것은 格物致知**격물치지**를 중시했기 때문이다."

【비슷한 글자】 知 알 지 智 슬기 지 和 화목할 화

028

隔世之感
격 세 지 감

너무 많이 달라져서 전혀 다른 세상 혹은 다른 세대가 된 것 같은 느낌

隔 사이 뜰 **격** 世 시대 **세** 之 어조사 **지** 感 느낌 **감**

【직역】 시대 사이에 사이가 떠 있다는 느낌.

【예문】 "나는 한심했으나 얌전하게 앉아서 세상이 점점 내가 어릴 때하고 많이 달라져 가는구나 하는 隔世之感**격세지감**을 느끼고 있었다." – 최인호, 《처세술 개론》

之지는 관형격 조사(~의)와 대명사(그것)로 많이 쓰이지만 주격 조사(~이), 목적격 조사(~을), 가다(go)로도 쓰인다.

029

隔靴搔癢 격화소양

노력에 비해 그 효과가 너무 적거나 나타나지 않음

隔 사이 뜰 **격** 靴 신발 **화** 搔 긁을 **소** 癢 가려울 **양**

【직역】 신발이 사이가 떠 있는 상태에서 가려운 곳을 긁음.

➡ 신발을 벗지 않은 채 가려운 곳을 긁는 어리석음을 의미. 무슨 일을 힘써서 하기는 하지만 핵심을 찌르지 못하고 아무런 성과도 얻지 못함.

【예문】 "야당은 정부가 발표한 단기 일자리 대책이 隔靴搔癢**격화소양**이라고 비판했다."

【비슷한 글자】 搔 긁을 소 騷 떠들 소

030

牽强附會 견강부회

이치에 맞지 않는 말을 끌어 붙여서 자신의 주장이 옳다고 억지 부림

牽 끌 **견** 强 억지로 **강** 附 붙일 **부** 會 모을 **회**

【직역】 끌어당겨 억지로 붙여서 모아 놓음.

【예문】 "훗날 맛보게 될 부끄러움을 어떻게 감당하려고 그렇게 牽强附會**견강부회**하는지 모르겠다."

【비슷한 글자】 會 모을 회 曾 일찍 증 繪 그림 회 膾 날고기 회

ㄱ

031

見金如石
견 금 여 석

재물을 탐내지 않고 욕심을 절제하는 자세

見 볼 **견** 金 금(gold) **금** 如 같을 **여** 石 돌 **석**

【직역】 금덩어리 보는 것을 돌덩어리 보는 것과 같이 함.

【예문】 "모든 근심과 재앙은 財物**재물**로부터 시작되니 見金如石**견금여석**의 자세가 필요하다."

【비슷한 글자】 見 볼 견 具 갖출 구 貝 조개 패 俱 함께 구

金**금**은 '쇠' '금(gold)' '돈'의 의미로 많이 쓰이고, '누른빛' '귀하다'는 의미로도 쓰인다. 성씨로 쓰일 때는 '금'이 아닌 '김'으로 발음한다.

032

見利思義
견 리 사 의

눈앞에 이익이 보이거든 그것을 취함이 의로움에 합당한 것인지 아닌지를 먼저 생각해야 함

見 볼 **견** 利 이익 **리** 思 생각 **사** 義 의로울 **의**

【직역】 이익을 보거든 (먼저) 의로운 것인가를 생각해야 함.

➜ '見利思義**견리사의**'에는 '見危授命**견위수명**'이 덧붙여 쓰이는데, 제자 子路**자로**의 질문에 孔子**공자**가 한 답으로, 이익을 보면 무조건 취하지 말고 정의로운지를 생각해야 하고(見利思義), 국가가 위태로운 상황이라면 목숨까지 바칠 각오를 해야 한다(見危授命)는 의미다.

【예문】 "돈이 아무리 필요하고 좋다 해도 見利思義**견리사의**의 자세는 지켰으면 좋겠구나."

033

犬馬之勞
견 마 지 로

웟사람에게 자신의 노력을 낮추어 말할 때 쓰는 말

犬 개 **견** 馬 말 **마** 之 어조사 **지** 勞 수고로울 **로**

【직역】 개나 말의 수고로움.

➡ 임금이나 나라에 충성을 다하는 노력.

【예문】 "대의를 위해 犬馬之勞**견마지로**를 다하겠다는 자세로 힘을 합한다면 못 이룰 일이 무엇인가."

【비슷한 글자】 犬 개 견 大 큰 대 太 클 태

034

見蚊拔劍
견 문 발 검

보잘것없는 작은 일에 어울리지 않게 엄청나게 큰 대책을 사용함

見 볼 **견** 蚊 모기 **문** 拔 뺄 **발** 劍 칼 **검**

【직역】 모기를 보고서 칼을 빼듦.

➡ 작은 모기 한 마리 잡겠다고 칼을 빼드는 것처럼, 조그마한 일에 허둥지둥 덤비거나 사소한 일에 지나치게 크게 화내며 덤비는 행동을 비유하여 일컫는 말.

【예문】 "가볍게 譴責**견책**하고 넘어갈 일을 重懲戒**중징계**하면 見蚊拔劍**견문발검** 소리가 나오지 않을까?"

【비슷한 글자】 劍 칼 검 檢 검사할 검 儉 검소할 검 驗 증거 험 險 위태로울 험

ㄱ

035

見物生心
견 물 생 심

욕심이 전혀 없었는데 물건을 실제로 보니까 그것을 가지고 싶은 욕심이 생겨남

見 볼 **견** 物 물건 **물** 生 생겨날 **생** 心 마음 **심**

【직역】 물건을 보면 마음이 생겨남.

➲ 보기 전에는 생기지 않았던 욕심이 보는 순간 생기게 되는 것이 사람의 마음이라는 뜻.

【예문】 "물건을 훔친 사람도 잘못이지만, 見物生心**견물생심**을 생각하지 못하고 자랑한 자네에게도 잘못은 있다네."

036

見善如渴
견 선 여 갈

착한 일을 할 기회가 생긴다면 목마른 사람이 물을 찾는 것처럼 적극적으로 행해야 함

見 볼 **견** 善 착할 **선** 如 같을 **여** 渴 목마를 **갈**

【직역】 착함을 보거든 목마른 것과 같이 해야 함.

【예문】 "見善如渴**견선여갈**의 자세는 타인의 행복을 위하는 일인 동시에 나의 행복을 위하는 일이기도 하다."

【비슷한 글자】 渴 목마를 갈 竭 다할 갈 喝 꾸짖을 갈

037

犬猿之間
견 원 지 간

상당히 좋지 못한 관계

犬 개 **견** 猿 원숭이 **원** 之 ~의 **지** 間 사이 **간**

【직역】 개와 원숭이의 사이(처럼 관계가 매우 나쁨)

➡ 개는 몸집이 작은 원숭이를 만만하게 생각하고 원숭이 역시 개를 만만하게 생각하여 만나기만 하면 으르렁거리며 싸운다고 한다. 개와 원숭이의 의사표현 수단이 다르기 때문이라고도 함.

【예문】 "친구 열 명 있는 것보다 원수 한 명 없는 것이 낫다고 하였으니, 犬猿之間**견원지간**을 만들지 않는 것이 중요하다네."

【비슷한 글자】 犬 개 견 大 큰 대 太 클 태
間 사이 간 問 물을 문 聞 들을 문 門 문 문

038

見危授命
견 위 수 명

국가나 사회가 위태로움에 처해 있다면 기꺼이 자신의 목숨까지 바칠 수 있어야 함

見 볼 **견** 危 위태할 **위** 授 줄 **수** 命 목숨 **명**

【직역】 위태로움을 보거든 목숨까지 줄 수 있어야 함.

➡ 국가나 사회가 어지럽게 되면 나의 생명과 안녕도 위협받을 수밖에 없으므로, 나 자신을 위해서라도 국가와 사회를 지키는 일에 최선을 다해야 함.

【예문】 "見危授命**견위수명**의 자세로 헌신한 안중근 같은 독립운동가들이 있었기에 오늘의 대한민국이 있는 것이란다."

【비슷한 글자】 授 줄 수 受 받을 수

039

堅忍不拔
견 인 불 발

굳게 참고 견디며 마음이 흔들리지 않음

堅 굳을 **견** 忍 참을 **인** 不 아니 **불** 拔 뽑을 **발**

【직역】 굳게 참고 견디어 마음이 뽑히지 아니함.

➡ 뜻이 변하지 않음.

【예문】 "堅忍不拔**견인불발**의 자세를 잃지 않는다면, 성공은 반드시 너를 찾아올 것이다."

【비슷한 글자】 堅 굳을 견 竪 더벅머리 수 ‖ 忍 참을 인 認 알 인

040

結者解之
결 자 해 지

문제를 만든 사람이 그 문제를 해결하는 것이 순리이지 제3자가 해결하는 것은 순리가 아님

結 맺을 **결** 者 사람 **자** 解 풀 **해** 之 그것 **지**

【직역】 (매듭을) 맺은 사람이 그것을 풀어야 함.

【예문】 "문제를 해결함에 있어 가장 중요한 것은 結者解之**결자해지**의 자세다."

之**지**를 흔히 '갈 지'라 하는데, '가다(go)'는 의미로는 많이 쓰이지 않고, 관형격 조사(~의)와 대명사(그것)로 많이 쓰인다. 주격 조사(~이), 목적격 조사(~을)로도 쓰인다. 여기서는 대명사 '그것'으로 쓰였음.

041

結草報恩
결 초 보 은

죽은 뒤에라도 은혜를 잊지 않고 꼭 갚음

結 맺을 **결** 草 풀 **초** 報 보답할 **보** 恩 은혜 **은**

【직역】 풀을 맺어서(묶어서) 은혜에 보답함.

➡ 중국 晉**진**나라 때 魏武子**위무자**라는 사람이 평소 아들 魏顆**위과**에게 "내가 죽거든 繼母**계모**를 改嫁**개가**시켜 잘살도록 하라"고 말하곤 했다. 그런데 병이 들어 위독하게 되자 "내가 죽거든 너의 계모를 나와 함께

合葬**합장**시키라"고 했다. 위무자가 죽은 후 아들 위과는 아버지가 병이 깊었을 때 분부한 명령은 제정신에서 한 말이 아니라고 여겨, 건강할 때 분부했던 뜻에 따라 계모를 다른 곳으로 시집가게 해 주었다. 그런 일이 있은 뒤 어느 날, 위과가 전쟁터에 나가 싸우다가 쫓기게 되었는데 갑자기 뒤따라오던 적의 장수가 탄 말이 넘어져 무사히 도망쳐 목숨을 구할 수 있었다. 그날 꿈에 계모의 죽은 아버지가 나타나 말하기를, "당신이 내 딸을 살려 준 것에 보답하려고 내가 풀을 묶어 당신을 쫓아오던 적을 넘어지게 했소" 하였다. 계모의 아버지가 딸을 살려 준 은혜를 갚고자 풀을 묶어 적의 말을 쓰러뜨려 위과의 목숨을 구했다는 이야기다. 비슷한 의미의 말로 刻骨難忘**각골난망**, 白骨難忘**백골난망** 등이 있음.

【예문】 "영감의 은혜는 백골난망이외다. 죽어 저승에 가서라도 結草報恩**결초보은** 하오리다." – 박종화, 《임진왜란》

【비슷한 글자】 恩 은혜 은 思 생각 사

042

輕擧妄動 경거망동

생각 없이 제멋대로 가볍게 행동함

輕 경솔할 **경** 擧 들 **거** 妄 망령될 **망** 動 행동할 **동**

【직역】 경솔하게 들어올리면서 망령되게 행동함.

➲ 경솔하게 말하고 망령 든 사람처럼 분별없이 행동함.

【예문】 "평소 생각이 깊고 말과 행동을 삼가는 사람이니 輕擧妄動**경거망동**하지는 않을 걸세."

【비슷한 글자】 妄 망령될 망 望 바랄 망 忘 잊을 망 亡 망할 망

043

傾國之色
경 국 지 색

매우 아름다운 미인

傾 기울 경 國 나라 국 之 ~의 지 色 아름다울 색

【직역】 나라를 기울어지게 할 만큼의 아름다움.

➲ 왕이 정신을 놓아 나랏일을 돌보지 않게 되어 나라가 기울어지게(망하게) 될 정도의 미모. 미인을 일컫는 또 다른 말로 丹脣皓齒**단순호치**, 雪膚花容**설부화용**, 月態花容**월태화용**, 絶世佳人**절세가인**, 花容月態**화용월태** 등이 있음.

【예문】 "신부가 傾國之色**경국지색**이라고 소문이 자자해서 궁금했는데, 결혼식에서 보니 과연 그렇더군."

【비슷한 글자】 傾 기울 경 頃 이랑, 잠깐 경

044

耕當問奴
경 당 문 노

어떤 일이든 그 일에 대해 잘 아는 전문가와 의논하는 것이 가장 좋은 결과를 낸다

耕 밭갈 경 當 당연할 당 問 물을 문 奴 종 노

【직역】 밭 가는 일은 당연히 종(농부)에게 물어야(자문을 구하여야) 함.

➲ 농사일은 누구보다 종(농사꾼)이 잘 알고 있기 때문이다.

【예문】 "耕當問奴**경당문노**라 하였으니, 이 일은 전문가에게 물어보자."

【비슷한 글자】 當 당연할 당 堂 집 당
奴 종 노 如 같을 여 努 힘쓸 노 怒 성낼 노

045

敬而遠之
경 이 원 지

겉으로는 공경하고 좋아하는 척하지만 속으로는 그 사람을 싫어하고 멀리함

敬 공경 **경** 而 그러나 **이** 遠 멀리할 **원** 之 그것 **지**

【직역】 공경하지만 그러나 그것(그 사람)을 멀리 함.

【예문】 "진심으로 좋아하는지 敬而遠之**경이원지**할 뿐인지 구별 못 하는 사람은 없단다."

而(말 이을 이)는 접속사 역할을 하는데, 문맥에 따라 '그리고'로 해석할 수도 있고 '그러나'로 해석할 수도 있다.

046

鯨戰蝦死
경 전 하 사

강자끼리 서로 싸우는 바람에 아무 상관없는 힘없는 제3자가 손해를 당함

鯨 고래 **경** 戰 싸움 **전** 蝦 새우 **하** 死 죽을 **사**

【직역】 고래 싸움에 새우가 죽음.

【예문】 "힘을 키우지 못하면 鯨戰蝦死**경전하사**의 고통과 서러움을 당할 수밖에 없다는 사실을 역사는 이야기해 주고 있다."

【비슷한 글자】 蝦 새우 하 瑕 티 하 遐 멀 하 霞 노을 하

047

驚天動地
경 천 동 지

세상을 몹시 놀라게 함

驚 놀랄 **경** 天 하늘 **천** 動 움직일 **동** 地 땅 **지**

【직역】 하늘을 놀라게 하고 땅을 움직이게 함.

【예문】 "驚天動地**경천동지**할 비밀을 알고 있다고 하던데, 도대체 무슨 일이기에 그렇게 말하는지 몹시 궁금하군."

【비슷한 글자】 天 하늘 천 夭 어릴 요 夫 지아비 부

048

鷄口牛後 계구우후

큰 집단의 꼴찌보다 작은 집단의 우두머리가 더 낫다

鷄 닭 **계** 口 입 **구** 牛 소 **우** 後 뒤 **후**

【직역】 닭의 입이 소의 뒤(꼬리)보다 낫다.

➲ 닭의 입이 되는 것이 소의 꼬리가 되는 것보다 낫다. 닭의 머리가 될지언정 소의 꼬리는 되지 말라.

【예문】 "鷄口牛後**계구우후**라 했는데, 자신의 능력과 상황은 고려하지 않고 무조건 명문대나 대기업만 좇는 것은 어리석은 일 아닐까?"

【비슷한 글자】 鷄 닭 계 溪 시내 계 ‖ 牛 소 우 午 낮 오

049

鷄卵有骨 계란유골

좋은 기회를 만났음에도 역시 일이 잘 되지 않음

鷄 닭 **계** 卵 알 **란** 有 있을 **유** 骨 뼈 **골**

【직역】 닭 알에 뼈가 있음(곯았음)

➲ 조선 세종 때 재상인 황희 정승은 높은 지위에도 집이 가난했다. 이 사정을 들은 왕이 어느 날 남대문으로 들어오는 물건을 모두 황희의 집으로 보내도록 했다. 그런데 그날따라 종일 비가 와서 들어오는 물건

이 하나도 없었다. 저녁때 겨우 달걀 한 꾸러미가 들어와 기쁜 마음으로 삶았으나 모두 곯아서 먹을 수가 없었다는 이야기에서 유래.

【예문】 "鷄卵有骨**계란유골**이라고 너무 낙심하지 마라. 그런 상황에서도 미소 지을 수 있는 사람만이 행복을 자기 것으로 만들 수 있으니."

【비슷한 글자】 卵 알 란 卯 토끼 묘

050

鷄肋
계 륵

큰 소용은 없지만 버리기에도 아까움

鷄 닭 **계** 肋 갈비 **륵**

【직역】 닭의 갈비(는 먹기에는 양이 적고 버리기에는 아까운 것임).

➲ 닭의 갈비는 막상 먹을 것이 없는데 그렇다고 버리기에는 아까운 부위다. 이러지도 저러지도 못하는 형편을 비유적으로 일컫는 말.

【예문】 "鷄肋**계륵** 취급받던 그 선수가 MVP에 선정되다니! 그동안 얼마나 많은 땀을 흘렸을지 짐작할 만하다."

【비슷한 글자】 肋 갈비 륵 肝 간 간 肛 똥구멍 항 股 넓적다리 고 肱 팔뚝 굉
肥 살찔 비 肺 허파 폐 胎 아이 밸 태

051

孤軍奮鬪
고 군 분 투

적은 인원이나 약한 힘으로 남의 도움을 받지 않고 힘에 벅찬 일을 열심히 함

孤 외로울 **고** 軍 군사 **군** 奮 힘쓸 **분** 鬪 싸울 **투**

【직역】 외롭게 된 군사가 힘써서 싸움.

➲ 따로 떨어져서 도움을 받지 못하게 된 외로운 군사가 힘에 벅찬 敵軍**적군**과 맞서 온 힘을 다하여 싸움. 홀로 여럿을 상대로 싸움.

【예문】 "계속된 실패에도 굴하지 않고 孤軍奮鬪**고군분투**하는 친구를 보면서 나 자신을 반성하고 다시 일으켜 세울 수 있었다."

【비슷한 글자】 孤 외로울 고 狐 여우 호 弧 활 호 ‖ 奮 힘쓸 분 奪 빼앗을 탈

052

高談峻論
고 담 준 론

뜻이 높고 바른 말과 매우 엄숙하고 날카로운 말

高 높을 **고** 談 말씀 **담** 峻 높을 **준** 論 말할 **론**

【직역】 높은 곳(산 정상)을 말하고 높은 것에 있는 것(구름)을 말한다.

➲ 높은 뜻의 말과 높은 수준의 말하기. 아무 거리낌없이 잘난 체하며 과장하여 떠벌리는 말.

【예문】 "讀書**독서**와 思索**사색** 없이 高談峻論**고담준론**은 불가능하다."

"유학 갔다 왔노라며 영어 곁들여 高談峻論**고담준론**하는 모습이 보기 역겹구나."

【비슷한 글자】 峻 높을 준 俊 뛰어날 준 竣 마칠 준 埈 가파를 준

053

膏粱珍味
고 량 진 미

살찐 고기와 좋은 穀食**곡식**으로 만든 맛있는 飮食**음식**

膏 기름 **고** 粱 좋은 곡식 **량** 珍 맛좋은 음식 **진** 味 맛 **미**

【직역】 기름진 고기와 좋은 곡식으로 만든 맛 좋은 음식.

【예문】 "齒牙**치아**가 不實**부실**한 사람에게 膏粱珍味**고량진미**가 무슨 소용인가?"

【비슷한 글자】 粱 곡식 량 梁 들보 량 ‖ 味 맛 미 昧 어두울 매 眛 눈 어두울 매

054

孤立無援
고 립 무 원

남과 사귀지 않고 홀로 지내거나 남의 도움을 받을 수 없는 상황

孤홀로 **고** 立설 **립** 無없을 **무** 援도울 **원**

【직역】 홀로 서 있어서 도움을 받을 수 없음.

【예문】 "요즘은 孤立無援**고립무원**, 외톨이가 된 것 같고 길을 가다가도 목덜미가 설렁해지는 것을 느낍니다." – 박경리, 《토지》

【비슷한 글자】 援 도울 원 暖 따뜻할 난 緩 느릴 완

055

鼓腹擊壤
고 복 격 양

太平聖代**태평성대**를 즐김

鼓두드릴 **고** 腹배 **복** 擊칠 **격** 壤땅 **양**

【직역】 (배부르다면서) 배를 두드리고 (기분이 좋다면서) 땅을 (북 삼아서) 침.

➲ 중국 堯**요**임금이 세상이 잘 다스려지고 있는지 살피려고 平服**평복**을 입고 시찰을 나갔다가, 한 노인이 배를 두드리고 막대기로 박자를 맞춰 가며 임금의 덕을 찬양하고 태평성대를 즐기는 모습을 보았다는 이야기에서 유래.

【예문】 "살기 어렵다고들 해도 1백 년 전과 비교해 보면 鼓腹擊壤**고복격양**의 太平聖代**태평성대**라고 할 만하지 않을까?"

【비슷한 글자】 腹 배 복 複 겹칠 복 復 돌아올 복, 다시 부

056

姑息之計
고 식 지 계

근본 해결책이 아닌 우선 당장 편하고 쉬운 것만 취하는 꾀나 방법

姑 여자 **고** 息 아이 **식** 之 ~의 **지** 計 꾀 **계**

【직역】 여자나 어린아이의 꾀.

【예문】 "姑息之計**고식지계**로 공부에 임해서는 좋은 결과를 얻을 수 없다. 얕은 꾀를 버리고 차근차근 하나라도 철저하게 익히려는 자세를 가져라."

【비슷한 글자】 計 꾀 · 계획할 계 討 칠 · 꾸짖을 토 訃 부고(죽음 알리는 통지) 부

057

苦肉之策
고 육 지 책

어려운 상황을 벗어나기 위해 어쩔 수 없이 선택한 방법

苦 괴로울 **고** 肉 몸 **육** 之 어조사 **지** 策 꾀 **책**

【직역】 몸을 괴롭게 하면서까지 생각해 낸 꾀.

➲ 자신의 손해를 감수하며 생각해 낸 꾀. 《三國志演義**삼국지연의**》의 유명한 전투인 적벽대전과 관련된 이야기에서 유래. 曹操**조조**의 백만 대군과 맞선 周瑜**주유**가 고심 끝에 심복인 黃蓋**황개**를 거짓 투항시켜 기름을 지고 들어가 조조의 대함대를 불사르게 하였는데, 이때 조조를 속이려고 황개를 형틀에 매달고 엉덩이가 터지고 까무러칠 때까지 몹시 쳤다고 함.

【예문】 "상장기업 대주주들이 경영권 승계를 위해 苦肉之策**고육지책**으로 주식이 아니라 현금을 증여하고 있다."

058

孤掌難鳴
고 장 난 명

혼자만의 힘으로는 어떤 일을 해내기 어려우니 협동하는 것이 좋음

孤홀로 **고** 掌손바닥 **장** 難어려울 **난** 鳴소리 낼 **명**

【직역】 홀로(하나)의 손바닥으로는 소리 내기가 어려움.

➲ 맞서는 사람이 없으면 싸움이 일어나지 않는다는 의미로도 쓰임.

【예문】 "함께 꾸는 꿈은 현실이 된다는데, 孤掌難鳴**고장난명**의 상황에 처하고 보니 혼자 꾸는 꿈으로 그칠까 걱정스럽다."

"네가 억울할 수도 있겠지만, 孤掌難鳴**고장난명**이 세상의 이치이니 너에게도 잘못이 아주 없지는 않다."

【비슷한 글자】 難 어려울 난 歎 읊을 탄 歡 기뻐할 환

鳴 울 명 烏 까마귀 오 嗚 탄식할 오 鳥 새 조

059

苦盡甘來
고 진 감 래

고생을 끝낸 다음에는 즐거움이 찾아오게 되어 있음

苦쓸 **고** 盡다할 **진** 甘달 **감** 來올 **래**

【직역】 쓴 것(고통)이 다하면 단것(기쁨)이 온다.

➲ 반대 의미를 지닌 말로 '흥이 다하면 슬픔이 온다'는 興盡悲來**흥진비래**가 있음.

【예문】 "苦盡甘來**고진감래**라고 하지 않더냐. 조금만 더 참고 노력하면 반드시 좋은 날이 올 거야."

060

古稀 고희

70세

古 옛 **고** 稀 드물 **희**

【직역】 (사람이 70살까지 산다는 것은) 옛날부터 드문 일이었음.

➲ 당나라 시인 두보의 시 구절 중 '人生七十古來稀**인생칠십고래희**'에서 '古**고**'와 '稀**희**'를 가져와서 만든 말. 평균수명이 길어진 요즘에는 일흔까지 사는 사람이 많지만 옛날에는 드문 일이었다.

【예문】 "인간의 삶은 어리석음의 연속이라지만, 古稀**고희**에는 좀 달라야 하지 않을까?"

【비슷한 글자】 古 옛 고 故 연고 고 苦 쓸 고 枯 마를 고
稀 드물 희 希 바랄 희

061

曲學阿世 곡학아세

학문을 올바르게 펴지 않고 오히려 그것을 왜곡하여 세상에 아부하고 출세하려는 태도나 행동

曲 굽힐 **곡** 學 학문 **학** 阿 아부할 **아** 世 세상 **세**

【직역】 학문을 굽혀서 세상 사람들에게 아부함.

➲ 바르지 못한 학문으로 세상의 인기에 영합하려 애쓰는 태도.

【예문】 "부와 명예, 권력까지 가진 사람이 曲學阿世**곡학아세**하는 꼴을 보면, 인간의 이기심과 욕심이 끝이 없다는 생각에 씁쓸할 뿐이다."

여기서 曲**곡**은 '굽다'의 의미로 쓰였는데, 作曲**작곡**에서는 '가락', 曲藝**곡예**에서는 '재주'를 뜻한다.

062 骨肉相殘 골육상잔

부모자식, 형제자매, 숙질 등 같은 피를 나눈 가까운 혈족끼리 서로 싸우는 일

骨 뼈 **골** 肉 고기 **육** 相 서로 **상** 殘 싸울 **잔**

【직역】 골육(부모자식, 형제자매, 숙질 등의 가까운 혈족)끼리 서로 싸움.

【예문】 "財閥家**재벌가**의 骨肉相殘**골육상잔**을 보니 차라리 가난한 집에서 태어난 것이 감사하다는 생각이 들더군."

063 公明正大 공명정대

하는 일이나 태도가 사사로움이나 그릇됨 없이 정당하고 떳떳함

公 숨김없이 드러낼 **공** 明 분명할 **명** 正 바를 **정** 大 클 **대**

【직역】 숨김없이 드러내어 분명하게 밝히고 (모든 일을) 바르고 크게 함.

➡ 바르고 정당하게 처리하며 사사로운 이익은 돌보지 않음.

【예문】 "모든 일을 公明正大**공명정대**하게 처리한다면, 비록 그 결과가 만족스럽지 못하더라도 모두 수긍할 것이오."

【비슷한 글자】 明 밝을 명 朋 친구 붕

公**공**은 '사사로움 없이 공평함', '숨기지 않고 드러냄', '여러 사람에게 관계되는 일'의 의미로 많이 쓰인다. 그 외 '임금, 천자, 제후'를 뜻하거나 존칭으로도 쓰인다.

064

公私多忙
공사다망

공적인 일로 바쁘고 개인적인 일로 바빠서 쉴 겨를이 조금도 없음

公 공적인 일 **공** 私 개인적인 일 **사** 多 많을 **다** 忙 바쁠 **망**

【직역】 공적인 일로, 개인적인 일로 많이 바쁨.

【예문】 "公私多忙**공사다망**하여 전화하지 못했다는 건 핑계일 뿐이다. 마음이 없었던 것이겠지."

【비슷한 글자】 亡 망할 망 忙 바쁠 망 望 바랄 망 忘 잊을 망 妄 망령될 망 茫 아득할 망 芒 까끄라기 망

065

空手來空手去
공수래공수거

인생은 빈손으로 왔다가 빈손으로 가는 것이니 욕심 부리며 살 필요 없다

空 빌 **공** 手 손 **수** 來 올 **래** 空 빌 **공** 手 손 **수** 去 갈 **거**

【직역】 빈손으로 왔다가 빈손으로 감.

【예문】 "空手來空手去**공수래공수거**임을 알면서도 왜 욕심을 버리지 못하는 걸까? 어리석은 인간이여!"

【비슷한 글자】 手 손 수 毛 털 모

空**공**이 여기에서는 '비다'는 의미로 쓰였지만 '헛되다' '없다' '쓸데없다' '공허하다' '공짜' '영(0)' '실체 없음' '하늘' 등의 의미로 쓰이기도 한다.

066

空中樓閣
공 중 누 각

진실성이 없거나 비현실적인 허황된 이야기 또는 헛된 망상

空하늘 **공** 中가운데 **중** 樓집 **누** 閣집 **각**

【직역】 하늘 가운데에 지은(허공에 떠 있는) 집.

➲ 아무런 근거도 토대도 없는 헛된 생각이나 사물. 비슷한 말에 砂上樓閣**사상누각**이 있다. 모래(沙) 위(上)에 지은 집이라는 의미로 기초가 튼튼하지 못하여 오래가지 못하는 일을 일컫는다.

【예문】 " 理解**이해** 없이 暗記**암기**에 매달리는 것이나 배우려는 의지가 없는 사람에게 억지로 가르치는 것은 空中樓閣**공중누각**이요, 기본 개념은 이해하지 못한 채 문제만 푸는 공부는 砂上樓閣**사상누각**이다."

067

過恭非禮
과 공 비 례

공손함도 지나치면 안 된다

過지나칠 **과** 恭공손할 **공** 非아닐 **비** 禮예의 **예**

【직역】 공손함이 지나치면 오히려 예의가 아닌 것이 됨.

➲ 지나치게 공손하면 상대방이 부담을 느끼게 되니 그것은 예의가 아니다.

【예문】 "그 식당은 종업원들이 무릎을 꿇고 주문을 받더라. 좀 불편하더라고. 過恭非禮**과공비례**인데 말야…. "

過**과**가 여기에서는 '지나치다'는 의미로 쓰였지만 過去**과거**, 過客**과객**에서는 '지나다'의 의미이며, 過失**과실**, 過怠料**과태료** 등에서는 '잘못'이라는 의미다.

068

誇大妄想
과 대 망 상

사실보다 과장하여 자신을 평가하고 터무니없는 헛된 생각을 하는 증상. 자신의 상태를 터무니없이 크게 생각하고 그 생각을 사실로 믿음

誇 자랑할 **과** 大 큰 **대** 妄 제멋대로 **망** 想 생각 **상**

【직역】 (자기 자신에 대한) 자랑함이 크고 제멋대로 생각함.

【예문】 "자신감이 넘치는 거라고? 내가 보기에는 誇大妄想**과대망상** 같은데."

【비슷한 글자】 妄 망령될 망 亡 망할 망 忘 잊을 망 忙 바쁠 망

069

過猶不及
과 유 불 급

무엇이든 적당한 것이 좋지 정도가 지나치면 뜻하는 바를 이루지 못할 뿐 아니라 오히려 모자란 것만 같지 못함

過 지나칠 **과** 猶 같을 **유** 不 아니 **불** 及 미칠 **급**

【직역】 지나친 것은 미치지 아니한 것과 같음.

➲ 中庸**중용**의 중요성을 일컫는 말. 비슷한 의미의 말로 矯角殺牛**교각살우**, 欲速不達**욕속부달**이 있다. '빈대 잡으려다 초가삼간 태운다'는 속담과도 뜻이 통한다.

【예문】 "학원에서 초등학생들에게 선행학습으로 고등학교 수학을 가르친다니, 過猶不及**과유불급**이다."

【비슷한 글자】 及 미칠 급 汲 물길을 급 級 등급 급

070

瓜田不納履
과 전 불 납 리

오해받을 만한 일은 하지 말라

瓜 오이 **과** 田 밭 **전** 不 아니 **불** 納 돌릴 **납** 履 신발 **리**

【직역】 오이밭에서는 신발을 돌리지(고쳐 신지) 말아야 함.

➲ 신발을 고쳐 신으려고 허리를 구부리면 멀리 있는 사람은 그 사람이 오이를 따려고 허리를 굽히는 것으로 오해할 수 있다. 오해받을 행동은 애초에 하지 않는 것이 현명하다는 의미. 對句**대구**가 되는 말로 '자두나무 아래에서는 갓을 고쳐 쓰지 말아야 한다'는 李下不整冠**이하부정관**이 있다.

【예문】 "억울하다고 징징대지만 말고 瓜田不納履**과전불납리**를 모른 네 잘못을 먼저 반성해라."

【비슷한 글자】 瓜 오이 과 爪 손톱 조 田 밭 전 由 말미암을 유
納 바칠 납 訥 말 더듬을 눌

071

管鮑之交
관 포 지 교

아름다운 우정. 아주 친한 친구 사이의 사귐

管 관중 **관** 鮑 포숙아 **포** 之 ~의 **지** 交 사귈 **교**

【직역】 管仲**관중**과 鮑叔牙**포숙아**의 사귐.

➲ 중국 춘추시대 제**齊**나라 사람인 관중과 포숙아는 어렸을 때부터 둘도 없는 친구였다. 훗날 두 사람은 벼슬길에 올라 관중은 왕자 糾**규**를 섬기고 포숙아는 규의 아우 小白**소백**을 섬기게 되었는데, 얼마 후 두 왕자가 왕위를 둘러싸고 대립하면서 관중과 포숙아는 본의 아니게 적이 되고 말았다. 결국 소백이 승리하여 제나라의 새로운 군주가 되었다. 소백은 스스로를 환공이라 일컫고 형 규를 죽인 뒤 측근이었던 관중까지 죽이려 했다. 그때 포숙아가 환공에게 "관중의 재능은 臣**신**보다 몇 갑절 낫습니다. 제나라를 다스리는 것으로 만족하신다면 신으로도 충분합니다만 천하를 다스리고자 하신다면 관중을 기용하셔야 합니다"라고 했다. 환공은 포숙아의 진언을 받아들여 관중에게 중책을 맡겼고, 재상이 된 관중은 기대에 어긋나지 않게 능력을 발휘하여 환공을 춘추의 霸者**패자**로 만들었다.

훗날 관중은 포숙아에 대한 고마운 마음을 다음과 같이 회고했다고 전한다. "내가 젊고 가난했을 때 포숙아와 함께 장사를 했는데 그때 내가 그보다 더 많은 이득을 취했으나 포숙아는 나에게 욕심쟁이라고 말하지 않았다. 내가 가난한 것을 알고 있었기 때문이었다. 나는 또 몇 번 벼슬에 나아가 그때마다 쫓겨났지만 포숙아는 나를 무능하다고 흉보지 않았다. 내게 아직 운이 오지 않았다고 생각했기 때문이다. 싸움터에서 도망쳐 왔을 때에도 나를 겁쟁이라고 하지 않았다. 나에게 늙은 어머니가 계신다는 사실을 알았기 때문이다. 공자 규가 후계자 싸움에서 패하여 동료들이 죽고 묶이는 치욕을 당했을 때에도 그는 나를 염치없다고 비웃지 않았다. 내가 작은 일에 부끄러워하기보다 공명을 천하에 알리지 못함을 부끄러워한다는 사실을 알고 있었기 때문이다. 나를 낳아 준 사람은 부모지만 나를 진정으로 알아준 사람은 포숙아다."

【예문】 "管鮑之交**관포지교**가 부럽다면, 내가 먼저 포숙아가 되려고 노력해야 하지 않을까?"

'管鮑**관포**'가 여기에서는 관중과 포숙아의 이름을 뜻하지만 管은 '대롱 관' 鮑는 '절인 물고기 포'로 많이 쓰인다. '대나무 죽(竹)'이 있으므로 '대나무(대롱)'와 관계가 있고, '물고기 어(魚)'가 있으므로 '물고기'와 관계 있는 글자임을 알아야 한다.

072

冠婚喪祭
관 혼 상 제

成人**성인**이 되는 의식인 冠禮**관례**, 결혼식인 婚禮**혼례**, 죽어서 장례 치르는 喪禮**상례**, 제사 지내는 祭禮**제례**를 아울러 일컫는 말

冠 갓 **관** 婚 결혼할 **혼** 喪 죽을 **상** 祭 제사 **제**

【직역】 갓 쓰는 의식(성인식)과 결혼식, 장례식, 제사 의식을 통틀어 일컫는 말.

【예문】 "冠婚喪祭**관혼상제**의 의식을 치르면서 사람들은 인생의 단계를 하나씩 매듭 짓고 새롭게 나아가게 된다."

【비슷한 글자】 喪 죽을 상 衷 속마음 충 忠 충성 충 ‖ 祭 제사 제 際 사이 제

073

刮目相對
괄 목 상 대

학식이나 재주가 놀랄 만큼 향상됨

刮 비빌 **괄** 目 눈 **목** 相 상대방 **상** 對 대할 **대**

【직역】 눈을 비비고 상대방을 대함.

➲ 눈을 비비는 행동은 혹시 눈에 무언가 끼어 있어 정확하게 보지 못했을까 의심하는 것이다. 믿기지 않을 정도로 너무 많이 변화하여 자신의 눈이 정상인지 확인한다는 의미.

【예문】 "성적이 刮目相對**괄목상대**한 학생들을 많이 봤는데, 대부분 자기주도학습의 결과이지 학원 열심히 다닌 덕은 아니었다."

【비슷한 글자】 刮 비빌 괄 括 묶을 괄

074

矯角殺牛
교 각 살 우

결점이나 흠을 고치려다 오히려 일을 망치게 됨

矯 바로잡을 **교** 角 뿔 **각** 殺 죽일 **살** 牛 소 **우**

【직역】 뿔을 바로잡으려다가 오히려 소를 죽이게 됨.

➲ 작은 결점이나 흠을 고치려다가 그 정도가 지나쳐 일을 그르치게 됨을 비유적으로 일컫는 말. 작은 일에 힘쓰다가 오히려 큰일을 망치게 됨.

【예문】 "교육정책이나 경제정책 같은 나라의 중요한 정책을 수립할 때에는 矯角殺牛**교각살우**의 결과로 이어질 것을 항상 경계해야 한다."

【비슷한 글자】 矯 바로잡을 교 喬 높을 교 橋 다리 교 僑 타관살이 교 轎 가마 교 嬌 교태로울 교 嶠 뾰족하게 높을 교 驕 교만할 교

075

巧言令色
교 언 영 색

남에게 잘 보이려고 그럴듯하게 꾸며 대는 교묘한 말과 거짓으로 꾸며서 하는 알랑거리는 태도

巧 교묘할 **교** 言 말씀 **언** 令 아름다울 **영** 色 얼굴빛 **색**

【직역】 교묘하게 하는 말과 아름답게 꾸미는 얼굴빛.

【예문】 "선거철 후보자들이 보이는 모습이 그의 본 모습인지 巧言令色**교언영색**인지 꼼꼼히 따져 봐야 한다."

【비슷한 글자】 令 아름다울 영 今 이제 금 領 다스릴 령

여기서 令**영**은 '아름답다'는 의미로 쓰였지만, '명령' '법률' '우두머리'라는 의미로 더 많이 쓰인다.

076

教外別傳
교 외 별 전

말이나 글로 가르치지 않고 마음에서 마음으로 전하여 진리를 깨닫게 하는 방법.

教 가르칠 **교** 外 바깥 **외** 別 다를 **별** 傳 전할 **전**

【직역】 가르치는 바깥의 방법으로 다르게 전함.

➲ 가르치지 않고 스스로 진리를 깨닫도록 함. 비슷한 의미의 말로 '마음과 마음이 서로 도장 찍는다'는 心心相印**심심상인**, '마음으로서 마음을 전한다'는 以心傳心**이심전심**, '문자를 세울 필요가 없다'는 不立文字**불립문자**, '꽃을 잡고 미소를 보여 주었다'는 拈花微笑**염화미소**, '꽃을 잡고 무리들을 보았다'는 拈花示衆**염화시중** 등이 있다.

【예문】 "배워야만 알 수 있다는 偏見**편견**을 버리고, 가르쳐야 알 수 있다는 고정 관념에서 벗어나야만 教外別傳**교외별전**의 참 의미를 깨달을 수 있다."

【비슷한 글자】 傳 전할 전 專 오로지 전 塼 벽돌 전 轉 구를 전

077

交友以信
교 우 이 신

친구를 사귈 때에 믿음이 매우 중요함

交사귈 **교** 友벗 **우** 以써 **이** 信믿을 **신**

【직역】 벗과 사귐에 믿음으로써 해야 함.

➲ 신라시대 화랑이 지켜야 했던 다섯 가지 계율인 世俗五戒**세속오계** 중 하나이다. 交友以信**교우이신** 외에 事君以忠**사군이충**, 事親以孝**사친이효**, 臨戰無退**임전무퇴**, 殺生有擇**살생유택**이 있다.

【예문】 "交友以信**교우이신**이라 했지만 어찌 친구 사이에만 믿음이 중요하겠는가. 어떤 관계에서든 믿음이 가장 기본이 되어야겠지."

078

膠柱鼓瑟
교 주 고 슬

고지식하여 융통성이 조금도 없음

膠아교로 붙일 **교** 柱기둥 **주** 鼓두드릴 **고** 瑟거문고 **슬**

【직역】 기둥(거문고의 기러기발)을 아교로 붙여 놓고 거문고를 두드림(연주함).

➲《史記**사기**》〈廉頗藺相如列傳**염파인상여열전**〉에 나오는 말. 秦**진**나라의 심리전에 넘어간 趙**조**나라 왕이 趙括**조괄**을 장군으로 삼으려 하자 藺相如**인상여**가 반대하며 "왕께서는 이름만으로 조괄을 쓰시려고 하는데 그것은 거문고의 기러기발을 풀로 붙여 둔 채 거문고를 타려는 것과 같습니다. 조괄은 다만 그의 아버지가 남긴 병법에 관한 典籍**전적**을 읽은 것뿐으로 臨機應變**임기응변**을 모릅니다"라고 했다는 데에서 유래. 絃樂器**현악기**는 연주를 시작하기 전에 악기의 음을 표준음에 맞춘다(이를 튜닝이라 한다). 거문고는 줄을 괴는 기러기발(기둥)을 올렸다 내렸다 하여 튜닝을 하는데 기러기발을 아교로 붙여 놓으면 튜닝을 할 수 없고, 이 상태로 연주해서는 아름다운 소리를 낼 수 없다. 한 번

성공했다고 해서 그 방법이 성공하는 유일한 방법인 줄 알고 다른 방법에 대해서는 고민해 보지 않는 어리석음을 비유한다. 변덕스러운 것도 좋지 않지만 상황에 따라 융통성 있게 대처하지 못하는 것도 현명하지 못하다는 의미.

ㄱ

【예문】 "위정자가 膠柱鼓瑟**교주고슬**의 舊態**구태**에 집착하면 나라가 발전하기는 커녕 위험에 빠질 수 있다."

【비슷한 글자】 柱 기둥 주 桂 계수나무 계 枉 굽을 왕

079 教學相長 교 학 상 장

가르치는 과정에서 선생과 학생 모두 발전할 수 있다

教 가르칠 **교** 學 배울 **학** 相 서로 **상** 長 성장할 **장**

【직역】 가르침과 배움은 서로를 성장하도록 만들어 준다.

➲ 성장은 배우는 과정뿐 아니라 가르치는 과정에서도 이루어진다. 배움뿐 아니라 가르침도 성장에 도움을 주는 일이라는 의미.

【예문】 "처음 교단에 설 때 부족했던 나의 모습을 돌아보면, 教學相長**교학상장**이 옳은 말임을 알겠다."

【비슷한 글자】 長 긴 장 張 베풀 장 帳 휘장 장

080 口蜜腹劍 구 밀 복 검

말을 달콤하게 하여 겉으로는 착한 척하지만 마음속에는 무서운 칼날이 있어 해칠 계획을 하고 있음

口 입 **구** 蜜 꿀 **밀** 腹 마음 **복** 劍 칼 **검**

【직역】 입에는 꿀을 바르고 마음에는 칼을 품고 있음.

➲ 중국 唐**당**나라 玄宗**현종** 때, 황제의 비위를 맞추며 19년 동안 국정을 壟斷**농단**했던 李林甫**이임보**를 일컫는 말에서 유래(《十八史略(십팔사략)》).

【예문】 "口蜜腹劍**구밀복검**하는 음험한 사람도 있으니, 입으로 하는 말만 듣고 사람을 판단해서는 안 되겠지? 물론 착한 사람이 훨씬 더 많지만 말야."

【비슷한 글자】 蜜 꿀 밀 密 빽빽할 밀 謐 고요할 밀
復 돌아올 복 覆 뒤집을 복 複 겹칠 복
檢 조사할 검 儉 검소할 검 劍 칼 검

081

九死一生
구 사 일 생

여러 차례 죽을 고비를 겪은 후 간신히 목숨을 건짐

九 아홉 **구** 死 죽을 **사** 一 하나 **일** 生 살 **생**

【직역】 아홉 번 죽음 직전까지 갔다가 한 번 살아남.

【예문】 "九死一生**구사일생**으로 예선을 통과한 뒤 우승까지 하는 경우가 많다는 것 알지? 그러니 끝까지 최선을 다하자."

【비슷한 글자】 九 아홉 구 丸 알 환

여기서는 生**생**이 '살아난다'는 의미로 쓰였지만 生産**생산**, 生殖**생식**에서는 '낳다'의 의미로, 生育**생육**, 生長**생장**에서는 '기르다'의 의미로, 生疏**생소**, 生硬**생경**에서는 '서투르다'는 의미로, 學生**학생**, 小生**소생**에서는 '사람'을 나타내는 접미사로 쓰인다.

082

口尙乳臭
구 상 유 취

몹시 유치하게 생각하거나 행동함

口 입 **구** 尙 아직 **상** 乳 젖 **유** 臭 냄새 **취**

【직역】 입에서 아직 젖 냄새가 남.

➡ 상대방을 어린아이로 얕보는 말.

【예문】 "한 번도 진 일이 없으신 장군 앞에 口尙乳臭**구상유취**의 김유신이 오면

뭣 하겠습니까?" – 홍효민, 《신라 통일》

【비슷한 글자】 臭 냄새 취 嗅 냄새 맡을 후

尙**상**이 여기에서는 '아직'이라는 의미로 쓰였지만, '武**무**를 숭상한다'는 尙武**상무**에서는 '숭상하다', '품위가 있고 수준이 높다'는 高尙**고상**에서는 '높다'는 의미다.

083

口是禍之門
구 시 화 지 문

말을 잘못하게 되면 재앙을 만나게 되니 항상 말을 삼가야 한다

口 입 **구** 是 ~이다 **시** 禍 재앙 **화** 之 ~의 **지** 門 문 **문**

【직역】 입은 재앙의 문이다.

➲ 거짓말을 하지 말아야 하는 것은 당연하고, 때로는 사실일지라도 말하지 않아야 하는 경우도 있다. 對句**대구**로 쓰이는 말로 '혀는 몸을 자르는 칼이다'라는 뜻의 舌是斬身刀**설시참신도**가 있다.

【예문】 "口是禍之門**구시화지문**이라는 말을 가슴 깊이 새겨라. 말 한 마디로 공든 탑이 무너지는 경우가 너무 많다."

【비슷한 글자】 門 문 문 問 물을 문 聞 들을 문 間 사이 간 開 열 개 閉 닫을 폐 閑 한가할 한 閒 한가할 한 悶 번민할 민

084

九牛一毛
구 우 일 모

아주 많은 것 가운데 극히 적은 부분

九 아홉 **구** 牛 소 **우** 一 하나 **일** 毛 털 **모**

【직역】 아홉 마리 소에서 나온 하나의 털.

➲ 아홉 마리 소에 셀 수 없을 만큼 털이 많은데, 그중 하나의 털이라는

의미. 아주 적은 것을 일컬음.

【예문】 "5분의 시간을 九牛一毛**구우일모**로 여기기 쉽지만, 그것이 쌓이고 쌓이면 큰 변화를 가져올 수 있다는 것을 명심하렴."

085 九折羊腸 구절양장

꼬불꼬불하고 험한 길. 세상이 복잡하여 살아가기 어려움

九 아홉 **구** 折 꺾을 **절** 羊 양 **양** 腸 창자 **장**

【직역】 아홉 번 꺾인 양의 창자(와 같이 꼬불꼬불하고도 험한 산길).

【예문】 "高速道路**고속도로**가 빠르고 편하기는 하지. 하지만 九折羊腸**구절양장**의 멋과 맛은 느낄 수 없잖아?"

【비슷한 글자】 折 꺾을 절 析 쪼갤 석

086 群鷄一鶴 군계일학

여러 평범한 사람들 가운데 뛰어난 한 사람. 변변치 못한 여러 사람 가운데 뛰어난 한 사람

群 무리 **군** 鷄 닭 **계** 一 하나 **일** 鶴 학 **학**

【직역】 무리의 닭 가운데에 있는 한 마리 학.

【예문】 "지난해 群鷄一鶴**군계일학**의 활약을 펼쳤던 그가 올해 후보 선수가 될 줄 누가 예상이나 했을까. 自慢心**자만심**이 그를 망쳤군."

【비슷한 글자】 君 임금 군 郡 고을 군 群 무리 군

鷄**계**와 鶴**학**은 둘 다 '새 조(鳥)'가 들어 있다. 鳥**조**가 들어간 글자는 모두 '새'를 나타내는데, 비둘기 구(鳩), 봉새 봉(鳳), 오리 압(鴨), 큰 기러기 홍(鴻), 갈매기 구(鷗) 등이 그것이다.

087

群盲象評
군 맹 상 평

좁은 소견과 주관으로 사물을 잘못 판단함

ㄱ

群 무리 **군** 盲 장님 **맹** 象 코끼리 **상** 評 평가할 **평**

【직역】 무리의 장님이 코끼리를 평가함.

➲ 옛날 어떤 왕이 장님 여러 명에게 코끼리를 만지게 하고 코끼리가 어떻게 생긴 동물인지 말하게 했더니, 각자 만진 부위에 따라 다르게 말하고 그 누구도 코끼리를 정확하게 묘사하지 못했다는 이야기에서 유래. 장님은 손으로 만져서 사물을 인식하는데 코끼리는 큰 동물이기 때문에 장님들이 만진 것은 일부분에 불과하다. 그처럼 일부분을 만진 것으로 전체를 안다고 생각하는 것의 어리석음을 일컫는 표현.

【예문】 "어리석은 사람일수록 자기 판단은 절대 群盲象評**군맹상평**이 아니라고 확신한다."

【비슷한 글자】 群 무리 군 君 임금 군 郡 고을 군
評 평가할 평 平 평평할 평 坪 땅의 면적 평

盲**맹**은 亡(망할 망)과 目(눈 목)이 결합하여 '눈이 망했다'는 의미로 '소경' '눈이 멀다'라는 뜻이다. 이처럼 두 글자가 각자의 뜻을 가지고 결합한 한자를 '會意**회의**'라 한다. 休(쉴 휴): 人(사람 인) 木(나무 목) = 사람이 나무 옆에 있는 것은 쉬기 위해서다. 男(사내 남): 田(밭 전) 力(힘 력)= 밭에서 힘쓰는 사람은 남자다. 忘(잊을 망): 亡(망할 망) 心(마음 심)= 마음(생각)이 망한 것은 잊은 것이다. 畓(논 답): 水(물 수) 田(밭 전)= 밭 위에 물이 있으면 논이다. 困(괴로울 곤): 木(나무 목) 口(큰 입 구)= 나무에 둘러싸여 있으면 괴롭다. 秋(가을 추): 禾(벼 화) 火(불 화)= 벼를 베어 말릴 때는 가을이다.

088

君臣有義
군 신 유 의

五倫오륜의 하나, 임금과 신하 사이에는 義의가 있어야 함

君임금 **군** 臣신하 **신** 有있을 **유** 義의리 **의**

【직역】 임금과 신하 사이에는 의리가 있어야 함.

➲ 유교에서 말하는 다섯 가지 기본적 實踐德目**실천덕목**인 5륜 중 하나다. 君臣有義**군신유의**, 父子有親**부자유친**, 夫婦有別**부부유별**, 長幼有序**장유유서**, 朋友有信**붕우유신**

【예문】 "임금과 신하 사이에만 의로움이 필요한 건 아니니 君臣有義**군신유의**를 人人有義**인인유의**로 바꾸어야 하지 않을까?"

【비슷한 글자】 臣 신하 신 巨 클 거

089

群雄割據
군 웅 할 거

여러 영웅들이 지역을 나누어 차지하고 세력을 과시하면서 서로 다투는 상황

群무리 **군** 雄영웅 **웅** 割나눌 **할** 據차지할 **거**

【직역】 여러 무리의 영웅들이 각기 한 지역씩 나누어서 차지함.

【예문】 "애초에 만주에 있던 독립운동 단체는 다 임시정부를 추대하였으나 차차로 群雄割據**군웅할거**의 폐풍이 생겨 정의부와 신민부가 위선 임시 정부의 절제를 안 받게 되었다." – 김구, 《백범일지》

【비슷한 글자】 割 나눌 할 害 해칠 해

090

君子三樂
군 자 삼 락

君子군자가 느끼는 세 가지 즐거움

君 군자 **군** 子 존칭접미사 **자** 三 석 **삼** 樂 즐거울 **락**

【직역】 군자의 세 가지 즐거움.

《맹자》에 나오는 말로, 첫째는 부모님 두 분이 살아 계시고 형제들이 별 탈이 없는 것, 둘째는 위로는 하늘에 부끄럽지 않고 아래로는 사람들에게 부끄럽지 않는 것, 셋째는 천하의 英材**영재**를 얻어 그들을 교육하는 것이다. 원문은 '父母俱存 兄弟無故 一樂也**부모구존형제무고일락야** 仰不愧於天 俯不怍於人 二樂也**앙불괴어천부부작어인이락야** 得天下英才 而敎育之 三樂也**득천하영재 이교육지 삼락야**'다.

【예문】 "君子三樂**군자삼락**의 소박한 즐거움에 고개를 끄덕이면서도 권력과 부귀영화의 길을 자꾸 좇게 되는 걸 보면, 군자 되기가 참으로 어려운 일인가 보다."

【비슷한 글자】 樂 즐거울 락 藥 약 약

樂**락**은 '즐겁다' '음악' '좋아하다'는 의미로 쓰이며 각기 발음이 다르다. '즐겁다'는 의미일 때는 '락'으로(快樂**쾌락**), '음악'의 의미일 때에는 '악'으로(輕音樂**경음악**), '좋아하다'는 의미일 때에는 '요'로(樂山樂水**요산요수**) 발음한다.

091

窮餘之策
궁 여 지 책

매우 어려운 상황에서 어쩔 수 없이 내놓은 방법

窮 어려울 **궁** 餘 남을 **여** 之 ~의 **지** 策 꾀 **책**

【직역】 어려운 나머지 생각해 낸 꾀.

➲ 어려운 상황에서 생각해 낸 방법.

【예문】 "窮餘之策**궁여지책**으로 생각해 낸 대책이 고작 그것이냐. 별로 좋은 방법은 아닌 것 같은데…."

【비슷한 글자】 餘 남을 여 余 나 여

092

權謀術數
권 모 술 수

목적 달성을 위하여 수단과 방법을 가리지 않는 온갖 謀略**모략**, 中傷**중상**, 術策**술책**

權 권세 **권** 謀 꾀할 **모** 術 재주 **술** 數 계산할 **수**

【직역】 권세로써 자신의 이익을 꾀하는 재주와 계산.

➲ 목적을 이루고자 남을 교묘하게 속이는 꾀.

【예문】 "말로만 국민을 위하고 자신의 이익을 위해 權謀術數**권모술수**를 일삼는 정치인도 문제지만, 그런 사람인 줄 알면서도 표를 주는 有權者**유권자**도 문제다."

【비슷한 글자】 權 권세 권 勸 권할 권 歡 기쁠 환 觀 볼 관

093

權不十年
권 불 십 년

권력이나 부귀영화는 일시적인 것이지 영원한 것이 아님

權 권력 **권** 不 아니 **불** 十 열 **십** 年 해 **년**

【직역】 권력은 십 년을 가지 아니함.

➲ 부당하게 잡은 권력은 오래가지 않음. '열흘 붉은 꽃은 없다'는 뜻의 花無十日紅**화무십일홍**과 함께 많이 쓰임. 권력이나 부귀영화는 오래

가지 않으니 항상 겸손하고 성실하게 살아야 한다는 의미.

【예문】 "權不十年**권불십년**을 모르고 그렇게 날뛰었던가."

094 勸善懲惡 권선징악

善**선**을 권장하고 惡**악**을 징계함

勸 권할 **권** 善 착할 **선** 懲 혼낼 **징** 惡 악할 **악**

【직역】 착한 행실은 권장하고 악한 행실은 혼냄(징계함).

➲ 勸善懲惡**권선징악**은 고전소설에 자주 나타나는 주제 유형으로, 유교의 덕목인 三綱五倫**삼강오륜**에 근거를 두고 있다. 올바르고 선량한 인물이 온갖 시련과 난관에 봉착하지만 결국 행복에 도달한다는 이야기 구조를 가지고 있다.

【예문】 "勸善懲惡**권선징악**의 해피엔딩(happy ending)이 진부하다고 하지만, 소설이나 영화에서라도 통쾌함을 맛볼 수 있으니 좋지 아니한가."

惡**악**은 '악하다'는 뜻 외에 '미워하다'는 의미로도 쓰인다. '미워하다'는 의미로 쓰일 때는 '오'로 발음한다(憎惡**증오**).

095 捲土重來 권토중래

한번 싸움에 패하였다가 다시 힘을 길러 쳐들어가거나, 어떤 일에 실패한 뒤 다시 힘을 쌓아 그 일을 다시 시작함

捲 말 **권** 土 흙 **토** 重 거듭 **중** 來 올 **래**

【직역】 흙을 말면서 거듭 옴.

➲ 흙이 말아 올라간다는 것(흙먼지를 일으킴)은 그만큼 빨리 달린다는 뜻이다. 곧 최선을 다한다는 것이다.

【예문】 "捲土重來권토중래하는 사람에게는 결과에 상관없이 박수를 보내자."

【비슷한 글자】 券 문서 권 卷 책 권 捲 말 권 倦 게으를 권 ‖ 土 흙 토 士 선비 사

여기서 重중'은 '거듭'의 의미로 쓰였다. 그 외 '많이 다친 상태'인 重傷중상, '아주 무거운 형벌'인 重罰중벌에서는 '무겁다'는 뜻이고, '매우 중요하고 큰일'인 重且大중차대, '남자의 말은 천금보다 중요하다'는 南兒一言重千金남아일언중천금, '중요하고 요긴함'을 뜻하는 重要중요에서는 '중요하다'는 의미로 쓰인다. '겹친 위에 또 겹친 상태'인 重複중복, '사찰이나 왕궁 따위를 보수하거나 고쳐 짓는 일'인 重建중건, '겹겹이 문으로 막은 깊은 궁궐이라는 뜻으로 임금이 있는 대궐 안'을 일컫는 九重宮闕구중궁궐에서는 '겹치다'는 의미다.

096

橘化爲枳
귤 화 위 지

환경과 조건에 따라 사물의 성질이 변함. 처한 환경에 따라 성품이나 재능이 변함

橘귤 귤 化변화할 화 爲될 위 枳탱자 지

【직역】 귤이 변화하여 탱자가 됨.

➲ 중국 춘추시대 楚초나라 왕이 齊제나라 재상 晏嬰안영을 초청해 놓고 죄인을 부르더니 그에게 어느 나라 사람인지 물었다. 죄인이 제나라 사람이라 답하자 "제나라 사람은 도둑질을 잘하는군" 했다. 이에 안영이 답하기를 "제가 듣기로 귤이 淮南회남에서 나면 귤이 되지만, 淮北회북에서 나면 탱자가 된다고 들었습니다(橘生淮南則爲橘귤생회남즉위귤 生于淮北爲枳생우회북위지)"라고 했다는 데서 유래. 회남에 있는 귤(맛 좋은 과일)을 회북으로 옮겨 심으면 변화하여 탱자(맛없는 과일)가 된다, 곧 초나라 환경이 백성들을 도둑으로 만들었다는 것이다.

【예문】 "물론 意志의지와 努力노력이 중요하지. 하지만 橘化爲枳귤화위지라 했듯 환경의 중요성도 否定부정할 수는 없어."

【비슷한 글자】 化 변화할 화 花 꽃 화 ‖ 爲 될 위 僞 거짓 위

爲를 흔히 '할 위'라고 하는데, '~하다(do)'는 의미뿐 아니라 '되다(be)' '위하다(for)'는 의미로도 많이 쓰인다.

097

克己 극기

자기의 감정, 욕심, 충동 따위를 理性的**이성적** 의지로 눌러 이김

克 이길 **극** 己 자기 **기**

【직역】 자기를 이김.

➡ 자신의 이상과 목적을 실현하는 데 전념함.

【예문】 "욕망과 부단히 투쟁해야 되고 克己**극기**해야 되며, 그리하여 수도가 되고 종내는 부처가 된다는 것인데…." – 김성동, 《만다라》

【비슷한 글자】 巳 여섯째 지지 사 已 이미 이 己 몸 기

098

克己復禮 극기복례

자신의 욕심을 버리고 사람이 본래 지녀야 할 예법과 법도를 따르는 마음으로 되돌아옴

克 이길 **극** 己 자기 **기** 復 돌아올 **복** 禮 예법 **예**

【직역】 자기 욕심을 이기고 예법으로 돌아옴.

➡ 제자 顔淵**안연**이 仁**인**에 대해 묻자 공자가 克己復禮爲仁**극기복례위인**, 곧 '나를 이기고 예로 돌아감이 仁**인**이 된다'고 한 말에서 유래(《論語논어》).

【예문】 "학교는 知識**지식**만 가르치는 곳이 아니라 克己復禮**극기복례**를 배우고 체험하는 장이 되어야 한다."

【비슷한 글자】 復 돌아올 복 腹 배 복 複 겹칠 복

099

近墨者黑
근 묵 자 흑

사람은 주위 환경에 따라 변할 수 있음. 나쁜 사람을 가까이하면 마찬가지로 나쁘게 될 수 있음

近가까울 **근** 墨먹 **묵** 者사람 **자** 黑검을 **흑**

【직역】 먹을 가까이 하는 사람은 검게 됨.

➲ 먹을 가까이 두면 자신도 모르게 검어질 수 있다는 뜻. 훌륭한 스승을 만나면 그 행실을 보고 배움으로써 자연스럽게 훌륭한 인품을 갖게 될 것이고, 나쁜 사람과 어울리다 보면 보고 듣는 것이 언제나 그릇된 것뿐이어서 자신도 모르게 그릇된 방향으로 나아갈 수 있음을 뜻함.

【예문】 "어떤 유혹에도 절대 흔들리지 않겠다고 큰소리치더니만, 近墨者黑**근묵자흑**이라고 결국 똑같은 사람이 되어 버렸군."

【비슷한 글자】 黑 검을 흑 墨 먹 묵 默 고요할 묵 點 점 점

100

金科玉條
금 과 옥 조

소중히 여기고 지켜야 할 규칙이나 교훈

金금 **금** 科법률 **과** 玉옥 **옥** 條법규 **조**

【직역】 金**금** 같은 법률과 玉**옥** 같은 법규.

【예문】 "책을 읽다가 金科玉條**금과옥조**로 삼을 만한 글귀가 나오면 베껴 쓰고 여러 번 읽어 뜻을 吟味**음미**해 보렴."

【비슷한 글자】 科 과정 과 料 헤아릴 료 ‖ 玉 옥 옥 王 임금 왕 壬 아홉 천간 임

科과가 여기에서는 '법률'의 의미로 쓰였지만 '과목(학문의 구분)' '조목(조항, 항목, 부분, 갈래)'의 의미로 많이 쓰이고 '과거시험'의 의미로도 쓰인다.

ㄱ

101

金蘭之交
금 란 지 교

두 사람 사이에 서로 마음이 맞고 교분이 두터워서 아무리 어려운 일이라 할지라도 협력할 만큼 우정이 깊은 사귐

金 쇠 **금** 蘭 난초 **란** 之 어조사 **지** 交 사귈 **교**

【직역】 (날카로움이) 쇠를 끊을 만하고 (향기롭기가) 난초 같은 (아름다운) 사귐.

➲ 비슷한 의미의 말로 管鮑之交**관포지교**, 莫逆之友**막역지우**, 刎頸之交**문경지교**, 伯牙絶絃**백아절현**, 水魚之交**수어지교**, 芝蘭之交**지란지교** 등이 있음.

【예문】 "金蘭之交**금란지교**의 우정을 나눌 친구가 나타나기를 기다리지 말고, 너 자신이 그런 친구가 되려 노력해야 한다."

金**금**은 '쇠' 'gold' '돈'의 의미로 쓰이고 성씨로도 쓰이는데, 성씨로 쓰일 때는 '김'으로 발음한다.

102

錦上添花
금 상 첨 화

좋은 일 위에 더 좋은 일이 더하여짐

錦 비단 **금** 上 위 **상** 添 더할 **첨** 花 꽃 **화**

【직역】 비단 위에 꽃을 더함.

➲ 비단만으로도 예쁘고 좋은데 거기에 꽃을 수놓으면 더욱 화려하고 좋아짐. 더할 나위 없이 좋은 것을 일컬음. 중국 北宋**북송** 때 시인 王安石**왕안석**이 晩年**만년**에 남경에서 은둔할 때 지은 시 〈卽事**즉사**〉에

나오는 구절이다.

【예문】 "새해에는 건강을 위해 禁酒**금주**를 결심했다고? 잘했네. 禁煙**금연**까지 한다면 錦上添花**금상첨화**일 텐데."

【비슷한 글자】 錦 비단 금 綿 솜 · 이어질 면

103 金石盟約 금석맹약

분명하고 변함없는 약속

金 쇠 **금** 石 돌 **석** 盟 맹세할 **맹** 約 약속할 **약**

【직역】 쇠나 돌처럼 단단하고 굳게 맹세한 약속.

【예문】 "힘들고 어려운 순간이 닥칠 때마다, 영원히 변치 말고 사랑하자던 金石盟約**금석맹약**을 떠올리며 힘을 얻곤 했다."

104 禽獸 금수

인간으로서 해서는 안 되는 더럽고 나쁜 행실을 하는 사람

禽 날짐승 **금** 獸 길짐승 **수**

【직역】 날아다니는 짐승과 기어 다니는 짐승.

【예문】 "맹자는 교육을 통해 인간의 착한 본성을 지켜 禽獸**금수**가 되지 않게 해야 한다고 했고, 순자는 교육을 통해 禽獸와 같은 인간을 사람답게 만들어야 한다고 했으니, 두 사람 모두 교육의 중요성을 이야기했다고 볼 수 있겠지."

ㄱ

105 琴瑟 금실

거문고와 비파의 음이 서로 잘 어울리는 것처럼 잘 어울리는 부부 사이의 두터운 정과 사랑을 비유로 일컫는 말

琴 거문고 **금** 瑟 비파 **슬**

【직역】 거문고와 비파처럼 잘 어울림.

【예문】 "문벌이나 가세를 보아 억지로 혼인을 하였다가 내외 琴瑟**금실**이 있게 지내는 사람은 열에 하나 백에 하나이오." – 이해조, 《홍도화》

瑟은 '실'과 '슬' 두 가지로 발음할 수 있는데 '琴瑟'이 '거문고와 비파'를 뜻할 때는 '금슬'로 발음해야 하며, '夫婦**부부** 사이의 정'을 뜻할 때는 '금슬' '금실' 둘 다 발음 가능하다.

106 錦衣夜行 금의야행

쓸데없고 보람 없는 일을 함

錦 비단 **금** 衣 옷 **의** 夜 밤 **야** 行 다닐 **행**

【직역】 비단옷 입고 밤길을 다님.

➲ 요즘은 밤도 낮처럼 환하지만 옛날 밤길은 매우 어두웠다. 그 어두운 밤에 예쁜 비단옷을 입고 다녀 봐야, 비단의 아름다움을 드러낼 수 없고 알아주는 사람도 없으니 의미 없는 일이라는 뜻.

【예문】 "정부가 야심차게 발표한 개혁안이 錦衣夜行**금의야행**이 될 수도 있다는 우려의 목소리가 높다."

107 錦衣還鄉 금의환향

성공하여서 돌아옴

錦 비단 **금** 衣 옷 **의** 還 돌아올 **환** 鄕 고향 **향**

【직역】 비단옷을 입고 고향에 돌아옴.

➡ 출세하여 고향에 돌아옴.

【예문】 "錦衣還鄕**금의환향**했다고 모든 사람들이 박수를 치며 환영하는 것은 아님을 명심하고 늘 겸손한 자세를 잃지 말거라."

【비슷한 글자】 還 돌아올 환 環 고리 환 ‖ 鄕 마을 향 卿 벼슬 경

108 金枝玉葉 금지옥엽

임금의 가족이나 귀한 자식을 비유로 일컫는 말

金 금 **금** 枝 가지 **지** 玉 구슬 **옥** 葉 잎사귀 **엽**

【직역】 금으로 된 가지와 구슬로 된 잎사귀.

【예문】 "요즘 자식을 金枝玉葉**금지옥엽**으로 키우지 않는 집이 어디 있나. 오히려 너무 지나쳐 과보호하는 게 더 문제지."

【비슷한 글자】 枝 가지 지 肢 팔다리 지 技 재주 기

109 氣高萬丈 기고만장

일이 뜻대로 잘되어서 우쭐하여 뽐내는 기세가 대단함. 펄펄 뛸 만큼 크게 성이 난 상황

氣 기운 **기** 高 높을 **고** 萬 일만 **만** 丈 길이 **장**

【직역】 기운의 높이가 1만 丈장이나 뻗침.

【예문】 "처음에 조금 앞서 나간다고 氣高萬丈기고만장하더니, 크게 한번 넘어지고 나서야 정신을 차리더군."

丈장은 '어른' '남자' '남편' '장인' '길이의 단위' 등 여러 의미로 쓰이는데, 길이의 단위를 뜻할 때는 약 3미터 정도를 가리킨다. 丈장의 10분의 1은 尺척, 尺척의 10분의 1은 寸촌 또는 '치'이다.

110

起死回生
기 사 회 생

거의 죽을 상황에서 다시 살아남

起 일어날 기 死 죽음 사 回 돌아올 회 生 살 생

【직역】 죽음에서 일어나 삶으로 돌아옴.

➡ 죽을 위험에 처해 있다가 구출되거나 역경을 이겨 내고 다시 일어섬. 비슷한 의미의 말로 '아홉 번 죽음 가까이 갔다가 한 번 살아난다'는 뜻의 九死一生구사일생이 있음.

【예문】 "나를 믿어 준 단 한 사람, 어머니의 믿음이 있었기에 起死回生기사회생할 수 있었다."

【비슷한 글자】 起 일어날 기 紀 벼리 기 赴 나아갈 부

111

奇想天外
기 상 천 외

보통 사람이라면 생각할 수 없을 만큼 생각이 엉뚱하고 기발함

奇 뛰어날 기 想 생각 상 天 하늘 천 外 바깥 외

【직역】 뛰어난 생각이 하늘 바깥에서 온 것 같음.

【예문】 "奇想天外**기상천외**한 아이디어는 그냥 뚝 떨어지는 게 아니야. 생각하고 또 생각한 결과 얻은 거지."

【비슷한 글자】 奇 기이할(뛰어날) 기 寄 붙일 기
想 생각할 상 霜 서리 상 恕 용서할 서 慈 사랑할 자 愁 근심 수

112

旣往不咎
기 왕 불 구

이미 지나간 일은 어찌할 도리가 없으니 나무라지 않음

旣 이미 **기** 往 갈 **왕** 不 아니 **불** 咎 책망할 **구**

【직역】 이미 지나간 일에 대해 책망하지 아니함.

➲ 《論語**논어**》에 나오는 공자의 말 "成事不說**성사불설** 遂事不諫**수사불간** 旣往不咎**기왕불구**(이루어진 일은 말하지 않고 다된 일은 간하지 않으며, 이미 지나간 일은 탓하지 않는다)"에서 유래.

【예문】 "이번에는 旣往不咎**기왕불구** 넘어가겠지만, 같은 잘못을 계속 반복하면 용서받기 어려울 것이다."

【비슷한 글자】 往 갈 왕 注 물댈 주 柱 기둥 주

113

기 우

하지 않아도 될 쓸데없는 걱정이나 근심

杞 나라 이름 **기** 憂 근심할 **우**

【직역】 杞**기**나라 사람의 근심.

➲ 옛날 중국 杞**기**나라에 살던 어떤 사람이 '만일 하늘이 무너지거나 땅이 꺼지게 되면 어디로 피해야 좋을까?'를 걱정하느라 잠도 자지 않

고 먹지도 않았다는 이야기에서 유래. 앞일에 대해 쓸데없이 걱정하는 것을 일컬음.

【예문】 "초등학생 아들이 축구하는 걸 너무 좋아해서 공부 못할까 걱정이라는 것은 부모의 杞憂**기우**일 뿐이다."

【비슷한 글자】 杞 나라 이름 기 記 기록할 기

ㄱ

114 騎虎之勢 기 호 지 세

이미 시작한 일을 중도에서 그만둘 수 없는 상황

騎 탈 **기** 虎 호랑이 **호** 之 어조사 **지** 勢 형세 **세**

【직역】 호랑이를 타고 달리는 형세.

➲ 호랑이를 타고 달리는 사람이 도중에서 내릴 수 없듯, 어떤 일을 도중에 그만두거나 물러설 수 없는 상황.

【예문】 "결정을 미룬다고 비난만 하지 말고 騎虎之勢**기호지세**의 상황은 아니었는지 먼저 살펴봐야 하지 않겠니?"

115

難攻不落
난 공 불 락

대응하는 힘이 강해 좀처럼 함락시키지 못함

難 어려울 **난** 攻 공격할 **공** 不 못할 **불** 落 떨어뜨릴 **락**

【직역】 공격하기가 어려워 떨어뜨리지(함락시키지) 못함.

➲ 공격할 수 없을 만큼 단단하여서 쉽사리 함락시킬 수 없음.

【예문】 "성공하겠다는 의지만 있다면 세상에 難攻不落**난공불락**이란 없다."

【비슷한 글자】 難 어려울 난 誰 누구 수

116

難兄難弟
난 형 난 제

학문이나 재능 등이 비슷해서 優劣**우열**을 가리기 곤란함

難 어려울 **난** 兄 형 **형** 難 어려울 **난** 弟 아우 **제**

【직역】 형이라 말하기도 어렵고 아우라 말하기도 어려움.

➲ 누가 더 낫다고 할 수 없을 정도로 서로 비슷비슷함. 비슷한 의미의 말로 莫上莫下**막상막하**, 伯仲之勢**백중지세**, 互角之勢**호각지세** 등이 있음.

【예문】 "너나없이 자기만 잘나고 똑똑하고 옳다고 여기지만, 사실 대부분의 인간은 難兄難弟**난형난제**가 아닐까?"

【비슷한 글자】 弟 아우 제 第 차례 제 悌 공경할 제

117

南柯一夢
남 가 일 몽

헛된 꿈. 인생의 덧없음. 한때의 부귀영화

南 남녘 **남** 柯 나뭇가지 **가** 一 하나 **일** 夢 꿈 **몽**

【직역】 남쪽으로 뻗은 나뭇가지 밑에서 꾸는 한바탕 꿈.

➲ 중국 唐**당**나라 사람 李公佐**이공좌**의 소설《南柯記**남가기**》에 나오는 이야기에서 유래. 淳于棼**순우분**이라는 사람이 술에 취해 남쪽으로 뻗은 홰나무 가지 밑에서 잠이 들었는데, 꿈속에서 한 나라의 부마가 되어 20년 동안 부귀영화를 누렸다는 이야기. 비슷한 의미의 말로 盧生之夢**노생지몽**, 一場春夢**일장춘몽**, 邯鄲之夢**한단지몽** 등이 있음.

【예문】 "인생사 南柯一夢**남가일몽**이니, 하루하루의 행복을 소중하고 귀하게 여길 뿐이다."

118

男負女戴
남 부 여 대

가난한 사람들이나 재난을 당한 사람들이 살 곳을 찾아 이리저리 떠돌아다님

男 남자 **남** 負 짐질 **부** 女 여자 **여** 戴 머리에 일 **대**

【직역】 남자는 등에 지고 여자는 머리에 이고(걸어감)

➲ 비슷한 의미의 말로, '바람 맞으면서 먹고 이슬을 맞으면서 잔다'는 風餐露宿**풍찬노숙**, '이 집 저 집의 대문 앞에서 빌어먹는다'는 門前乞食**문전걸식** 등이 있음.

【예문】 "한국전쟁 때 男負女戴**남부여대**하여 피란을 떠나는 사람들의 모습을 봤다면, 현재에 감사하는 마음이 들지 않을 수 없을 것이다."

負부가 여기에서는 '짐 지다'는 의미로 쓰였지만 '패배하다' '빚지다' '부상을 입다'는 의미로도 쓰인다.

119 濫觴 남 상

사물의 처음이나 始發點시발점

濫 띄울 **남** 觴 술잔 **상**

【직역】 (겨우) 술잔을 띄울 정도의 (작은 양의 물)

➲ 공자가 제자 子路자로를 훈계하며, "아무리 큰 냇물도 그 근원은 술잔을 띄울 만큼의 작은 물에서 시작되었다"고 한 이야기에서 유래.

【예문】 "작은 것이라고 무시하지 마라. 모든 위대한 것들이 濫觴남상에서 시작되었으니."

【비슷한 글자】 濫 넘칠 남 監 볼 감 藍 쪽(남색) 남 襤 누더기 남

120 男兒須讀五車書 남 아 수 독 오 거 서

사람답게 살아가려면 많은 책을 읽어야 한다는 의미로, 독서의 중요성을 일컬음

男 사나이 **남** 兒 젊은이 **아** 須 모름지기 **수** 讀 읽을 **독** 五 다섯 **오**
車 수레 **거** 書 책 **서**

【직역】 사나이는 모름지기 다섯 수레의 책을 읽어야 함.

➲ 莊子장자의 친구 惠施혜시가 유학을 떠날 때 다섯 수레 분량의 책을 휴대하였다는 이야기에서 유래. 杜甫두보의 詩시에도 나온다. 이 말이 쓰일 때에는 남자들만 공부하는 시절이었으니 '男兒남아'를 '人間인간'

으로 바꾸어야 할 것 같다.

【예문】 "미래뿐 아니라 현재의 행복을 위해 男兒須讀五車書**남아수독오거서**를 실천해 보면 어떨까?"

【비슷한 글자】 書 책 서 晝 낮 주 畵 그림 화

121

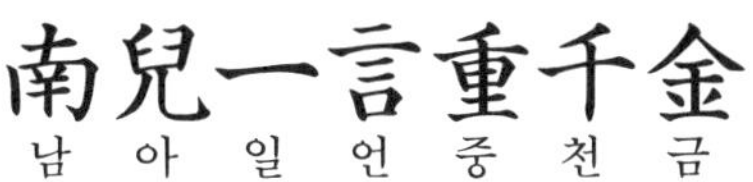

南兒一言重千金
남 아 일 언 중 천 금

약속은 반드시 지켜야 함

男 사나이 **남** 兒 젊은이 **아** 一 하나 **일** 言 말씀 **언** 重 무거울 **중**

千 일천 **천** 金 돈 **금**

【직역】 남자의 한 마디 말은 천금보다 무거워야 함.

➡ 어떤 경우에도 약속을 지켜야 함.

【예문】 "'雄辯**웅변**은 銀**은**이고 沈默**침묵**은 金**금**'이라고 하잖니. 南兒一言重千金**남아일언중천금**과 같은 의미라고 할 수 있겠지."

【비슷한 글자】 千 일천 천 干 방패 간 于 어조사 우

重**중**은 '겹치다' '무겁다' '중요하다'의 세 가지 의미로 사용됨.

122

囊中之錐
낭 중 지 추

재능이 뛰어난 사람은 숨어 있어도 저절로 남의 눈에 띄게 됨

囊 주머니 **낭** 中 가운데 **중** 之 ~의 **지** 錐 송곳 **추**

【직역】 주머니 가운데의 송곳.

➲ 송곳은 뾰족하기 때문에 주머니 속에 넣고 조금만 움직여도 주머니 밖으로 나오게 됨.

【예문】 "짧은 시간이었지만 囊中之錐**낭중지추**의 존재감을 드러냈으니 큰 비중의 역할을 맡게 된 것이지."

【비슷한 글자】 錐 송곳 추 推 밀 추 椎 망치 추

123

囊中取物 낭 중 취 물

손쉽게 얻을 수 있음

囊 주머니 **낭** 中 가운데 **중** 取 취할 **취** 物 물건 **물**

【직역】 주머니 가운데 있는 물건을 취함.

➲ 주머니 속에 들어 있는 물건을 꺼내듯 아주 손쉽게 얻을 수 있는 물건이나 쉽게 이룰 수 있는 일을 뜻함.

【예문】 "囊中取物**낭중취물**로 여기고 준비를 소홀히 했던 오만함이 부끄럽고 후회스럽구나."

124

內憂外患 내 우 외 환

나라 안팎의 여러 가지 어려운 일

內 안 **내** 憂 근심 **우** 外 바깥 **외** 患 근심 **환**

【직역】 안에 있는 근심과 바깥으로부터 오는 근심.

【예문】 "미국에서는 관세를 올린다고 하고, 국내에서는 수입차 점유율이 증가하고 있으니 한국 자동차 산업이 內憂外患**내우외환**의 위기에 처했다."

【비슷한 글자】 憂 근심할 우 優 넉넉할 우 ‖ 患 근심 환 忠 충성 충

125
路柳墻花
노 류 장 화

기생을 비유적으로 일컫는 말

路 길 **로** 柳 버드나무 **류** 墻 담장 **장** 花 꽃 **화**

【직역】 길가의 버드나무와 담장 위에 피어 있는 꽃.

➲ 길가의 버드나무와 담장 위의 꽃은 누구라도 꺾을 수 있는 것이라는 뜻에서 나왔음.

【예문】 "기생 팔자야 路柳牆花**노류장화**인데 만나고 갈라지는 게 뭐 그리 어려운 일이겠습니까." – 박경리, 《토지》

126
老馬之智
노 마 지 지

아무리 하찮은 존재일지라도 연륜이 깊으면 나름의 장점과 특기를 지니게 됨

老 늙을 **노** 馬 말 **마** 之 어조사 **지** 智 슬기로울 **지**

【직역】 늙은 말의 슬기로움.

➲ 중국 春秋時代**춘추시대**, 齊**제**나라 桓公**환공**이 정벌에 나섰다가 길을 잃었는데, 재상 管仲**관중**이 늙은 말 한 마리를 풀어 놓고 그 뒤를 따르자 큰길이 나타났다는 이야기에서 유래(《韓非子한비자》).

【예문】 "노인이라 해서 덮어놓고 老馬之智**노마지지**를 기대해서는 안 되며, 모든 일에 老馬之智가 가능한 것도 아니다."

【비슷한 글자】 老 늙을 노 考 생각 고 孝 효도 효

ㄴ~ㅁ

127

勞心焦思
노 심 초 사

마음속으로 애를 쓰면서 속을 태움

勞 수고로울 **노** 心 마음 **심** 焦 태울 **초** 思 생각 **사**

【직역】 마음을 수고롭게 하고 생각을 태움.

➡ 마음을 졸이며 생각에 골몰하거나 근심 걱정이 많은 상태.

【예문】 "부모에 대한 자식의 勞心焦思**노심초사**를 자식에 대한 부모의 勞心焦思와 어찌 비교할 수 있을까."

【비슷한 글자】 勞 수고로울 노 榮 꽃 영 營 만들 영 塋 무덤 영
焦 태울 초 樵 땔나무 초 憔 수척할 초

128

綠衣紅裳
녹 의 홍 상

곱게 차려입은 젊은 여자의 아름다운 옷차림

綠 초록빛 **록** 衣 옷 **의** 紅 붉을 **홍** 裳 치마 **상**

【직역】 초록빛깔 저고리와 붉은색 치마.

【예문】 "綠衣紅裳**녹의홍상** 갖추고 한껏 멋을 내고 나타나서, 내가 알던 사람이 아닌 줄 알고 깜짝 놀랐다니까."

【비슷한 글자】 綠 초록빛 록 錄 기록할 록 緣 인연 연

129

論功行賞
논 공 행 상

공로가 있고 없음과 크고 작음 등을 의논하여서 거기에 알맞게 상을 줌

論 의논할 **논** 功 공(힘들여 이룬 결과) **공** 行 행할 **행** 賞 상줄 **상**

【직역】 功공을 의논하여서 賞상 주는 일을 행함.

【예문】 "대다수 사람들이 論功行賞논공행상의 기준을 납득하지 못하면 그 조직은 유지되기 어렵다."

【비슷한 글자】 賞 상줄 상 償 갚을 상 裳 치마 상 嘗 맛볼 상

130

弄假成眞
농 가 성 진

장난삼아 한 것이 진심으로 한 것과 같이 됨

弄 희롱할 **농** 假 거짓 **가** 成 이룰 **성** 眞 참 **진**

【직역】 희롱하기 위해 거짓으로 한 행동이 참으로 한 것처럼 이루어짐.

【예문】 "弄假成眞농가성진으로 곤란한 입장에 처한 경험이 있다 보니 弄談농담 한마디도 쉽게 하기 어렵다."

【비슷한 글자】 假 거짓 가 暇 틈 가 瑕 티 하

131

壟斷
농 단

이익이나 권리를 교묘한 수단으로 독점함

壟 언덕 **농** 斷 끊을 **단**

【직역】 언덕이 끊어진 곳(낭떠러지에서 이익에 대해 생각함).

➲ 끊어진 언덕(앞부분을 분명하게 내려다볼 수 있는 장소)에 올라 사방을 둘러본 후 자기 물건 팔기에 적당한 곳으로 이동하여 이익을 독점한다는 뜻. 자신의 이익을 위해 온갖 수단을 사용하는 나쁜 행동을 일컬음.

【예문】 "권력에 기생하는 악덕 기업인의 壟斷농단을 뿌리 뽑지 못하면 正義社會정의사회는커녕 나라가 절단날 수도 있다."

【비슷한 글자】 壟 언덕 농 龍 용 용 籠 바구니 농 聾 귀머거리 농

132

農夫餓死枕厥種子
농 부 아 사 침 궐 종 자

죽는 순간까지도 미래를 위한 생각을 버리지 말아야 함

農 농사 **농** 夫 사나이 **부** 餓 굶주릴 **아** 死 죽을 **사** 枕 벨 **침** 厥 그 **궐**

種 씨 **종** 子 접미사 **자**

【직역】 농부는 굶어죽어도 (미래의 농사를 위해서) 그 씨앗만큼은 머리에 베고(남겨 놓고) 죽음.

➲ 현재만 생각하여 미래를 망쳐서는 안 됨. 어리석고 인색한 사람은 자신이 죽고 나면 재물도 소용없는 것이라는 사실을 모른다는 의미로도 쓰인다.

【예문】 "農夫餓死枕厥種子**농부아사침궐종자**인데 어찌하여 너는 돈이 생기기만 하면 써서 없애느라 바쁜 것이냐."

【비슷한 글자】 農 농사 농 濃 짙을 농 膿 고름 농
夫 사나이 부 失 잃을 실 矢 화살 시 天 하늘 천
餓 굶주릴 아 飮 마실 음 飢 굶주릴 기 飯 밥 반 飽 배부를 포 餘 남을 여
枕 베개 침 沈 가라앉을 침 · 성씨 심 ‖ 厥 그 궐 闕 대궐 궐
種 씨 종 鍾 종(bell) 종 腫 부스럼 종

133

弄瓦之慶
농 와 지 경

딸을 낳은 즐거움

弄 가지고 놀 **롱** 瓦 실패(실 감는 물건) **와** 之 어조사 **지** 慶 경사 **경**

【직역】 실패를 가지고 놀도록 하는 경사로움.

➲ 중국에서 딸을 낳았을 때 장난감으로 실패를 주었던 데서 유래.

【예문】 "딸바보라 놀려도 상관없네. 아들만 둔 자네가 弄瓦之慶**농와지경**의 즐거움을 어찌 알겠나."

134 農者天下之大本 농자천하지대본

농업은 사람들이 살아가는 가장 중요한 근본이라는 뜻으로 농업의 중요성을 강조하는 말

農 농사 **농** 者 ~것 **자** 天 하늘 **천** 下 아래 **하** 之 어조사 **지** 大 큰 **대**

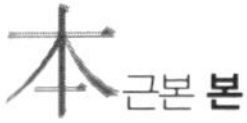
本 근본 **본**

【직역】 농사라는 것은 하늘 아래(온 세상)에서의 큰 근본임.

【예문】 "식량이 무기가 될 날이 멀지 않았는데 農者天下之大本**농자천하지대본**이 구닥다리 사상 취급을 받고 있으니 걱정스럽다."

者**자**를 흔히 '놈 자'라 하는데 여기에서는 '~것'이라는 의미로 쓰였음.

135 弄璋之慶 농장지경

아들을 낳은 즐거움

弄 가지고 놀 **롱** 璋 구슬 **장** 之 어조사 **지** 慶 경사 **경**

【직역】 구슬을 가지고 놀 수 있는 경사로움.

➲ 예전에 중국에서 아들을 낳으면 구슬의 모나지 않는 덕을 본받으라는 뜻으로 구슬을 주었다는 데서 유래.

【예문】 "자녀 양육이 부담스러워 弄璋之慶**농장지경**과 弄瓦之慶**농와지경**의 즐거움을 포기하는 젊은이들을 보면 안타까운 마음이 앞선다."

136

累卵之危
누 란 지 위

매우 위태로운 형세

累쌓을 **루** 卵알 **란** 之~의 **지** 危위태로울 **위**

【직역】 알을 쌓아 놓은 것과 같은 위태로움.

➲ 비슷한 의미의 말로 百尺竿頭**백척간두**, 危機一髮**위기일발**, 一觸卽發**일촉즉발**, 焦眉之急**초미지급**, 風前燈火**풍전등화** 등이 있음.

【예문】 "累卵之危**누란지위**에 처한 나라를 구한 것이 어찌 이순신 장군 한 사람만의 공일까. 이름 없는 수많은 민초들의 희생도 기억해야겠지."

137

能書不擇筆
능 서 불 택 필

진정한 실력자는 재료나 환경을 탓하지 않음

能능히 잘할 **능** 書글씨 **서** 不아니 **불** 擇가릴 **택** 筆붓 **필**

【직역】 글씨 쓰기를 능히 잘 하는 사람은 붓을 가리지 아니함.

➲ 능력 있는 서예가가 붓에 구애받지 않는 것처럼 능력 있는 사람은 도구나 재료에 구애받지 않고 능력을 발휘함.

【예문】 "선발제도가 바뀌었다고 불안해하지 마라. 能書不擇筆**능서불택필**이니 그 시간에 공부에 집중하는 편이 낫지 않겠니."

【비슷한 글자】 能 잘할 능 態 모양 태
書 글 서 晝 낮 주 畵 그림 화 劃 그을 획
擇 가릴 택 澤 연못 택 釋 풀 석 譯 번역할 역 驛 역참 역

138

多岐亡羊
다 기 망 양

학문의 길이 여러 갈래여서 진리 찾기가 어려움

多 많을 **다** 岐 갈림길 **기** 亡 잃을 **망** 羊 양 **양**

【직역】 갈림길이 많아서 양을 잃어버림.

➲ 두루 섭렵하였지만 확실하게 잘하는 바가 없어 끝내 성취하지 못함. 방법이 많아서 도리어 무엇을 해야 할지 모름.

【예문】 "공부할 때 多岐亡羊**다기망양**을 경계하며 꾸준히 노력하다 보면 작지 않은 기쁨을 얻을 것이다."

【비슷한 글자】 羊 양 양 洋 큰 바다 양 祥 상서로울 상

139

多多益善
다 다 익 선

많으면 많을수록 더욱더 좋음

多 많을 **다** 多 많을 **다** 益 더욱 **익** 善 좋을 **선**

【직역】 많고 많으면 더욱 좋음.

➲ 많을수록 능력을 더 많이 발휘할 수 있음.

【예문】 "多多益善**다다익선**이 진리는 아니란다. 많이 먹는다고 건강해지는 것 아니고, 많이 배운다고 지혜로운 것 아니며, 많이 가진다고 더 행복한 것도 아니지 않더냐."

【비슷한 글자】 善 좋을(착할) 선 繕 기울 선 膳 드릴 선

140

多事多難
다 사 다 난

여러 가지 사건이 있고 어려움이나 탈도 많이 있음

多 많을 **다** 事 일 **사** 多 많을 **다** 難 어려울 **난**

【직역】 많은 일과 많은 어려움.

【예문】 "올 한 해 多事多難**다사다난**했다는 것은 그만큼 열심히 살았다는 증거이기도 하다."

141

斷金之交
단 금 지 교

친구 사이의 두터운 우정

斷 끊을 **단** 金 쇠 **금** 之 ~의 **지** 交 사귈 **교**

【직역】 쇠라도 끊을 만큼의 사귐.

➡ 쇠붙이도 끊을 수 있을 만큼의 두터운 사귐.

【예문】 "이기적 본성을 가진 인간들에게 斷金之交**단금지교**의 우정은 결코 쉬운 일이 아니다."

142

斷機之敎
단 기 지 교

學業**학업**을 中斷**중단**해서는 안 된다는 것을 경계함

斷 끊을 **단** 機 베틀 **기** 之 ~의 **지** 敎 가르칠 **교**

【직역】 베틀의 베를 끊음으로써 가르침.

➲ 학업을 중도에 그만두는 것은 짜던 베의 날줄을 끊는 것과 같이 그 동안의 노력을 헛되게 만들어 버리는 바보 같은 짓이라는 말. 맹자가 학문에 전념할 나이가 되어 고향을 떠나 공부할 때 어느 날 갑자기 집으로 돌아왔는데, 베틀에 앉아 베를 짜고 있던 맹자의 어머니가 아들에게 "공부가 어느 정도 되었느냐?"고 물었다. "아직 마치지 못했습니다"라고 대답하자 어머니는 짜고 있던 베틀의 날실을 끊어 버리고는 "네가 공부를 중도에 그만두고 돌아온 것은 이 어미가 짜고 있던 베의 날실을 끊어 버린 것과 같다. 무엇을 이룰 수 있겠느냐?"라면서 꾸짖었다. 맹자가 크게 깨달은 바 있어 다시 스승에게로 돌아가 열심히 공부하였다는 이야기에서 유래. 비슷한 의미의 말로 孟母斷機**맹모단기**가 있다.

【예문】 "자식을 교육할 때 때로는 斷機之教**단기지교**의 강한 자극도 필요하다."

143

單刀直入
단 도 직 입

군말 없이 곧장 要旨**요지**를 말함

單 홑 **단** 刀 칼 **도** 直 바로 **직** 入 들 **입**

【직역】 한 자루의 칼로 바로 들어감.

➲ 한 자루의 칼만 들고서 머뭇거리지 않고 들어간다는 의미로, 인사말이나 긴 말을 늘어놓지 아니하고 곧바로 본론에 들어갈 때 상투적으로 사용하는 표현.

【예문】 "誤解**오해**가 생기지 않도록 에두르지 않고 單刀直入**단도직입**으로 말하겠습니다."

【비슷한 글자】 單 홑 단 彈 탄알 탄 憚 꺼릴 탄 簞 대광주리 단

144

簞食瓢飮
단 사 표 음

청빈하고 소박한 생활

簞 대광주리 **단** 食 밥 **사** 瓢 표주박 **표** 飮 마실 **음**

【직역】 작은 대광주리에 담은 밥과 작은 표주박에 담은 마실 음료.

➲ 광주리에 있는 밥을 먹고 표주박에 담긴 물을 마신다는 의미로, 작은 것에 만족하는 소박하고 청빈한 생활 방식을 일컫는 말.

【예문】 "簞食瓢飮**단사표음**을 즐길 수 없는 사람이라면 지도자 될 자격이 없는 것 아닐까?"

食**사**가 여기에서는 '사'로 발음되고 '밥'이라는 의미로 사용되었지만, '먹다' '양식' '음식'이라는 의미로 더 많이 쓰이고 '식'으로 더 많이 발음된다.

145

丹脣皓齒
단 순 호 치

빼어난 미인

丹 붉을 **단** 脣 입술 **순** 皓 흴 **호** 齒 이 **치**

【직역】 붉은 입술과 하얀 이.

➲ 여자의 아름다운 얼굴. 옛날에는 빨간 입술과 하얀 치아가 미인의 조건이었음.

【예문】 "丹脣皓齒**단순호치**로만 여성의 아름다움을 논하지 말라. '마음'도 중요한 기준이자 아름다움의 조건이다."

【비슷한 글자】 丹 붉을 단 舟 배 주 脣 입술 순 肩 어깨 견

146

斷腸
단 장

감당하기 어려운 큰 슬픔

斷 끊을 **단** 腸 창자 **장**

【직역】 창자가 끊어지는 것과 같은 커다란 슬픔.

➡ 《世說新語**세설신어**》에 나오는 이야기에서 유래. 晉**진**나라 桓溫**환온**이 蜀**촉**을 정벌하러 가는 도중 양쯔강 중류의 三峽**삼협**이라는 곳을 지날 때 한 병사가 새끼원숭이 한 마리를 잡아 왔다. 어미 원숭이가 슬피 울며 뒤따라오다가 죽고 말았는데, 그 죽은 어미 원숭이의 배를 갈라 보니 창자가 조각조각 끊어져 있었다. 자식을 잃은 슬픔이 깊어 창자가 끊어진 것이다.

【예문】 "'斷腸**단장**의 미아리고개'라는 노래 제목에서 전쟁의 슬픔과 참혹함이 절절히 느껴진다."

147

斷章取義
단 장 취 의

남이 쓴 文章**문장**의 일부를 끊어서 문장 전체 뜻이나 작자의 의도와 무관하게 자기의 필요에 따라 제멋대로 사용하는 일

斷 끊을 **단** 章 문장 **장** 取 취할 **취** 義 뜻 **의**

【직역】 문장을 끊어 뜻을 취함.

【예문】 "斷章取義**단장취의**로 진실을 왜곡하는 말과 글도 일종의 가짜뉴스이다."

【비슷한 글자】 章 글 장 障 가로막을 장

義**의**가 '옳다'는 의미로 많이 쓰이지만, '뜻'이라는 의미의 '意'와 동일하게 사용되기도 함.

148 堂狗風月 당 구 풍 월

무식한 사람일지라도 유식한 사람과 함께하다 보면 다소 유식해질 수 있음

堂 서당 **당** 狗 개 **구** 風 바람 **풍** 月 달 **월**

【직역】 서당에서 키우는 개도 풍월(어깨너머로 들은 짧은 지식)에 대해 이야기할 수 있음.

➲ 어떤 한 분야에 대하여 경험과 지식이 전혀 없는 사람일지라도 오랜 시간 함께하다 보면 얼마간의 경험과 지식을 가질 수 있게 됨.

【예문】 "같이 시간만 보낸다고 堂狗風月**당구풍월**할 수 있는 것은 아니다. 堂狗風月도 관심이 있어야 할 수 있다."

【비슷한 글자】 堂 집 당 當 마땅할 당 狗 개 구 拘 잡을 구
風 바람 풍 楓 단풍나무 풍 諷 풍자할 풍

149 螳螂拒轍 당 랑 거 철

힘이 부족하면서도 강자에게 덤비는 무모함

螳 사마귀 **당** 螂 사마귀 **랑** 拒 막을 **거** 轍 수레바퀴 **철**

【직역】 사마귀가 수레바퀴를 막아섬.

➲ 자신의 힘은 헤아리지 않고 강한 상대나 불가능한 일에 무모하게 덤비는 행동.

【예문】 "螳螂拒轍**당랑거철**은 覇氣**패기**가 아니라 계란으로 바위를 깨려는 것과 같은 어리석음이다."

【비슷한 글자】 拒 막을 거 距 떨어질 거 巨 클 거
轍 바퀴자국 철 撤 거둘 철 澈 물 맑을 철

150

大驚失色
대 경 실 색

몹시 놀라 얼굴빛이 하얗게 질림

大큰 **대** 驚놀랄 **경** 失잃을 **실** 色얼굴빛 **색**

【직역】 크게 놀라 얼굴빛을 잃어버림.

【예문】 "도둑놈이 밤새 감쪽같이 줄행랑을 쳤으니 경찰은 大驚失色**대경실색**할 노릇이었다" – 박경리, 《토지》

【비슷한 글자】 驚 놀랄 경 警 경계할 경

色**색**은 '색채'라는 의미 뿐 아니라 '빛깔' '얼굴빛' '정욕' '모양' 등의 의미로도 많이 쓰인다.

151

大巧若拙
대 교 약 졸

진정으로 뛰어난 재능을 가진 사람은 뽐내거나 과장하지 않기 때문에 도리어 어리석은 것처럼 보일 수 있음

大큰 **대** 巧공교할 **교** 若같을 **약** 拙서투를 **졸**

【직역】 크게 공교로운(솜씨나 꾀 등이 매우 뛰어남) 능력은 서투른 것처럼 보일 수 있음.

【예문】 "겉모습만 보고 섣부르게 판단하지 말라. 大巧若拙**대교약졸**인 경우도 적지 않으니."

【비슷한 글자】 若 같을 약 苦 쓸 고

152

大器晚成
대 기 만 성

큰일을 완성시키기 위해서는 많은 시간이 필요함

大 큰 **대** 器 그릇 **기** 晚 늦을 **만** 成 이룰 **성**

【직역】 큰 그릇은 늦게 이루어짐.

➲ 큰 그릇을 만들기 위해서는 많은 시간이 필요한 것처럼, 큰 인물이 되기 위해서도 많은 노력과 시간이 필요함.

【예문】 "大器晚成**대기만성**임을 모르고 초등학교 때부터 학업성적에 一喜一悲**일희일비**하는 부모들이 많다."

【비슷한 글자】 器 그릇 기 哭 울 곡 晚 늦을 만 免 면할 면 勉 힘쓸 면

153

大同團結
대 동 단 결

많은 사람이나 여러 집단이 하나의 공동 목표를 위하여 크게 하나로 뭉침

大 큰 **대** 同 한가지 **동** 團 덩어리 **단** 結 맺을 **결**

【직역】 크게 한가지로 되고 하나의 덩어리로 맺음

➲ 여러 단체, 정당, 당파가 서로 대립하는 작은 문제를 무시하고 큰 목적을 위하여 하나가 됨.

【예문】 "국난의 시기일수록 大同團結**대동단결**이 필요하다."

154

大同小異
대 동 소 이

전체적으로 보면 같지만 작은 부분에서는 약간 다르다는 의미로 대부분 비슷함을 뜻함

大 큰 **대** 同 같을 **동** 小 작을 **소** 異 다를 **이**

【직역】 크게는 같지만 작게는 다름.

➲ 다른 점보다 같은 점이 훨씬 많음을 일컬음. 비슷한 의미의 말로 五十步百步**오십보백보**가 있음.

【예문】 "둘의 실력이 大同小異**대동소이**하다고 생각했는데, 막상 겨루어 보니 적지 않은 차이가 있었다."

155

大義滅親
대 의 멸 친

큰 義理**의리**를 위해서는 혈육의 정이나 사사로운 감정은 무시해야 함

大 큰 **대** 義 옳을 **의** 滅 없앨 **멸** 親 친척 **친**

【직역】 큰 옳음을 위해서 친척 관계도 없애 버림.

➲ 국가의 大義**대의**를 위해서는 부모 형제와의 情**정**도 물리칠 수 있어야 함.

【예문】 "大義滅親**대의멸친**할 각오가 되어 있지 않다면 지도자가 되겠다는 꿈은 버려야 한다."

【비슷한 글자】 滅 없앨 멸 減 덜 감

156

戴天之讐
대 천 지 수

지독히 사이가 좋지 않은 관계의 사람

戴 머리에 일 **대** 天 하늘 **천** 之 ~의 **지** 讐 원수 **수**

【직역】 하늘을 머리에 (함께) 일 수 없을 만큼의 원수.

➲ 원래는 不(아닐 불)과 俱(함께 구)를 앞에 써서, '함께 하늘을 머리에 이고 살 수 없는 원수'라는 의미의 '不俱戴天之讐**불구대천지수**'이다. 함께 하늘을 일 수 없다는 말은 누군가 한 사람은 지구에서 사라져야 한다는 말이다. 원래는 아버지를 죽인 怨讐**원수**를 일컫는 말이었다.

【예문】 "네가 그 사람을 戴天之讐**대천지수**로 여기면, 그 역시 너를 戴天之讐로 생각하지 않겠느냐?"

【비슷한 글자】 戴 머리에 일 대 載 실을 재 裁 마름질할 재

157

德不孤必有隣
덕 불 고 필 유 린

남에게 덕을 베푸는 사람에게는 사람들이 모여들게 마련임

德 덕 **덕** 不 아니 **불** 孤 외로울 **고** 必 반드시 **필** 有 있을 **유** 隣 이웃 **린**

【직역】 덕이 있는 사람은 외롭지 않고 반드시 이웃이 있게 됨.

➲ 덕을 베푸는 일이 행복한 삶의 시작이 된다는 뜻(《論語논어》).

【예문】 "'德不孤必有隣**덕불고필유린**'의 뜻을 묻는다면 박지원의 소설《許生傳**허생전**》의 주인공 '허생'의 말로 대신하겠다. "텅 빈 섬에 사람이라곤 하나도 없는데, 대체 누구와 더불어 산단 말이오?"라고 묻는 사공의 말에, 허생은 "德**덕**이 있으면 사람이 절로 모인다네. 덕이 없을까 두렵지, 사람이 없는 것이야 근심할 것이 있겠나?"라고 답하였다."

【비슷한 글자】 隣 이웃 린 憐 불쌍히 여길 련

158

道不拾遺 도불습유

나라가 잘 다스려져 사회가 안정되어 있음

道 길 **도** 不 아닐 **불** 拾 주울 **습** 遺 남길 **유**

【직역】 길에 남겨진(떨어진) 물건을 주워 가지 않음.

➲ 형벌이 엄하여 백성이 법을 잘 지킨다는 의미로도 쓰임.

【예문】 "경제적으로 궁핍한 사회에서 道不拾遺**도불습유**는 불가능에 가깝다."

【비슷한 글자】 遺 남길 유 遣 보낼 견 違 어길 위

159

道聽塗說 도청도설

무슨 말을 들었을 때 그것을 깊이 생각지 않고 다른 사람에게 옮겨 말해 버리는 경박한 태도

道 길 **도** 聽 들을 **청** 塗 길 **도** 說 말할 **설**

【직역】 길거리에서 들은 이야기를 곧바로 그 길에서 다른 사람에게 말함.

➲ 근거 없이 거리에 떠돌아다니는 뜬소문. 《論語**논어**》〈陽貨**양화**〉篇**편**의 "道聽塗說**도청도설** 德之棄也**덕지기야**"(길에서 듣고 길에서 말하는 것은 덕을 버리는 것과 같다)에서 유래.

【예문】 "道聽塗說**도청도설**은 德**덕**을 버리는 일일 뿐 아니라, 社會**사회**를 혼란에 빠뜨리는 일이 될 수도 있다."

【비슷한 글자】 說 말할 설 設 세울 설 訟 다툴 송 許 허락할 허 詐 속일 사 訴 하소연할 소 評 평론할 평 悅 기쁠 열

160

塗炭之苦
도 탄 지 고

가혹한 정치 때문에 백성들의 고통이 매우 심함

塗 진흙 **도** 炭 숯 **탄** 之 ~의 **지** 苦 고통 **고**

【직역】 진흙탕이나 숯불에 떨어진 것과 같은 고통.

➲ 《書經**서경**》을 비롯하여 여러 문헌에 나오는 말로, '塗炭**도탄**에 빠진다'는 형태로 많이 쓰인다.

【예문】 "塗炭之苦**도탄지고**의 처지에 놓인 사람들을 구하는 것은 한 사람의 힘만으로는 어렵다."

161

獨不將軍
독 불 장 군

어떤 일을 자기 마음대로 처리하거나 홀로 버티며 고집을 부리는 사람

獨 홀로 **독** 不 못할 **불** 將 장수 **장** 軍 군인 **군**

【직역】 혼자서는 將軍**장군**이 되지 못한다는 사실(을 모르는 사람).

➲ 다른 사람의 지지를 받지 못한 채 따돌림당하는 외톨이라는 의미로 쓰인다. 남의 의견을 무시하고 혼자서 모든 일을 처리하는 사람, 혼자 잘난 체하며 뽐내다가 남에게 핀잔을 받고 고립된 처지에 있는 사람을 뜻함.

【예문】 "指導者**지도자**의 자질을 검증할 때 獨不將軍**독불장군**인가 아닌가의 여부를 꼭 살펴봐야 한다."

【비슷한 글자】 將 장차 장 奬 권면할 장 壯 씩씩할 장

162

讀書百遍義自見
독 서 백 편 의 자 현

어려운 내용의 글일지라도 자꾸 되풀이하여 읽으면 그 뜻을 스스로 깨우쳐 알 수 있게 됨

讀 읽을 **독** 書 글 **서** 百 일백 **백** 遍 번(횟수) **편** 義 뜻 **의**

自 저절로 **자** 見 나타날 **현**

【직역】 글을 읽음에 백 번을 (반복하여) 읽으면 뜻이 저절로 나타남.

➡ 중국 後漢**후한** 말기에 董遇**동우**라는 사람이 있었는데 집안이 가난하여 공부에만 전념할 수 없었음에도 어려움을 이기고 공부하여 높은 벼슬에 올랐다. 이후 여기저기서 동우의 학덕을 흠모하여 글공부를 하겠다는 사람들이 찾아왔는데, 그때마다 동우는 "나에게 배우려 하지 말고 집에서 그대 혼자 책을 몇 번이고 자꾸 읽어 보게. 그러면 스스로 그 뜻을 알게 될 걸세"라면서 가르치기를 거절하였다는 이야기에서 유래.

【예문】 "사교육의 굴레에서 벗어날 수 있는 가장 좋은 방법은 讀書百遍義自見**독서백편의자현**을 믿고 실천하는 것이다."

【비슷한 글자】 百 일백 백 白 흰 백 伯 맏 백 栢 나무 이름 백

義**의**는 일반적으로 '옳음'이라는 의미로 쓰이지만 여기에서는 '뜻'이라는 의미로 쓰였고, 見**견**도 일반적으로는 '볼 견'으로 쓰이지만 여기에서는 '나타날 현'으로 쓰였다.

163

讀書三到
독 서 삼 도

독서할 때 口到**구도**, 眼到**안도**, 心到**심도** 세 가지 도가 있어야 함

讀 읽을 **독** 書 글 **서** 三 석 **삼** 到 이를 **도**

[직역] 글을 읽을 때에는 세 가지(입, 눈, 마음)가 (지극함에) 이르러야 함.

➲ 입으로는 다른 말을 하지 말아야 하고, 눈으로는 딴것을 보지 말아야 하며, 마음으로는 다른 것을 생각하지 말아야 한다는 의미. 이러한 태도로 熟讀**숙독**하였을 때 글의 참된 의미를 깨닫게 되기 때문이다.

[예문] "오랜 시간 책상 앞에 앉아 있을지라도 讀書三到**독서삼도**를 행하지 못했다면 책을 읽었다고 말하기 어렵다."

[비슷한 글자] 到 이를 도 倒 넘어질 도

164

讀書尙友
독 서 상 우

독서는 훌륭한 사람과의 만남을 가능하도록 만들어 줌

讀 읽을 **독** 書 책 **서** 尙 숭상할 **상** 友 친구 **우**

[직역] 책을 읽으면 숭상해 왔던 사람과 친구할 수 있음.

➲ 책을 읽음으로써 옛 賢人**현인**들과 친구가 될 수 있음.

[예문] "젊은 시절 讀書尙友**독서상우**의 뜻을 깨우쳤다면 삶이 좀 더 풍요로웠을 텐데."

165

突不燃不生煙
돌 불 연 불 생 연

원인이 없는 결과는 없음

突 굴뚝 **돌** 不 아니 **불** 燃 불태울 **연** 不 아니 **불** 生 생겨날 **생** 煙 연기 **연**

[직역] 굴뚝에 불태우지 아니하면 연기가 생겨나지 아니함.

➲ 연기가 나는 것은 불을 태웠기 때문임. '아니 땐 굴뚝에 연기 날까.'

【예문】 "突不燃不生煙**돌불연불생연**이라고, 무엇이 꼬투리가 되었는지부터 확인해야 하지 않을까?"

ㄴ~ㅁ

166

同價紅裳 동 가 홍 상

같은 가격이라면 좀 더 나은 것을 택함

同 같을 **동** 價 값 **가** 紅 붉을 **홍** 裳 치마 **상**

【직역】 같은 값이면 붉은 치마.

➲ 옛날에는 붉은색을 값진 것으로 생각하였음. 같은 가격이라면 더 좋은 것을 가지고 싶고 똑같은 노력을 들인다면 더 좋은 결과를 얻어 내고 싶은 인간의 마음을 표현.

【예문】 "同價紅裳**동가홍상**은 人之常情**인지상정**이니, 흠집 없는 예쁜 과일만 골라 가져간다고 욕할 수는 없을 것 같다."

167

同苦同樂 동 고 동 락

괴로운 일과 즐거운 일 등 모든 일을 함께함

同 함께 **동** 苦 고생할 **고** 同 함께 **동** 樂 즐길 **락**

【직역】 함께 고생하고 함께 즐김.

【예문】 "그와 나는 가족처럼 同苦同樂**동고동락**한 사이이다."

168

同工異曲
동 공 이 곡

재주는 같지만 표현하는 형식이나 느낌은 제각각 다름

同 같을 **동** 工 악공 **공** 異 다를 **이** 曲 곡조 **곡**

【직역】 같은 수준의 樂工**악공**이지만 曲調**곡조**는 다름.

➲ 樂工**악공**은 음악을 연주하는 사람이다. 재주나 솜씨는 같지만 표현된 내용이나 맛은 다름. 처리하는 방법은 같아도 그 결과에는 차이가 난다는 의미.

【예문】 "어머니의 사랑과 아버지의 사랑은 同工異曲**동공이곡**이다."

169

棟梁之材
동 량 지 재

집안이나 나라를 이끌어 갈 만한 젊은 인재

棟 마룻대 **동** 梁 들보 **량** 之 ~의 **지** 材 재목 **재**

【직역】 마룻대나 들보로 쓸 만한 材木**재목**.

➲ 마룻대와 들보는 집을 지탱하는 중요한 역할을 하는 나무이기에 중요한 역할을 하는 사람을 비유하는 말로 사용되었음.

【예문】 "棟梁之材**동량지재**가 되고자 한다면 스스로 讀書**독서**하고 窮理**궁리**하여 知識**지식**과 智惠**지혜**를 키우는 데 매진하여라."

【비슷한 글자】 材 재목 재 村 마을 촌

170

東問西答
동 문 서 답

묻는 말에 대하여 엉뚱하게 대답함

東 동녘 **동** 問 물을 **문** 西 서녘 **서** 答 답할 **답**

【직역】 동쪽을 물었는데 서쪽을 대답함.

【예문】 "默默不答**묵묵부답**인 사람보다는 차라리 東問西答**동문서답**하는 사람이 낫다."

【비슷한 글자】 西 서녘 서 酉 닭 유

171

同病相憐
동 병 상 련

어려운 처지에 있는 사람끼리 서로 불쌍하게 여겨서 동정하고 도와줌

同 같을 **동** 病 병 **병** 相 서로 **상** 憐 불쌍히 여길 **련**

【직역】 같은 병을 앓는 사람끼리는 서로 불쌍히 여겨 주게 됨.

【예문】 "친구들을 競爭者**경쟁자**로 보지 말고 同病相憐**동병상련**할 동료로 생각하면 학교 생활이 좀 더 즐겁지 않을까?"

【비슷한 글자】 病 병들 병 疾 병 질 症 증세 증 痛 아플 통
憐 불쌍히 여길 련 隣 이웃 린

172

東奔西走
동 분 서 주

여기저기 사방으로 분주하게 돌아다님

東 동녘 **동** 奔 달릴 **분** 西 서녘 **서** 走 달릴 **주**

【직역】 동쪽으로 달리고 서쪽으로 달림.

【예문】 "뭉치가 그렇게 넋이 빠져서 東奔西走동분서주하는 꼴은 볼 수가 없었다." – 황석영《어둠의 자식들》

173 同床異夢 동상이몽

겉으로는 같이 행동하지만 속으로는 각자 다른 생각을 함

同 같을 **동** 床 침상 **상** 異 다를 **이** 夢 꿈꿀 **몽**

【직역】 같은 침상에 있지만 서로 다른 꿈을 꿈.

➡ 비슷한 의미의 말로 口蜜腹劍구밀복검, 面從腹背면종복배, 羊頭狗肉양두구육, 表裏不同표리부동 등이 있음.

【예문】 "十人十色십인십색임을 안다면 同床異夢동상이몽을 자연스럽게 받아들일 수 있을 것이다."

174 杜門不出 두문불출

집 안에만 틀어박혀 사회의 일이나 관직에 나아가지 않음

杜 막을 **두** 門 문 **문** 不 아니 **불** 出 날 **출**

【직역】 문을 막고 나가지 아니함.

➡ 집 안에만 있고 밖으로 나가지 않음.

【예문】 "旅行여행도 필요하고 사람들과 어울리며 對話대화하고 討論토론하는 것도 중요하지만, 杜門不出두문불출한 채 讀書독서하고 思索사색하는 시간도 소중하다."

175

斗酒不辭
두 주 불 사

술을 매우 잘 마심

斗 말 **두** 酒 술 **주** 不 아니 **불** 辭 사양할 **사**

【직역】 말(열 되, 약 한 동이) 술도 사양하지 아니함.

【예문】 "斗酒不辭**두주불사**의 주량이 뭘 그렇게 자랑삼아 떠벌릴 일이라고…."

辭**사**가 여기에서는 '사양하다'는 의미로 쓰였지만 '말' '알리다' '사퇴하다'는 의미로도 쓰인다.

176

得隴望蜀
득 롱 망 촉

만족할 줄 모르고 계속 욕심을 부림

得 얻을 **득** 隴 나라 이름 **롱** 望 바랄 **망** 蜀 나라 이름 **촉**

【직역】 隴**롱**나라를 얻고 나서 또다시 蜀**촉**나라를 바람(욕심냄).

➲ 인간의 慾心**욕심**은 끝이 없음.

【예문】 "得隴望蜀**득롱망촉**이 스스로를 망하게 만드는 씨앗이 된다는 사실을 왜 모를까?"

177

登高自卑
등 고 자 비

일을 잘하기 위해서는 반드시 차례를 밟아야 함

登 오를 **등** 高 높을 **고** 自 ~으로부터 **자** 卑 낮을 **비**

【직역】 높은 곳에 오르려면 낮은 곳에서부터 시작해야 함.

➔ 모든 일에는 순서가 있음.

【예문】 "登高自卑**등고자비**의 이치를 알지 못한 채 지름길만 찾으려 하니 안타깝구나."

【비슷한 글자】 登 오를 등 燈 등불 등 澄 맑을 징
卑 낮을 비 碑 비석 비 婢 여자 종 비

自**자**는 '스스로' '저절로' '자연히' 등의 의미로 많이 쓰이지만 '~으로부터'의 뜻으로도 쓰인다. 自初至終**자초지종**, 自古以來**자고이래**, 自下達上**자하달상** 등이 그 예이다.

178

登龍門
등 용 문

입신과 출세가 시작되는 지점

登 오를 **등** 龍 용 **용** 門 문 **문**

【직역】 용이 되는 문에 오름.

➔ 뜻을 펴서 크게 영달함. '용이 되는 문'이라는 뜻의 '龍門**용문**'은 立身**입신**과 出世**출세**의 關門**관문**이라는 의미로 쓰임. 잉어가 중국 黃河**황허**의 급류인 '용문'을 오르면 용이 된다는 전설에서 유래.

【예문】 "명문대 합격이 곧 출세의 登龍門**등용문**은 아니다."

【비슷한 글자】 龍 용 용 籠 바구니 롱 寵 사랑할 총 壟 언덕 롱 聾 귀머거리 농

179

燈下不明
등 하 불 명

가까이에서 일어난 일에 대해서는 오히려 잘 알지 못함

燈 등불 **등** 下 아래 **하** 不 아니 **불** 明 밝을 **명**

【직역】 등불 아래는 (오히려) 밝지 아니함.

【예문】 "燈下不明**등하불명**이라더니, 측근이 비리의 주범인 것을 모르고 엉뚱한 사람들만 조사했군."

ㄴ~ㅁ

180 燈火可親 등화가친

서늘한 가을밤은 등불을 가까이 하여 글 읽기(독서)에 매우 좋음

燈 등불 **등** 火 불 **화** 可 가히 **가** 親 친할 **친**

【직역】 등불을 가히 친하게 할 만한 계절.

【예문】 "옛날에는 가을을 燈火可親**등화가친**의 계절이라 했으나, 전기와 난방 시설이 잘 갖춰진 오늘날에는 1년 365일이 모두 燈火可親 아닌가?"

【비슷한 글자】 可 옳을 가 司 맡을 사

181 磨斧爲針 마부위침

끊임없는 노력과 忍耐**인내**가 있다면 어떤 일에서든 성공할 수 있음

磨 갈 **마** 斧 도끼 **부** 爲 될 **위** 針 바늘 **침**

【직역】 도끼를 갈아 바늘이 되도록 함.

➲ 같은 의미의 말로 愚公移山**우공이산**, 十伐之木**십벌지목**, 積小成大**적소성대** 등이 있다.

【예문】 "20대에는 磨斧爲針**마부위침**이라는 말이 와닿지 않겠지만, 知天命**지천명**에 이르면 고개를 끄덕이게 될 것이다."

【비슷한 글자】 斧 도끼 부 釜 가마 부

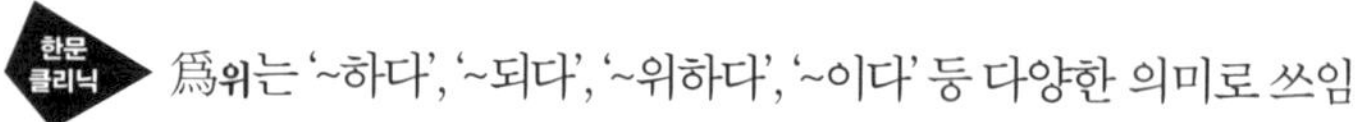

爲위는 '~하다', '~되다', '~위하다', '~이다' 등 다양한 의미로 쓰임.

182

馬耳東風 마이동풍

남의 말에 귀 기울이지 않고 그냥 지나쳐 흘려버림

馬말 **마** 耳귀 **이** 東동녘 **동** 風바람 **풍**

【직역】 말의 귀에 동녘에서 바람이 불어오지만 (말은 신경 쓰지 아니함.)

➲ "우리네 시인들이 아무리 좋은 시를 짓더라도 이 세상 속물들은 그것을 알아주지 않는다"고 울분을 터뜨리면서 "세상 사람들은 이 말을 듣고 모두 머리를 흔드네(世人聞此皆掉頭**세인문차개도두**) 마치 동풍에 쏘인 말의 귀처럼(有如東風射馬耳**유여동풍사마이**)"이라 했던 李白**이백**의 말에서 유래. 비슷한 의미의 말로 牛耳讀經**우이독경**, 吾不關焉**오불관언** 등이 있음.

【예문】 "아닌 게 아니라 수차 그런 권고를 했는데 馬耳東風**마이동풍**이니 딱하지요." – 박경리 《토지》

183

麻中之蓬 마중지봉

착한 사람과 사귀게 되면 그 감화를 받아 자연히 착하게 됨

麻삼 **마** 中가운데 **중** 之~의 **지** 蓬쑥 **봉**

【직역】 삼 가운데에서 자라는 쑥.

➲ 구부러지게 자라는 쑥일지라도 대나무처럼 반듯한 삼밭에서 자라면 그 영향을 받아 저절로 반듯하게 자라나는 것처럼, 좋은 환경에 있거나 좋은 벗과 사귀게 되면 자연히 반듯하게 변화하게 된다는 뜻.

【예문】 "내가 큰 죄 짓지 않고 살 수 있었던 것은 타고나 성품이나 노력 때문이

라기보다는 麻中之蓬**마중지봉** 덕이었다."

【비슷한 글자】 蓬 쑥 봉 奉 받들 봉 俸 봉급 봉 逢 만날 봉 峰 봉우리 봉
蜂 벌 봉 縫 꿰맬 봉

184

莫上莫下 막상막하

실력이 엇비슷하여 우열을 가리기 힘듦

莫 없을 **막** 上 위 **상** 莫 없을 **막** 下 아래 **하**

【직역】 위도 없고 아래도 없음.

➲ 더 낫고 더 못함의 차이가 없이 비슷함.

【예문】 "莫上莫下**막상막하** 상황에서 승리할 수 있었던 것은, 포기하지 않는 끈기와 나 자신에 대한 믿음 덕분이었다."

【비슷한 글자】 莫 없을 막 墓 무덤 묘 募 모집할 모 慕 사모할 모 謨 꾀 모
模 법 모 幕 장막 막

185

莫逆之友 막역지우

서로 다툼이 없는 매우 친한 친구

莫 없을 **막** 逆 거스를 **역** 之 ~의 **지** 友 벗 **우**

【직역】 (마음이 맞아서 서로) 거스르는 일이 없는 벗.

【예문】 "莫逆之友**막역지우**는 찾아낼 수 있는 존재가 아니라 스스로의 노력으로 만들어 가야 하는 존재이다."

莫**막**이 여기에서는 '없다'라는 의미로 사용되었지만 '~하지 말라' '불가하다'는 의미로 사용되기도 한다.

186

萬頃蒼波
만 경 창 파

한없이 넓고 푸른 바다

萬 일만 **만** 頃 이랑 **경** 蒼 푸를 **창** 波 물결 **파**

[직역] 일만 이랑이나 되는 푸른 물결.

[예문] "창순은 돌연히 경비 순양함의 갑판을 향하여 무엇을 던지고 몸을 날려서 萬頃蒼波**만경창파**에 풍덩 빠졌다." – 한용운, 《흑풍》

[비슷한 글자] 頃 이랑 경 傾 기울 경 項 목 항 ‖ 蒼 푸를 창 倉 곳집 창 創 만들 창
波 물결 파 破 깨뜨릴 파 被 당할 피 彼 저 피 披 나눌 피

187

萬古風霜
만 고 풍 상

오랜 세월 동안 겪어 온 많은 고난이나 고생

萬 일만 **만** 古 오랠 **고** 風 바람 **풍** 霜 서리 **상**

[직역] 만 년만큼 오랜 시간 동안 바람과 서리를 맞이함.

➲ 風霜**풍상**은 글자 그대로는 '바람과 서리'를 뜻하지만 일반적으로 '시련과 고통'이라는 의미로 많이 쓰인다. 농경시대에는 바람과 서리가 시련이었다.

[예문] "거친 손과 주름진 얼굴, 구부정한 허리에서 할머니의 萬古風霜**만고풍상**을 읽어 낼 수 있었다."

[비슷한 글자] 霜 서리 상 露 이슬 · 드러낼 노 雲 구름 운 電 번개 · 전기 · 전자 전
霧 안개 무 雪 눈 설 霖 장마 림

188

萬事亨通
만 사 형 통

모든 일이 뜻한 바대로 잘 이루어짐

萬 모두 **만** 事 일 **사** 亨 형통할 **형** 通 통할 **통**

【직역】 모든 일이 형통하고 잘 통함.

【예문】 "萬事亨通**만사형통**하는 때일수록 마음과 행동을 더욱 조심하고 겸손해야 한다."

【비슷한 글자】 亨 형통할 형 享 누릴 향 亭 정자 정

189

萬壽無疆
만 수 무 강

아무 탈 없이 오래오래 살아감

萬 일만 **만** 壽 목숨 **수** 無 없을 **무** 疆 한계 **강**

【직역】 만 년 동안 목숨을 유지하고 (건강에) 한계가 없음.

➲ 건강하게 오래 살기를 축원할 때에 쓰는 말.

【예문】 "마음속으로 부모님의 萬壽無疆**만수무강**을 기원하는 것도 중요하지만, 자주 찾아뵙고 말동무도 해 드린다면 더 좋지 않을까?"

190

晩時之嘆
만 시 지 탄

시기가 늦어 기회를 놓친 것에 대한 탄식

晩 늦을 **만** 時 때 **시** 之 어조사 **지** 嘆 탄식할 **탄**

【직역】 때가 늦었음에 대한 탄식.

【예문】 "晩時之歎**만시지탄**만 하지 말고 지금이라도 길을 찾아 보자. 늦었다고 생각할 때가 가장 빠른 때라는 말도 있지 않은가."

191

滿身瘡痍
만 신 창 이

온몸이 성한 데 없이 상처로 가득 차 있음. 형편이 엉망임

滿 꽉 찰 **만** 身 몸 **신** 瘡 부스럼 **창** 痍 상처 **이**

【직역】 몸에 부스럼과 상처가 꽉 참.

【예문】 "고객들의 지나친 횡포에 몸과 마음이 滿身瘡痍**만신창이**가 되었다는 감정노동자들의 호소에 귀를 기울여야 한다."

【비슷한 글자】 瘡 부스럼 창 疫 전염병 역 病 병들 병 症 병 증세 증 疾 병 질 疲 지칠 피 痛 아플 통

192

萬壑千峰
만 학 천 봉

깊은 산골. 깊은 골짜기와 많은 산봉우리

萬 일만 **만** 壑 골짜기 **학** 千 일천 **천** 峰 봉우리 **봉**

【직역】 만 개의 골짜기와 천 개의 산봉우리.

【예문】 "天王峰**천왕봉**에 올라 萬壑千峰**만학천봉**을 발 아래 두니 산을 오를 때의 수고로움은 바람에 실려 사라져 버렸다."

193

忘年之交
망 년 지 교

나이에 구애받지 않는 허물없는 사귐

忘 잊을 **망** 年 나이 **년** 之 어조사 **지** 交 사귈 **교**

【직역】 나이를 잊은 사귐.

➲ 나이를 가리지 않고 사귄 친구.

【예문】 "독일의 전기작가 스테판 츠바이크는 스물다섯의 나이 차에도 불구하고 프로이트와 편지를 주고받으며 忘年之交**망년지교**를 나누었다고 한다."

194

亡羊之歎
망 양 지 탄

學問**학문**의 길은 여러 갈래여서 진리를 찾기 어려움

亡 잃을 **망** 羊 양 **양** 之 어조사 **지** 歎 탄식할 **탄**

【직역】 양을 잃어버린 것에 대한 탄식.

➲ 달아난 양을 찾아 나섰는데 갈림길이 많아서 결국 찾지 못하였다는 이야기에서 나온 말. 비슷한 의미의 말로 多岐亡羊**다기망양**이 있음.

【예문】 "학문하는 사람이라면 누구나 亡羊之歎**망양지탄**의 어려움을 알 것이다."

【비슷한 글자】 羊 양 양 洋 바다 양

195

望雲之情
망 운 지 정

객지에 있는 자식이 부모님을 思慕**사모**하여 그리워하는 감정

望 바라볼 **망** 雲 구름 **운** 之 어조사 **지** 情 감정 **정**

【직역】 구름을 바라보는 感情감정.

➲ 고향 쪽의 구름을 바라보며 고향에 계신 부모님을 생각함. 唐당나라의 재상 狄仁傑적인걸이 太行山태항산에 올라 "어버이가 저 구름 아래에 계시는데 멀리 바라만 볼 뿐 찾아뵙지 못하여 슬프다"라고 말한 데서 유래(《後唐書후당서》 〈狄仁傑傳적인걸전〉).

【예문】 "명절이 다가오니 望雲之情망운지정이 더욱 깊어지는구나."

【비슷한 글자】 情 감정 정 精 자세할 정 靜 고요할 정 睛 눈동자 정 淸 깨끗할 청 請 청할 청

196

麥秀之嘆
맥 수 지 탄

고국 멸망에 대한 한탄

麥 보리 **맥** 秀 빼어날 **수** 之 어조사 **지** 歎 탄식할 **탄**

【직역】 보리만 빼어나게 자란 것에 대한 탄식.

➲ 殷은나라의 마지막 왕인 紂王주왕의 작은아버지였던 箕子기자가 나라가 망한 뒤 궁궐터에 보리만 무성하게 자라난 것을 보고 한탄하였다는 이야기에서 유래(《史記사기》).

【예문】 "일제강점기에 독립운동가들의 麥秀之嘆맥수지탄을 지금 우리가 어찌 헤아릴 수 있을까!"

【비슷한 글자】 秀 빼어날 수 季 계절 계 委 맡길 위 誘 꾈 유

197

孟母三遷之敎
맹 모 삼 천 지 교

헌신적인 부모의 교육열

孟 맹자 **맹** 母 어미 **모** 三 석 **삼** 遷 옮길 **천** 之 ~의 **지** 敎 가르칠 **교**

【직역】 맹자 어머니가 세 번이나 집을 옮기면서 가르침.

◆ 孟子**맹자** 어머니가 아들에게 좋은 교육 환경을 만들어 주기 위해 공동묘지 근처에서 시장 근처로, 다시 서당 근처로 이사하여 공부에 흥미를 붙이도록 하였다는 이야기에서 유래.

【예문】 "부모의 관심이 너무 지나친 요즘에는 孟母三遷之教**맹모삼천지교**가 오히려 아이에게 독이 되기도 한다."

ㄴ~ㅁ

198

面從腹背
면 종 복 배

앞에서는 복종하는 체하면서 뒤에서는 배반함

面 얼굴 **면** 從 복종할 **종** 腹 마음 **복** 背 배반할 **배**

【직역】 얼굴을 보면서는 복종하지만 마음으로는 배반함.

◆ 비슷한 의미의 말로 口蜜腹劍**구밀복검**, 同床異夢**동상이몽**, 羊頭狗肉**양두구육** 등이 있음.

【예문】 "힘으로 내리누르려고만 하면 面從腹背**면종복배**하는 사람이 생길 수밖에 없다."

【비슷한 글자】 復 돌아올 복 複 겹칠 복 腹 배 복 ‖ 背 등 배 肯 옳게 여길 긍

199

滅私奉公
멸 사 봉 공

개인적인 利害**이해**에 얽매이지 않고 公的**공적**인 것을 위해 노력함

滅 없앨 **멸** 私 사사로울 **사** 奉 받들 **봉** 公 여러 **공**

【직역】 사사로움을 없애고 여러 사람에게 관계된 것을 받듦.

◆ 비슷한 의미의 말로 大義滅親**대의멸친**이 있음.

【예문】 "교통법규를 잘 지키고 대중교통을 이용하는 등의 작은 실천도 滅私奉公**멸사봉공**이라고 할 수 있지."

200

明鏡止水
명 경 지 수

사악하거나 더러움이 전혀 없는 맑고 깨끗한 마음

明 밝을 **명** 鏡 거울 **경** 止 머무를 **지** 水 물 **수**

【직역】 밝은 거울처럼 깨끗하고 머물러 있는 물처럼 맑음.

【예문】 "제대로 道**도**를 밝힌다면 마음의 근원이 빈 거울이나 明鏡止水**명경지수**처럼 맑고 깨끗해져 옳지 않은 말이 마음을 미혹하지 못하여…" –《인조실록》

【비슷한 글자】 鏡 거울 경 境 장소 경 竟 다할 경 競 다툴 경

201

名實相符
명 실 상 부

알려진 것과 실제의 상황이나 능력이 일치하여 차이가 없음

名 이름 **명** 實 실제 **실** 相 서로 **상** 符 들어맞을 **부**

【직역】 이름과 실제가 서로 들어맞음.

【예문】 "경제적으로 독립을 해야 名實相符**명실상부** 어른이 되었노라 이야기할 수 있다."

202

明若觀火
명 약 관 화

더할 나위 없이 분명하고 확실함

明 밝을 **명** 若 같을 **약** 觀 볼 **관** 火 불 **화**

【직역】 밝기가 불을 보는 것과 같음.

➡ 매우 분명하게 알 수 있음.

【예문】 "실패할 것이 明若觀火**명약관화**한데도 충고를 귀담아 듣지 않으니 답답한 노릇이네."

203

命在頃刻
명 재 경 각

거의 죽게 되어 숨이 곧 넘어갈 지경

命 목숨 **명** 在 있을 **재** 頃 잠깐 **경** 刻 시각 **각**

【직역】 목숨이 잠깐의 시각에 있음.

➡ 매우 위태로운 상황. 비슷한 의미의 말로 風前燈火**풍전등화**, 命在朝夕**명재조석** 등이 있음.

【예문】 "회사가 命在頃刻**명재경각**에 처했는데 수습하려고 나서는 사람이 없으니 문제이다."

204

明哲保身
명 철 보 신

총명함과 지혜로움으로 일을 잘 처리하고 자기 몸도 잘 지켜 냄

明 총명할 **명** 哲 밝을 **철** 保 지킬 **보** 身 몸 **신**

【직역】 총명하고 밝음으로 자신의 몸을 잘 지켜 냄.

【예문】 "맡은 자리가 높아지고 주목을 받을 수록 明哲保身**명철보신**의 지혜가 필요하다."

【비슷한 글자】 哲 밝을 철 晳 밝을 석 誓 맹세할 서

205 毛遂自薦 모수자천

자기가 자기 자신을 추천함

毛 털 **모** 遂 이를 **수** 自 자기(스스로) **자** 薦 천거할 **천**

【직역】 모수(사람 이름)가 자기를 천거함(추천함).

◆ 趙**조**나라 平原君**평원군**이 楚**초**나라에 구원을 요청할 사신을 고를 때에 毛遂**모수**가 스스로 자기 자신을 천거했다는 고사에서 유래. 어려운 일을 당하여 스스로 그 일을 맡고 나선다는 뜻으로 사용되었으나, 차츰 의미가 바뀌어 일의 전후도 모르고 나서는 사람을 가리키게 됨.

【예문】 "부끄럽지 않게 일할 자신만 있다면 毛遂自薦**모수자천**도 나쁘지 않다."

【비슷한 글자】 遂 이를 수 逐 쫓을 축

206

말이나 행동의 앞뒤가 서로 맞지 않음

矛 창 **모** 盾 방패 **순**

【직역】 창과 방패.

◆ 중국 전국시대 楚**초**나라의 한 장사꾼이 창과 방패를 팔면서 자신의 창은 어떤 방패로도 막지 못한다고 하고, 또 자신의 방패는 어떤 창으

로도 뚫지 못한다고 자랑하였다. 이 말을 들은 사람이, 그렇다면 당신의 창으로 당신의 방패를 찌르면 어떻게 되느냐고 질문하자 그 장사꾼이 대답하지 못했다는 이야기에서 유래(《韓非子한비자》).

【예문】 "이번에 개정된 법률은 헌법과 矛盾모순되므로 수정되어야 마땅하다."

【비슷한 글자】 矛 창 모 予 나 여 ‖ 盾 방패 순 循 좇을 순

ㄴ~ㅁ

207 目不識丁 목불식정

매우 간단하고 쉬운 글자인 丁정자도 모를 만큼 매우 무식함

目 눈 목 不 아니 불 識 알 식 丁 고무래 정

【직역】 눈이 있지만 (쉬운 글자인) '丁정'자도 알지 못함.

➲ 丁정은 甲갑, 乙을, 丙병, 丁정, 戊무, 己기, 庚경, 辛신, 壬임, 癸계의 십간 중 네 번째여서 '넷째 천간 정'이라고도 하고, 곡식을 모으고 펴거나 밭의 흙을 고르고 아궁이의 재를 긁어모으는 데 쓰는 기구인 고무래와 비슷해서 '고무래 정'이라고도 함. 고무래는 옛날에 누구든 쉽게 만질 수 있는 기구였다.

【예문】 "나의 할머니는 비록 目不識丁목불식정이셨지만 삶의 지혜만큼은 그 누구보다 뛰어난 분이셨다."

【비슷한 글자】 識 알 식 織 베짤 직 職 맡을 직

208 目不忍見 목불인견

벌어진 상황이 차마 눈 뜨고 볼 수 없을 정도로 참혹함

目 눈 목 不 아니 불 忍 참을 인 見 볼 견

【직역】 눈으로 보는 것을 참을 수 없음.

【예문】 “부서진 책상과 사무 집기들이 온통 目不忍見 **목불인견**의 난장판을 이루고 있었다.” – 이청준《당신들의 천국》

【비슷한 글자】 忍 참을 인 認 알 인

209

猫項懸鈴
묘 항 현 령

실행하지 못할 일을 헛되이 의논함

猫 고양이 **묘** 項 목 **항** 懸 매달 **현** 鈴 방울 **령**

【직역】 고양이 목에 방울 매달기.

➲ 생각은 좋으나 실행하기 어려운 일.

【예문】 “아이디어는 좋지만 자칫 猫項懸鈴**묘항현령**이 될까 염려스러워 동의하기가 어려웠네.”

【비슷한 글자】 猫 고양이 묘 苗 싹 묘 描 그림 그릴 묘
項 목 항 頃 잠깐 경 頂 정수리 정 須 모름지기 수 順 순할 순
頌 칭송할 송 領 옷깃 령 頭 머리 두

210

武陵桃源
무 릉 도 원

이 세상에 존재하지 않는 別天地**별천지**, 파라다이스, 樂園**낙원**

武 굳셀 **무** 陵 언덕 **릉** 桃 복숭아 **도** 源 근원 **원**

【직역】 무릉(지명 이름)의 어부가 복숭아꽃의 근원을 찾아냄.

➲ 중국의 시인 陶淵明**도연명**이 쓴《桃花源記**도화원기**》의 이야기에서 유래. 중국 晉**진**나라 때 武陵**무릉**에 사는 한 어부가 배를 저어 복숭아꽃이 만발한 水源池**수원지**로 올라갔는데 거기에서 秦**진**나라 때 난리

를 피하여 온 사람들을 만났다. 그들은 그곳이 너무나 아름답고 살기 좋아서 바깥세상이 어떻게 변하였는지도, 시간 가는 줄도 모르며 행복하게 살고 있노라 말했다고 한다.

【예문】 "세상일이 가만히 앉아서도 된다면야 오죽 좋겠습니까? 그렇다면 그게 武陵桃源**무릉도원**이지 누가 인간 세상이라 하겠습니까?" – 최명희, 《혼불》

【비슷한 글자】 陵 언덕 능 凌 능가할 능
桃 복숭아 도 挑 돋을 도 逃 달아날 도 跳 뛸 도

211

無不通知
무 불 통 지

무엇이든지 두루 통하여 모르는 것이 없음

無 없을 **무** 不 아니 **불** 通 통할 **통** 知 알 **지**

【직역】 통하여 알지 못하는 바가 없음.

➲ 비슷한 의미의 말로 博學多識**박학다식**, 博覽强記**박람강기**, 無所不知**무소부지** 등이 있음.

【예문】 "제갈공명이라면 無不通知**무불통지**의 전략가라 할 만하지."

212

無所不知
무 소 부 지

모르는 것이 없을 만큼 매우 博學多識**박학다식**함

無 없을 **무** 所 바 **소** 不 아닐 **부** 知 알 **지**

【직역】 알지 못하는 바가 없음.

【예문】 "더러운 일을 많이 하지마는 혹 남의 눈에 보일까 남의 입에 오르내릴까 겁을 내어 은밀히 하되 無所不知**무소부지**하신 하나님은 먼저 아시고 계시오." – 안국선, 《금수회의록》

所소를 일반적으로 '바 소'라 하는데 '바'는 '일의 방법이나 형편'이라는 의미다. '바' 외에도 '장소' '것' '자리' '지위' '경우' 등 다양한 의미로 많이 쓰인다.

213 無所不爲 무소불위

무엇이든지 다 할 수 있음

無 없을 무 所 바 소 不 아니 불 爲 할 위

【직역】 하지 못할 바가 없음.

【예문】 "無所不爲무소불위의 권력을 濫用남용하다가 처참한 최후를 맞이한 사람이 얼마나 많은가."

214 務實力行 무실역행

空理空論공리공론을 배척하고 참되고 실속 있도록 힘써 실천함

務 힘쓸 무 實 실질 실 力 힘 력 行 행할 행

【직역】 실질적인 일에 힘쓰고 실행하는 것에 힘씀.

➲ 도산 안창호가 민족운동단체 興士團흥사단을 창립하며 세우며 내세운 지도 이념.

【예문】 "1백 년 전에는 물론이고 현재 우리 사회에서도 務實力行무실역행은 중요한 지침이다."

ㄴ~ㅁ

215

無我陶醉
무 아 도 취

자신의 존재를 완전히 잊고 흠뻑 취하여 흥분함

無 없을 **무** 我 나 **아** 陶 기뻐할 **도** 醉 취할 **취**

【직역】 나라는 존재가 없다고 느낄 만큼 기쁨에 취해 있음.

【예문】 "가끔씩은 無我陶醉**무아도취**에 빠지는 것도 나쁘지 않다."

【비슷한 글자】 醉 취할 취 粹 순수할 수 碎 부술 쇄

216

無爲徒食
무 위 도 식

하는 일 없이 놀고먹음

無 없을 **무** 爲 할 **위** 徒 다만 **도** 食 먹을 **식**

【직역】 하는 일 없이 다만(오로지) 먹기만 함.

➲ 일하지 않고 빈둥빈둥 놀고먹는 게으른 생활.

【예문】 "1년만 無爲徒食**무위도식**해 보면 땀 흘리며 바쁘게 일하는 생활이 행복한 삶임을 깨닫게 될 것이다."

【비슷한 글자】 徒 무리 도 徙 옮길 사 從 좇을 종

217

無爲而化
무 위 이 화

애써 하지 않아도 잘됨

無 없을 **무** 爲 할 **위** 而 그러나 **이** 化 될 **화**

【직역】 하는 일 없지만 그러나 일은 잘 되어 감.

➲ 힘들이지 않아도 모든 일이 잘 되어 나감. 爲政者**위정자**의 德**덕**이 크면 백성이 저절로 교화됨.

【예문】 "無爲而化**무위이화**의 자연은 부족함도 넘침도 없이 그 자체로 완전하다. 아이의 성장도 이와 같으니 너무 간섭하고 다그칠 필요 없다."

218

無爲自然
무 위 자 연

일부러 힘을 더하지 않는 자연 그대로의 생활

無 없을 **무** 爲 할 **위** 自 저절로 **자** 然 그럴 **연**

【직역】 일부러 하는 일 없이 저절로 그렇게 되도록 놓아줌.

【예문】 "도시 사람이라면 누구나 한 번쯤은 無爲自然**무위자연**을 꿈꾸지 않을까?"

【비슷한 글자】 爲 할 위 僞 거짓 위 ‖ 然 그러할 연 燃 불탈 연

爲**위**는 '~하다' '~위하다' '~되다' '~이다'의 의미로 많이 쓰임.

219

無知蒙昧
무 지 몽 매

세상 물정에 대해서 아는 것이 별로 없고 사리에도 어두우며 생각이 어리석음

無 없을 **무** 知 알 **지** 蒙 어두울 **몽** 昧 어리석을 **매**

【직역】 아는 것이 없고 세상 이치에 어두우며 어리석음.

【예문】 "물질적 도움도 필요하지만 無知蒙昧**무지몽매**에서 벗어나도록 도와주는 것이 더 중요하다."

220

無恒産無恒心
무 항 산 무 항 심

일정한 직업이나 재산이 없어 배가 고파지면 올바른 마음가짐도 사라지게 됨

無 없을 **무** 恒 항상 **항** 産 만들어낼 **산** 無 없을 **무** 恒 항상 **항**

心 마음 **심**

【직역】 항상 만들어 내는 것이 없으면 항상 가지고 있던 마음도 없어지게 된다.

➲ '無恒産**무항산**'은 일정한 수입이 없음을 일컫고 '無恒心**무항심**'은 변하거나 흔들리지 않는 굳은 마음이 없음을 일컫는다. 일정한 직업이나 재산을 가지고 있으면 마음에 여유가 있으나 그렇지 않으면 정신적으로 늘 불안정하여 하찮은 일에도 흔들리게 된다는 의미로 물질의 중요성을 일컫는 말이다.

【예문】 "無恒産無恒心**무항산무항심**은 인간을 이해하는 출발점이다."

221

墨守
묵 수

자기의 의견이나 주장을 굽히지 않고 굳게 지킴

墨 묵적(사람 이름) **묵** 守 지킬 **수**

【직역】 묵적이라는 사람이 잘 지켜 냄.

➲ 중국 춘추시대 송나라 사람 墨翟**묵적**이 城**성**을 잘 지켜서 초나라의 공격을 아홉 번이나 물리친 일에서 유래.

【예문】 "옛날에는 좋았지마는 지금에는 맞지 않아서 부득이 고쳐야 할 것은 억지로 墨守**묵수**해서는 안 됩니다." –《중종실록》

【비슷한 글자】 墨 먹 묵 黑 검을 흑 默 잠잠할 묵

222 刎頸之交 문경지교

친구를 대신해서 죽을 수 있는 사귐

刎 목 벨 **문** 頸 목 **경** 之 ~의 **지** 交 사귈 **교**

【직역】 (친구를 위해, 친구를 대신하여 자신의) 목을 벨 수 있는 사귐.

➲ 친구를 위해 목숨까지 버릴 수 있는 우정.

【예문】 "刎頸之交**문경지교**를 가졌다면 백만장자나 권력자도 부러울 것 없다."

223 文房四友 문방사우

글 쓰는 데에 반드시 필요한 종이, 붓, 먹, 벼루를 일컫는 말

文 글 **문** 房 방 **방** 四 넉 **사** 友 친구 **우**

【직역】 글공부하는 방에 두고 사용하는 네 가지 친구 같은 물건.

【예문】 "값비싼 文房四友**문방사우**를 가졌다고 해서 글씨 잘 쓰는 것이 아니듯, 잘 가르치는 선생님께 배운다고 실력이 향상되는 것도 아니다."

224 門外漢 문외한

어떤 일에 관계가 없는 사람

門 문 **문** 外 바깥 **외** 漢 사나이 **한**

【직역】 문 바깥의 사나이.

➲ 어떤 일에 전문적 지식이나 조예가 없는 사람, 어떤 일에 직접 관계

가 없는 사람.

【예문】 "처음 하는 일에 門外漢문외한 아니었던 사람 없고, 계속 노력했음에도 門外漢인 사람 없다."

漢한은 중국의 '종족 이름' '나라 이름' 서울 한강의 이름으로 쓰이고 銀河水은하수를 뜻하기도 한다. 또한 여기에서와 같이 '사나이' '놈'의 의미로도 쓰이는데 怪漢괴한, 惡漢악한 癡漢치한 無賴漢무뢰한 등이 그 예이다.

225

聞一知十 문일지십

지극히 총명함

聞 들을 **문** 一 하나 **일** 知 알 **지** 十 열 **십**

【직역】 한 가지를 들어서 열 가지를 알게 됨.

➲ 한 가지를 들으면 열 가지를 미루어 알 만큼 매우 명석한 두뇌를 가진 사람. 공자가 子貢자공에게 顔回안회를 어떻게 생각하는지 묻자 "回也聞一以知十 賜也聞一以知二회야문일이지십, 사야문일이지이(회는 하나를 듣고도 열을 알지만 저는 하나를 들으면 겨우 둘 정도만 알 수 있을 뿐입니다)"라고 답한 데서 유래(《論語논어》〈公冶長공야장〉).

【예문】 "자식이 聞一知十문일지십이라고 자랑이 늘어지더니 이제 보니 부모의 욕심이자 착각이었다."

226

門前成市 문전성시

찾아오는 손님이 많음

門 문 **문** 前 앞 **전** 成 이룰 **성** 市 시장 **시**

【직역】 문 앞이 시장터를 이룸.

◐ 집 문 앞에 방문객이 많이 모여듦.

【예문】 "부러워만 하지 말고 가게가 門前成市**문전성시**를 이루기까지 그가 얼마나 많은 노력을 기울였는지를 생각해야 한다."

【비슷한 글자】 市 시장 시 柿 감 시

227

門前沃畓 문전옥답

집 가까이에 있는 좋은 논. 많은 재산

門 문 **문** 前 앞 **전** 沃 기름질 **옥** 畓 논 **답**

【직역】 문 앞에 있는 기름진 논.

【예문】 "누구는 門前沃畓**문전옥답**을 주고 누구는 자갈투성이 다랑이 논이 뭡니까." – 김원일, 《불의 제전》

"요즘에도 門前沃畓**문전옥답** 팔아 치워 자식 교육에 쏟아붓는 사람이 있단 말인가!"

【비슷한 글자】 沃 기름질 옥 妖 아리따울 요 汚 더러울 오

228

物我一體 물아일체

바깥 사물과 나, 객관과 주관, 물질계와 정신계가 어울려 한 몸처럼 됨

物 물건 **물** 我 나 **아** 一 하나 **일** 體 몸 **체**

【직역】 물건과 내가 하나의 몸이 됨.

◐ 대상과 주체 사이에 어떤 구별도 없음. 물질계와 정신계가 어울려 하나가 된 상태.

【예문】 "讀書독서를 할 때 건성건성 책장만 넘기지 말고 책과 物我一體물아일체가 되도록 집중해 보렴."

ㄴ~ㅁ

229 彌縫策 미봉책

잘못이나 결점의 근본을 해결하지 않고 대충 덮어서 발각되지 않게 이리저리 감추기만 하는 방법

彌 꿰맬 **미** 縫 꿰맬 **봉** 策 방법 **책**

【직역】 대충 꿰매 놓고 꿰매 놓은 방법.

➲ 어떤 일을 임시변통으로 해결함.

【예문】 "근본 원인은 해결하지 않고 彌縫策**미봉책**으로 일관하다가는 더 크게 곤욕을 치를 것이다."

【비슷한 글자】 縫 꿰맬 봉 逢 만날 봉 蓬 쑥 봉 奉 받들 봉 峰 봉우리 봉 蜂 벌 봉 俸 급료 봉 棒 몽둥이 봉

230 美辭麗句 미사여구

아름다운 文章**문장**

美 아름다울 **미** 辭 말 **사** 麗 고울 **려** 句 글귀 **구**

【직역】 아름답게 꾸민 말과 고운 글귀.

➲ 예쁘게 꾸민 말과 문장.

【예문】 "美辭麗句**미사여구**만 늘어놓는다고 좋은 글이 되는 것은 아니다."

【비슷한 글자】 句 글귀 구 旬 열흘 순 拘 잡을 구 狗 개 구

231

尾生之信
미 생 지 신

어리석은 믿음. 융통성 없음

尾 꼬리 **미** 生 사람 **생** 之 어조사 **지** 信 믿을 **신**

【직역】 미생(사람 이름)의 믿음. 융통성 없이 약속만 굳게 지키는 어리석음.

➲ 지키지 않아도 되는 약속을 굳게 지키는 융통성 없는 믿음. 믿음에 얽매인 결과 맞이하게 된 비극. 중국 춘추시대 魯**노**나라에 尾生**미생**이라는 사람이 있었는데, 어떤 여성과 다리 아래에서 만나기로 약속한 날에 비가 엄청 쏟아졌다. 그럼에도 미생은 약속을 지켜야 한다는 생각으로 급류가 밀려오는 것에 아랑곳하지 않고 그 자리를 떠나지 않다가 결국 급류에 휘말려 죽고 말았다는 이야기에서 유래(《史記사기》 〈蘇秦列傳소진열전〉).

【예문】 "尾生之信**미생지신**을 고집하는 사람은 원칙주의자가 아니라 아집덩어리에 불과하다."

232

博覽强記
박 람 강 기

東西古今**동서고금**의 책을 많이 읽고 그 내용에 대해 잘 기억함

博 넓을 **박** 覽 볼 **람** 强 굳셀 **강** 記 기억할 **기**

【직역】 널리 보고 굳세게(잘) 기억함.

➲ 여러 가지 책을 널리 많이 읽고 기억을 잘함. 비슷한 의미의 말로 無不通知**무불통지**, 無所不知**무소부지**, 博學多識**박학다식** 등이 있음.

【예문】 "이번에 출간한 책에서 가장 돋보이는 것은 역사, 과학, 철학을 넘나드는 저자의 博覽强記**박람강기**한 재능이다."

【비슷한 글자】 覽 볼 람 監 볼 감 鑑 거울 감

ㅂ~ㅅ

233

薄利多賣
박 리 다 매

한 개당 이익은 적게 보지만 많이 팔아서 전체의 이익은 많아지도록 함

薄 엷을 **박** 利 이익 **리** 多 많을 **다** 賣 팔 **매**

【직역】 엷게(적게) 이익을 보고 많이 판매함.

【예문】 "薄利多賣**박리다매** 전략은 좋은 품질과 서비스가 뒷받침될 때 성공할 수 있다."

【비슷한 글자】 薄 엷을 박 簿 장부 부 ‖ 利 이로울 · 날카로울 리 梨 배 리
賣 팔 매 買 살 매

利**리**는 '이익'이라는 의미뿐 아니라 '이롭다' '유익하다' '이기다' '날카롭다' '이자'의 의미로도 쓰인다.

234

博而不精
박 이 부 정

여러 방면으로 많이 알기는 하지만 자세하게 알지는 못함

博 넓을 **박** 而 그러나 **이** 不 아닐 **부** 精 자세할 **정**

【직역】 넓지만 그러나 자세하지는 아니함.

➲ 널리 알되 정확하게 알지는 못함.

【예문】 "학생들의 공부가 博而不精**박이부정**한 것이 우리 교육의 심각한 문제 중 하나다."

【비슷한 글자】 精 자세할 정 情 뜻 정 睛 눈동자 정 青 푸를 청 清 맑을 청
晴 갤 청 請 청할 청

精**정**은 '정밀하다' '날카롭다' '좋다' '밝다' '근본' '영혼' '마음' '참됨' 등 다양한 의미로 사용된다.

235

博學審問
박 학 심 문

널리 배우고 배운 것에 대해서 자세하게 물어 완전하게 알아냄

博 넓을 **박** 學 배울 **학** 審 살필 **심** 問 질문할 **문**

【직역】 널리 배우고 살펴서 질문함.

➲ '學問**학문**'이라는 말이 여기에서 나왔음.

【예문】 " 博學審問**박학심문**하지 않으면서 공부 잘하기를 바라느냐?"

236

反求諸己
반 구 저 기

일이 잘못되었을 때에 남 탓을 하지 않고 잘못의 원인을 자신에게서 찾아서 고쳐 나감

反 도리어 **반** 求 구할 **구** 諸 어조사 **저** 己 자기 **기**

【직역】 (허물을) 도리어 자기에게서 구함.

【예문】 "反求諸己**반구저기**하는 사람이 많아질수록 사회의 갈등과 분열이 줄어들 텐데."

諸**저**가 여기에서는 어조사로 쓰였지만, 보통은 한자어로 된 명사 앞에 붙어 '모든' '여러'의 뜻으로 쓰이며 '제'로 발음함.

237

半生半死
반 생 반 사

거의 죽게 되어 생사를 알 수 없는 지경에 이름

半 반 **반** 生 살 **생** 半 반 **반** 死 죽을 **사**

【직역】 반절은 살고 반절은 죽음.

【예문】 "아무리 미운 사람이라도 半生半死**반생반사** 상태에서 손을 내민다면 잡아 주는 것이 인간의 도리가 아닐까?"

238

斑衣之戲
반 의 지 희

나이를 먹었음에도 늙으신 부모님을 기쁘게 해 드리기 위해 색동옷을 입고 재롱을 떠는 행동

斑 얼룩 **반** 衣 옷 **의** 之 어조사 **지** 戲 놀 **희**

ㅂ~ㅅ

【직역】 얼룩무늬 옷을 입고 놂.

❶ 나이를 먹고서도 효도를 멈추지 않음.

【예문】 "斑衣之戲**반의지희**는 못할지언정 말동무라도 성심껏 해 드리는 것이 자식의 도리다."

【비슷한 글자】 斑 얼룩 반 班 나눌 반 ‖ 戲 놀 희 劇 심할 · 연극 극

239

反哺之孝
반 포 지 효

자식이 자라서 부모를 봉양함

反 돌이킬 **반** 哺 먹일 **포** 之 어조사 **지** 孝 효도 **효**

【직역】 돌이켜서 (부모에게) 먹여 주는 효성.

❶ 중국 晉**진**나라 李密**이밀**이라는 자가 武帝**무제**가 높은 관직을 내리자 늙으신 할머니를 봉양하기 위해 사양하며 "烏鳥私情**오조사정**, 願乞終養**원걸종양**(까마귀가 어미새의 은혜에 보답하려는 마음으로 조모가 돌아가시는 날까지만 봉양하게 해 주십시오)"이라고 한 이야기에서 유래. 까마귀는 자란 뒤에 늙은 부모에게 먹이를 물어다 주면서 은혜에 보답하고 孝誠**효성**을 발휘하는 습성을 지녔다고 한다.

【예문】 "성인이 된 뒤에도 부모에게 의존하는 캥거루족이 늘어나는 세상에서 反哺之孝**반포지효**를 기대하기는 어렵지 않을까?"

【비슷한 글자】 哺 먹일 포 甫 클 보 浦 물가 포 鋪 펼 포 脯 말린 고기 포

240

拔本塞源
발 본 색 원

사물의 폐단을 없애기 위하여 원천 봉쇄함

拔 뽑을 **발** 本 근본 **본** 塞 막을 **색** 源 근원 **원**

【직역】 근본을 뽑아 버리고 근원을 막아 버림.

➡ 좋지 않은 일의 근본 원인이 되는 요소를 완전히 없애 버림.

【예문】 "不正腐敗**부정부패**를 拔本塞源**발본색원**하는 일이 正義社會**정의사회** 구현의 시작이다."

241

發憤忘食 발분망식

일을 이루려는 욕심에 먹는 일조차 잊어버림

發 일으킬 **발** 憤 성낼 **분** 忘 잊을 **망** 食 먹을 **식**

【직역】 성냄을 일으키느라 먹는 일까지 잊어버림.

➡ 끼니까지 잊을 정도로 어떤 일에 열중하여 노력함.

【예문】 "구성원이 한마음으로 發憤忘食**발분망식**한다면 목표 달성은 결코 어렵지 않을 거요."

【비슷한 글자】 憤 성낼 분 墳 무담 분 噴 뿜을 분
食 먹을 식 飾 꾸밀 식 蝕 좀먹을 식 飮 마실 음 飯 밥 반 飢 굶주릴 기
餘 남을 여

242

傍若無人 방약무인

마치 자신만이 세상에 존재하는 것처럼 거리낌 없이 함부로 말하거나 행동함

傍 곁 **방** 若 같을 **약** 無 없을 **무** 人 사람 **인**

【직역】 곁에 사람이 없는 것과 같이 행동함.

➡ 염치없이 제멋대로 행동함.

【예문】 "본시부터 신경질적인 성격은 차츰 잔인하게 변하였으며 傍若無人**방약무인**의 젊은이로 성장했다." – 박경리,《토지》

243

蚌鷸之爭
방 휼 지 쟁

둘이 싸우면 엉뚱한 제3자가 이익을 보게 됨

蚌 조개 **방** 鷸 도요새 **휼** 之 어조사 **지** 爭 다툴 **쟁**

【직역】 조개와 도요새의 다툼.

➲ 조개와 도요새가 다투다가 둘 다 어부에게 잡히고 말았다는 이야기에서 유래. 제3자만 이롭게 하는 다툼. 漁父之利**어부지리**와 같은 의미.

【예문】 "自尊心**자존심**에 눈이 멀어 蚌鷸之爭**방휼지쟁**인 줄도 모르고 다투다가 뒤늦게 후회하는 어리석은 사람들이 많다."

244

背山臨水
배 산 임 수

뒤에는 산이 있고 앞에는 물이 있어 살기에 딱 좋은 장소

背 등질 **배** 山 산 **산** 臨 임할 **임** 水 물 **수**

【직역】 산이 등져 있고 물이 집 앞에 임하여 있는 지형.

【예문】 "背山臨水**배산임수**의 남향집이면 집터 중에서는 가장 좋은 곳이라고 할 수 있지."

245

背水陣
배 수 진

죽음을 각오하고 최선을 다하는 모습이나 태도

背 등질 **배** 水 물 **수** 陣 진칠 **진**

【직역】 물을 등지고 陣진을 침.

➲ 온갖 어려움을 무릅쓰고 어떤 일을 이루려 함. 물을 등지고 陣진을 치면 후퇴했을 때 물에 빠져 죽을 수밖에 없으므로 목숨을 걸고 열심히 싸울 수밖에 없음. 중국 漢한나라의 韓信한신이 강을 등지고 진을 쳐서 병사들이 물러서지 못하고 힘을 다하여 싸우도록 하여 趙조나라 군사를 물리쳤다는 데서 유래(《史記사기》 〈淮陰侯列傳회음후열전〉).

【예문】 "두 팀 모두 이번에 지면 탈락하기 때문에 背水陣배수진을 치고 경기에 임했다."

【비슷한 글자】 陣 진칠 진 陳 늘어놓을 진

ㅂ~ㅅ

246

背恩忘德
배 은 망 덕

남에게 입은 은혜를 잊을 뿐 아니라 배반하기까지 함

背 배반할 **배** 恩 은혜 **은** 忘 잊을 **망** 德 공덕 **덕**

【직역】 은혜를 배반하고 공덕(공로와 어진 덕)을 잊어버림.

【예문】 "크고 작은 차이가 있을 뿐 인간은 너나없이 背恩忘德배은망덕한 존재이니 서운한 맘에 괴로워할 필요 없다."

247

杯中蛇影
배 중 사 영

아무것도 아닌 일에 의심을 품고 지나치게 근심함

杯 잔 **배** 中 가운데 **중** 蛇 뱀 **사** 影 그림자 **영**

【직역】 술잔 가운데의 뱀 그림자(가 사실은 활의 그림자였는데 뱀으로 착각하여 근심함)

➲ 중국 晉진나라의 태수 樂廣악광이 친구와 술을 마시는데, 그 친구가

창가에 걸어 둔 활 그림자가 술잔에 비친 것을 뱀으로 착각하였다. 친구는 내키지 않는 술을 마지못해 마신 뒤 병이 났고, 나중에 악광이 뱀이 아니라 활 그림자였음을 알려 주자 병이 나았다는 이야기에서 유래(《晉書진서》). 스스로 의혹된 마음이 생겨 괴로워함을 뜻함.

【예문】 "급식업체 선정에 비리가 개입되었다는 뉴스에 아이들 먹거리 안전을 걱정하는 부모들의 의견을 杯中蛇影**배중사영**이라고 몰아붙일 수 있을까?"

248

百家爭鳴
백 가 쟁 명

여러 사람이 서로 자신의 주장을 내세움

百 일백 **백** 家 전문가 **가** 爭 다툴 **쟁** 鳴 말할 **명**

【직역】 백 명의 전문가들이 다투어서 말함.

➡ 많은 학자들이 자기의 학설이나 주장을 자유롭게 발표하고 논쟁하고 토론함.

【예문】 "百家爭鳴**백가쟁명**에서 중요한 것은 말을 잘하는 것이 아니라 말을 잘 들어 주는 것이다."

【비슷한 글자】 鳥 새 조 烏 까마귀 · 검을 오 鳴 울 명 嗚 슬플 오

249

白骨難忘
백 골 난 망

남에게 큰 은덕을 입었을 때 고마움을 표현하는 말

白 흰 **백** 骨 뼈 **골** 難 어려울 **난** 忘 잊을 **망**

【직역】 (죽어서) 뼈가 하얗게 될 때까지(가루가 될 때까지) 잊기 어려움.

➡ 비슷한 의미의 말로 刻骨難忘**각골난망**, 結草報恩**결초보은** 등이 있음.

【예문】 "白骨難忘**백골난망**의 큰 은혜를 입었다고 떠들고 다니더니 訃音**부음**을 듣고서야 얼굴을 비추러 달려왔군."

白**백**은 '하얗다'는 의미로 많이 쓰이지만 '깨끗하다' '분명하다' '밝다' '빛나다' '없다'는 의미로도 쓰이고 告白**고백**, 獨白**독백** 등 '말하다'는 뜻으로도 쓰인다.

ㅂ~ㅅ

250

百年河淸
백 년 하 청

오랫동안 기다려도 바라는 것이 이루어질 수 없음

百 일백 **백** 年 해 **년** 河 황하 **하** 淸 맑을 **청**

【직역】 백 년이 지난다고 해서 황하가 맑아지겠느냐?

➲ 중국의 黃河**황하**는 항상 흐린 물이어서 맑을 때가 없다는 데서 유래한 말. 세월이 흘러도 문제가 해결될 가망이 없음.

【예문】 "스스로 생각하고 익히지 않으면 아무리 많이 배워도 百年河淸**백년하청**이다."

【비슷한 글자】 河 내 하 何 어찌 하

251

百年偕老
백 년 해 로

夫婦**부부**가 행복하게 함께 늙어 감

百 일백 **백** 年 해 **년** 偕 함께 **해** 老 늙을 **로**

【직역】 백 년 동안 함께 늙어 감.

【예문】 "百年偕老**백년해로**의 약속을 지키려면 양보와 배려가 필수다."

【비슷한 글자】 偕 함께 해 階 섬돌 계 皆 모두 개

252

白面書生
백 면 서 생

오직 글만 읽을 뿐 세상일에 실제 경험이 없는 사람

白 흰 **백** 面 얼굴 **면** 書 글 **서** 生 접미사 (사람) **생**

【직역】 하얀 얼굴의 글만 읽는 사람.

【예문】 "나는 글만 읽고 있는 白面書生**백면서생**인데, 별안간 돈을 어떻게 벌어들인단 말이오?" – 박종화, 《임진왜란》

253

百聞不如一見
백 문 불 여 일 견

무엇이든지 직접 경험해 보아야 더 확실하게 알 수 있음

百 일백 **백** 聞 들을 **문** 不 아니 **불** 如 같을 **여** 一 하나 **일** 見 볼 **견**

【직역】 백 번 듣는 것이 한 번 보는 것만 같지 아니함.

➲ 간접경험은 직접경험보다 정확하지 못함.

【예문】 "百聞不如一見**백문불여일견**이라고 북한을 직접 방문해 보니 변화를 실감할 수 있었다."

【비슷한 글자】 聞 들을 문 問 문 문 間 사이 간 ∥ 見 볼 견 貝 조개 패

254

白眉
백 미

재주가 매우 뛰어난 사람이나 좋은 물건

白 흰 **백** 眉 눈썹 **미**

【직역】 흰 눈썹을 가진 사람.

➲ 諸葛孔明**제갈공명**과도 친교를 맺었던 馬良**마량**은 형제가 다섯이었는데 모두 재주가 뛰어났다. 그중 흰 눈썹을 가진 馬良**마량**의 재주가 가장 출중했다는 이야기에서 유래. 여럿 가운데에서 가장 뛰어난 사람이나 물건을 비유적으로 일컫는 말.

【예문】 "2018년 러시아 월드컵경기 중 白眉**백미**로 꼽히는 장면은 한국의 독일전 승리가 아닐까?"

255

百發百中
백 발 백 중

쏘기만 하면 命中**명중**함

百 일백 **백** 發 쏠 **발** 百 일백 **백** 中 적중할 **중**

【직역】 백 발을 쏘면 백 발을 적중시킴.

➲ 계획이 예정대로 들어맞음. 무슨 일이든지 생각하는 대로 다 들어맞음.

【예문】 "출제 문제를 百發百中**백발백중** 예측하는 것이 가능하다고 생각하니? 그런 과장광고에 넘어가지 마라."

【비슷한 글자】 中 가운데 · 적중할 중 仲 버금 중

256

伯牙絶絃
백 아 절 현

자기를 알아주는 절친한 친구의 죽음을 슬퍼함

伯 맏 **백** 牙 어금니 **아** 絶 끊을 **절** 絃 줄 **현**

【직역】 伯牙**백아**(사람 이름)가 거문고의 줄을 끊음.

➲ 중국 춘추전국시대 거문고의 名人**명인** 伯牙**백아**에게는 그의 거문고 연주를 잘 이해해 주는 鐘子期**종자기**라는 친구가 있었다. 백아가 높은 산에 오르는 장면을 생각하면서 거문고를 연주하면 종자기는 "정말 대단하다. 태산이 눈앞에 우뚝 솟아 있는 느낌일세"라 하였고, 도도히 흐르는 강을 떠올리면서 거문고를 켜면 "큰 강이 흐르고 있군"이라고 했다. 종자기가 병으로 죽자 백아가 거문고 줄을 끊어 버려, 사람들이 이유를 묻자 "이제 나의 거문고 연주를 알아주는 사람이 없기 때문이다"라고 대답했다는 이야기에서 유래.

【비슷한 글자】 牙 어금니 아 芽 싹 아 雅 우아할 아
絃 줄 현 炫 빛날 현 弦 활시위 현 眩 아찔할 현

【예문】 "伯牙絶絃**백아절현**의 심정으로 슬피 우는 모습에 장례식장 분위기가 숙연해졌다."

257

白眼視
백 안 시

업신여기거나 冷待**냉대**하여 흘겨봄

白 흰 **백** 眼 눈 **안** 視 볼 **시**

【직역】 흰자위의 눈으로 바라봄.

➲ 가볍게 보아서 무시하고 업신여김. 비슷한 의미의 말로 反目嫉視**반목질시**가 있고, 반대 의미의 말로 青眼視**청안시**가 있는데 여기서 青**청**

은 '조용하고 잠잠하다' '젊다'는 의미이다.

【예문】 "고향에 돌아와 사람들로부터 받은 白眼視**백안시**, 그리고 수모가 그녀의 가슴에 적개심으로 남아 있었다." – 최일남, 《거룩한 응달》

【비슷한 글자】 眼 눈 안 眠 잠잘 면

258

白衣從軍
백 의 종 군

벼슬이 없는 신분으로 軍隊**군대**를 따라 싸움터에 나감

白 흰 **백** 衣 옷 **의** 從 좇을 **종** 軍 군대 **군**

【직역】 흰 옷을 입고 군대를 좇아감.

➲ 白衣**백의**는 벼슬 없는 선비나 보통 사람을 일컬음.

【예문】 "백성뿐만이 아니었다. 산속에 있는 중들도 장군의 덕망에 감화가 되어 장군이 白衣從軍**백의종군**한다는 소리를 듣고 일부러 장군을 찾아뵈러 내려왔다. – 박종화, 《임진왜란》

【비슷한 글자】 從 좇을 종 徒 무리 도

259

百戰老將
백 전 노 장

싸움의 경험이 많은 노련한 장수

百 일백 **백** 戰 싸움 **전** 老 노련할 **노** 將 장수 **장**

【직역】 백 번 싸움을 경험한 노련한 장수.

➲ 세상일에 경험이 많아 당해 내지 못하는 일이 없는 사람. 세상의 온갖 풍파를 겪어서 여러 가지 일에 노련한 사람.

【예문】 "百戰老將**백전노장**이라 해서 언제나 모든 일을 잘할 수 있는 것은 아니다."

【비슷한 글자】 老 늙을 노 考 생각할 고

260

百折不屈
백 절 불 굴

어떤 난관에도 굽히지 않음

百 일백 **백** 折 꺾일 **절** 不 아니 **불** 屈 굽힐 **굴**

【직역】 백 번 꺾여도 굽히지 아니함.

➲ 수없이 실패해도 굴복하지 않고 이겨 나감.

【예문】 "百折不屈**백절불굴**의 자세로 임한다면 성공은 明若觀火**명약관화**하다."

【비슷한 글자】 屈 굽을 굴 掘 파낼 굴

261

伯仲之間
백 중 지 간

힘이나 능력 등이 서로 엇비슷하여 누가 낫고 못한 것인지를 가리기 힘든 사이

伯 맏(첫째) **백** 仲 둘째 **중** 之 관형격조사 **지** 間 사이 **간**

【직역】 첫째와 둘째의 사이.

➲ 우열을 가리기 힘든 상황. 비슷한 의미의 말로 難兄難弟**난형난제**, 莫上莫下**막상막하**, 互角之勢**호각지세** 등이 있음.

【예문】 "伯仲之間**백중지간**의 상황에서 승리를 거둔 비결은 자신감과 끈기다."

262

百尺竿頭
백 척 간 두

위태롭고 어려운 상황

百 일백 **백** 尺 자 **척** 竿 장대 **간** 頭 꼭대기 **두**

【직역】 백 척(약 300미터)이나 되는 높은 장대 꼭대기에 올라 있음.

➲ 더할 수 없이 어렵고 위태로운 상황.

【예문】 "百尺竿頭**백척간두**에 있다 할지라도 의지만 있다면 위기에서 벗어날 수 있다."

263

覆水難收
복 수 난 수

엎질러진 물은 다시 담을 수 없음

覆 뒤집힐 **복** 水 물 **수** 難 어려울 **난** 收 거둘 **수**

【직역】 뒤집힌 물은 거두어들이기가 어려움.

➲ 상황이 더 이상 만회할 수 없는 지경에 이르렀음. 지난 잘못이나 정해진 형세를 만회할 수 없음.

【예문】 "覆水難收**복수난수**이니 말을 내뱉기 전에 늘 신중하게 생각하는 습관을 가져라."

264

本末顚倒
본 말 전 도

중요한 것과 중요하지 않은 것이 뒤바뀜

本 근본 **본** 末 끝 **말** 顚 넘어질 **전** 倒 거꾸로 될 **도**

ㅂ~ㅅ

【직역】 근본과 끝이 넘어져 거꾸로 됨.

➲ 사물의 순서나 위치 또는 이치가 거꾸로 됨. 일의 근본을 잊어버리고 사소한 부분에만 사로잡힘.

【예문】 "평가를 잘 받으려고 준비하느라 진료에 소홀한 것은 本末顚倒**본말전도**이다."

【비슷한 글자】 末 끝 말 未 아닐 미 味 맛 미 ‖ 倒 넘어질 도 到 이를 도

265

富貴浮雲
부 귀 부 운

옳지 못한 방법으로 얻은 부귀

富 부유할 **부** 貴 귀할 **귀** 浮 뜰 **부** 雲 구름 **운**

【직역】 부유함과 귀함은 뜬구름과 같다.

➲ 재물이나 권력, 인기에 연연하지 말아야 하는 이유는 그것들이 영원하지 않고 언젠가는 사라지기 때문이다.

【예문】 "富貴浮雲**부귀부운**이니 욕심을 내려놓고 주변의 작은 것에서 행복을 찾아보라."

【비슷한 글자】 富 넉넉할 부 當 당할 당 ‖ 浮 뜰 부 淨 깨끗할 정
貴 귀할 귀 責 꾸짖을 책

266

俯仰不愧
부 앙 불 괴

마음가짐에 있어서나 행동에 있어서나 양심에 아무런 부끄러울 것이 없는 대장부의 公明正大**공명정대**한 심정

俯 굽어볼 **부** 仰 우러를 **앙** 不 아니 **불** 愧 부끄러워할 **괴**

【직역】 굽어보나 우러러보나 부끄럽지 아니함.

➲ 맹자의 '君子三樂**군자삼락**에 나오는 말로, 원문은 '君子有三樂而

王天下不與存焉군자유삼락이왕천하불여존언 父母俱存兄弟無故一樂也부모구존형제무고일락야 仰不愧於天俯不怍於人二樂也앙불괴어천부부작어인이락야 得天下英才而教育之三樂也득천하영재이교육지삼락야'이다. "군자에게는 세 가지 즐거움이 있는데, 그러나 천하의 왕 되는 것은 더불어 있지 않다. 부모가 함께 계시고 형제가 무고한 것이 첫째 즐거움이고, 우러러 하늘에 부끄러움이 없고 구부려 사람들에게 부끄럽지 않은 것이 두 번째 즐거움이며, 천하의 영재를 얻어서 교육하는 것이 세 번째 즐거움이다"라는 의미다.

【예문】 "역사에 이름을 남기고 존경받는 인물들은 富貴榮華부귀영화를 누린 사람이 아니라 俯仰不愧부앙불괴한 사람이란다."

【비슷한 글자】 仰 우러를 앙 抑 누를 억 迎 맞이할 영
愧 부끄러워할 괴 塊 흙덩이 괴

267

父傳子傳
부 전 자 전

아버지의 태도나 성향이 아들에게 대대로 전해짐

父 아비 **부** 傳 전할 **전** 子 아들 **자** 傳 전할 **전**

【직역】 아버지에게 전해진 것이 아들에게 전해짐.

【예문】 "아버지를 닮아 아들도 고집이 보통이 아니네. 父傳子傳부전자전인 게야."

【비슷한 글자】 傳 전할 전 傅 스승 부

268

夫唱婦隨
부 창 부 수

남편이 주장하는 바를 아내가 따름. 가정에서 부부 화합의 도리를 일컬음

夫 남편 **부** 唱 노래 부를 **창** 婦 아내 **부** 隨 따를 **수**

【직역】 남편이 노래 부르면 아내가 따라함.

➲ 가정에서 부부 화합의 도리를 일컬음.

【예문】 "夫唱婦隨**부창부수**라더니 예의 바르고 어른 공경하는 마음 씀씀이가 부부 모두 존경받을 만하네."

【비슷한 글자】 唱 노래 창 昌 창성할 창 娼 몸 파는 여자 창

269 附和雷同 부화뇌동

자신의 생각 없이 남이 하는 대로 그저 무턱대고 같이 움직이는 행동이나 태도

附 붙을 **부** 和 화합할 **화** 雷 우레 **뇌** 同 함께할 **동**

【직역】 다른 사람의 생각에 붙어서 화합해 주고 우렛소리 나는 곳을 함께 바라봄.

➲ '숭어가 뛰니 망둥이도 뛴다' '망둥이가 뛰니 꼴뚜기도 뛴다'

【예문】 "남이 무어라고 한다 해서 쉽사리 附和雷同**부화뇌동**, 주견도 없이 남의 의견을 따라 이리저리 흔들리는 것은 아예 처음부터 하지 않음만 못합니다. — 최명희, 《혼불》

【비슷한 글자】 雷 우레 뇌 電 번개 전

270 粉骨碎身 분골쇄신

있는 힘을 다해 노력함

粉 가루 **분** 骨 뼈 **골** 碎 부술 **쇄** 身 몸 **신**

【직역】 뼈를 가루되게 하고 몸을 부수어 버림.

➲ 자기 몸을 돌보지 않고 지극한 정성으로 있는 힘을 다하는 수고로움.

【예문】 "그는 어렵게 대표선수로 선발된 만큼 粉骨碎身**분골쇄신**의 자세로 경기

에 임하겠다는 각오를 밝혔다."

【비슷한 글자】 粉 가루 분 紛 어지러워질 분

271

焚書坑儒 분서갱유

苛酷가혹한 정치. 엄격한 사상 통제

焚 태울 분 書 책 서 坑 구덩이에 묻을 갱 儒 유학자 유

【직역】 책을 불태워 버리고 유학자들을 구덩이에 묻어 버림.

➲ 중국 秦진나라 帝始皇시황제가 학자들의 정치비평을 금지시키기 위하여 經書경서를 불태우고 유학자들을 구덩이에 生埋葬생매장하였던 일에서 유래.

【예문】 "80년대 정부가 신문 · 방송 · 통신을 통폐합한 사건은 한국판 焚書坑儒분서갱유라는 비판을 받았다."

【비슷한 글자】 焚 불사를 분 楚 가시나무 초 禁 금할 금
坑 구덩이 갱 抗 막을 항 ‖ 儒 선비 유 懦 나약할 나

272

不可思議 불가사의

사람의 힘이 미치지 못하고 상상조차 할 수 없는 奧妙오묘한 일

不 아니 불 可 가능할 가 思 생각 사 議 의논할 의

【직역】 생각하거나 의논하는 것이 가능하지 아니함.

➲ 사람의 생각으로는 짐작할 수도 없는 일. 보통 사람의 생각으로는 도저히 미루어 헤아릴 수 없을 만큼 이상야릇함.

【예문】 "오늘날 不可思議불가사의한 일로 여겨지는 것도 훗날 '可思議가사의'로 바뀔 수 있다."

273

不可抗力
불 가 항 력

사람의 능력으로 어찌할 수 없는 힘

不 아니 **불** 可 가능할 **가** 抗 저항할 **항** 力 힘 **력**

【직역】 저항이 가능하지 아니한 힘.

➲ 모든 방법을 동원하더라도 피할 수 없는 일.

【예문】 "不可抗力**불가항력**의 自然災害**자연재해**를 겪고 나면 인간이 얼마나 작은 존재인지 느끼게 된다."

274

不敢請固所願
불 감 청 고 소 원

진심으로 소망하였던 일이었음

不 아닐 **불** 敢 감히 **감** 請 청할 **청** 固 단단할 **고** 所 바 **소** 願 원할 **원**

【직역】 감히 청하지는 아니하였지만 단단히 원하였던 바였음.

【예문】 "不敢請固所願**불감청고소원**일 것이라 지레짐작하고 도와주는 것이 때로는 상대방을 불편하게 만들 수도 있다."

請**청**은 '푸를 청(靑)'에 '말씀 언(言)'이 더해졌다. '푸를 청(靑)'은 '음'이고 '말씀 언(言)'은 '뜻'이다. '푸를 청(靑)'에 '물 수(水=氵)'가 더해지면 '맑을 청', '태양 일(日)'이 더해지면 '날씨 맑을 청(晴)', '쌀 미(米)'가 더해지면 '자세할 정(精)', '마음 심(心=忄)'이 더해지면 '감정 정(情)'이다.

275

不問可知
불 문 가 지

군이 묻지 않아도 옳고 그름을 가히 알 수 있을 만큼 쉽고도 분명함

不 아닐 **불** 問 물을 **문** 可 가히 **가** 知 알 **지**

【직역】 묻지 않아도 가히 알 수 있음.

【예문】 "어려서 부모를 여의고 동생들까지 돌보아야 했으니 얼마나 고된 삶을 살았을지는 不問可知**불문가지**다."

276

不問曲直
불 문 곡 직

일의 옳고 그름을 따져 묻지 않고 묻어 둠

不 아니 **불** 問 물을 **문** 曲 굽을 **곡** 直 곧을 **직**

【직역】 굽은 상태인지 곧은 상태인지 묻지 아니함.

【예문】 "때로는 不問曲直**불문곡직**하고 용서해 줄 필요도 있다."

曲**곡**은 '굽다' '바르지 않다'는 의미로 많이 쓰이지만 '노래' '재주'의 의미로도 쓰인다.

277

不事二君
불 사 이 군

한 사람이 두 임금을 섬기지 아니함

不 아니 **불** 事 섬길 **사** 二 둘 **이** 君 임금 **군**

【직역】 두 명의 임금을 섬기지 아니함.

➲ 충신으로서의 도리.

【예문】 "不事二君**불사이군**이 아니라 不事惡君**불사악군**하는 자가 진짜 충신이 아닐까?"

【비슷한 글자】 君 임금 군 郡 고을 군 群 무리 군

事**사**는 일반적으로 '일' '사건'이라는 의미로 많이 쓰이지만 여기서는 '섬기다'는 의미로 쓰였음.

278

不撓不屈
불 요 불 굴

꺾이거나 굽히지 않는 꿋꿋한 정신

不 아니 **불** 撓 꺾일 **요** 不 아니 **불** 屈 굽힐 **굴**

【직역】 꺾이지 않고 굽히지도 않음.

➲ 어떤 어려움도 꿋꿋이 견디어 나감.

【예문】 "그가 보여 준 不撓不屈**불요불굴**의 의지는 결과와 상관없이 높이 평가받을 만하다."

【비슷한 글자】 撓 꺾일 요 搖 흔들릴 요 謠 노래 요 遙 멀 요
屈 굽을 굴 窟 움 굴 掘 뚫을 굴

279

不遠千里
불 원 천 리

먼 길임에도 개의치 아니하고 열심히 달려감

不 아니 **불** 遠 멀 **원** 千 일천 **천** 里 거리(0.4킬로미터) **리**

【직역】 천 리(400킬로미터) 거리도 멀다 하지 아니함.

➲ 먼 길 달려가는 수고도 마다하지 않는 정성.

【예문】 "不遠千里**불원천리**하고 찾아와 주는 친구가 있다는 것은 얼마나 감사한 일인가?"

【비슷한 글자】 遠 멀 원 猿 원숭이 원

千**천**은 꼭 1,000이 아니라 '많다'는 의미임. 十**십**, 百**백**, 萬**만**도 10이나 100이나 10,000이 아니라 많다는 의미로도 쓰임.

280 不入虎穴不得虎子 불입호혈부득호자

위험한 상황을 이겨 내지 않고는(모험을 하지 않고는) 큰일을 할 수 없음

不 아니 **불** 入 들 **입** 虎 호랑이 **호** 穴 구멍 **혈**

不 아니 **불** 得 얻을 **득** 虎 호랑이 **호** 子 새끼 **자**

【직역】 호랑이 굴에 들어가지 않고는 호랑이 새끼를 얻을 수 없음.

【예문】 "不入虎穴不得虎子**불입호혈부득호자**이니, 실패가 두려워 도전을 망설인다면 아무것도 얻지 못할 것이다."

不은 일반적으로 '불'로 발음하나 'ㄷ' 'ㅈ'음 앞에서는 '부'로 발음한다. 그러니까 不利益**불이익**, 不一致**불일치**, 不信**불신**, 不眠症**불면증**, 不參**불참**이고, 不動産**부동산**, 不當**부당**, 不道德**부도덕**, 表裏不同**표리부동**, 不正**부정**, 不足**부족**, 不適應**부적응**, 不注意**부주의**이다.

281 不恥下問 불치하문

나이, 지위, 학식이 자기보다 아래인 사람에게 묻는 것을 부끄럽게 여기지 아니함

不 아니 **불** 恥 부끄러워할 **치** 下 아래 **하** 問 물을 **문**

【직역】 아랫사람에게 묻는 것을 부끄러워하지 아니함.

➲ 모르는 것은 누구에게든 물어 식견을 넓히는 것이 현명하다는 뜻.

【예문】 "그가 博學多識박학다식한 것은 不恥下問불치하문하였기 때문이다."

282

不偏不黨 불편부당

어느 한쪽으로 치우치지 않는 공정한 태도

不 아니 **불** 偏 치우칠 **편** 不 아니 **불** 黨 무리 **당**

【직역】 치우치지 아니하고 무리 짓지도 아니함.

【예문】 "敎師교사가 갖추어야 할 가장 중요한 덕목 중 하나는 不偏不黨불편부당한 태도이다."

【비슷한 글자】 偏 치우칠 편 扁 넓적할 편 編 엮을 편 篇 책 편 遍 두루(횟수) 편

黨당은 원래 쓸데없이 사람들이 많이 모이는 모임을 일컬었는데, 요즘에는 '같은 목적으로 모이는 사람들'이라는 뜻으로 쓰임.

283

不患寡而患不均 불환과이환불균

재물은 어떻게 얻느냐가 중요한 것이 아니라 어떻게 쓰느냐가 중요함

不 하지 말라 **불** 患 근심 **환** 寡 적을 **과** 而 말 이을 **이** 患 근심 **환** 不 못할 **불** 均 고를 **균**

【직역】 (정치를 하는 사람은)적은 것을 근심하지 말고 고르지 못한 것을 근심해야 함.

➲ 《論語논어》〈季氏계씨〉편에서 공자가 한 말.

【예문】 "빈부격차가 날로 심해지는 때일수록 不患寡而患不均불환과이환불균의

참뜻을 알고 실천할 수 있는 지도자가 필요하다."

不**불**은 '아니다'의 의미로 많이 쓰이지만 때로는 '못하다' '없다' '하지 말라'의 의미로도 쓰인다. 위 문장에서 첫 번째 不**불**은 '~하지 말라'는 의미이고 두 번째 不**불**은 '못하다'는 의미이다.

284

非禮勿視 예절을 지키는 것이 무엇보다 중요함

비 례 물 시

非 아닐 **비** 禮 예절 **례** 勿 말 **물** 視 볼 **시**

【직역】 예절에 맞지 않는 일이라면 쳐다보지도 말아야 함.

➲ 孔子**공자**는 제자 顔淵**안연**이 仁**인**의 실천에 대해 묻자 '非禮勿視**비례물시** 非禮勿聽**비례물청** 非禮勿言**비례물언** 非禮勿動**비례물동**'(예가 아니면 보지 말고, 예가 아니면 듣지 말며, 예가 아니면 말하지도 말고, 예가 아니면 움직이지 말라)이라고 답하였다(《論語논어》〈顔淵안연〉).

【예문】 "많은 사람들이 非禮勿視**비례물시**를 실천한다면 사회가 좀 더 너그럽고 평화로워질 텐데."

285

非夢似夢 잠을 자지 못하여 꿈인지 생시인지 어렴풋한 상태

비 몽 사 몽

非 아닐 **비** 夢 꿈 **몽** 似 같을 **사** 夢 꿈 **몽**

【직역】 꿈 아닌 것 같기도 하고 꿈인 것 같기도 함.

➲ 완전히 잠에서 깨어나지 않아 정신이 어렴풋한 상태.

【예문】 "감기약을 먹고 非夢似夢**비몽사몽** 상태로 본 기억이라 정확하지는 않습

ㅂ~ㅅ

니다.”

【비슷한 글자】 似 같을 사 以 써 이

286 悲憤慷慨 비분강개

슬프고 성나고 원통하고 분한 느낌이 마음속에 가득 차 있음

悲 슬플 **비** 憤 성날 **분** 慷 원통할 **강** 慨 분노할 **개**

【직역】 슬프고 성나고 원통하고 분노함.

【예문】 “사회의 큰 문제는 나 몰라라 하면서 사소한 일에 悲憤慷慨**비분강개**하는 옹졸하고 비겁한 사람들이 많다. 고백컨대 나도 그중 한 사람이다.”

【비슷한 글자】 憤 성낼 분 墳 무덤 분 ‖ 慨 슬퍼할 개 漑 물댈 개 槪 대개 개

悲憤慷慨**비분강개** 네 글자에는 모두 ‘마음 심(心=忄)’이 들어 있다. 이를 통해 悲憤慷慨 네 글자가 ‘마음’과 관계 있는 글자임을 유추할 수 있다.

287 髀肉之歎 비육지탄

재능을 발휘할 기회를 얻지 못하여 하는 일 없이 헛되이 세월만 보내는 것에 대한 한탄

髀 넓적다리 **비** 肉 살 **육** 之 어조사 **지** 歎 탄식할 **탄**

【직역】 넓적다리의 살이 찌는 것에 대한 탄식.

➲ 劉備**유비**가 오랫동안 전쟁터에 나가지 못하여 넓적다리에 살이 붙은 것을 한탄했다는 이야기에서 유래.

【예문】 “기회가 찾아올 것을 기다리며 髀肉之歎**비육지탄**하지 말고, 스스로 기회를 만들고자 적극적으로 나서야 하지 않겠나.”

【비슷한 글자】 歎 탄식할 · 읊을 탄 歡 기뻐할 환

288

非一非再
비 일 비 재

같은 일이 한두 번 일어난 것이 아님

非 아닐 **비** 一 하나 **일** 非 아닐 **비** 再 두 **재**

【직역】 한 번이 아니고 두 번도 아님.

➡ 자주 일어나는 일임.

【예문】 "의료사고가 많은 그 동네에서는 의사를 상대로 소송을 거는 일이 非一非再**비일비재**하게 일어났다." – 이동하, 《우울한 귀향》

289

貧而無怨
빈 이 무 원

가난해도 세상에 대해 원망하지 아니함

貧 가난할 **빈** 而 그러나 **이** 無 없을 **무** 怨 원망할 **원**

【직역】 가난하지만 그러나 원망함이 없음.

【예문】 "공자께서 貧而無怨**빈이무원**은 어려워도, 부유하면서 교만하지 않기는 어렵지 않다고 하지 않으셨나."

【비슷한 글자】 貧 가난할 빈 貪 탐낼 탐 賓 손님 빈

290

貧賤之交不可忘
빈 천 지 교 불 가 망

가난하고 어려웠을 때 사귀었던 친구는 언제까지나 잊지 말아야 함

貧 가난할 **빈** 賤 천할 **천** 之 ~의 **지** 交 사귈 **교** 不可 **불가**: 안 된다

忘 잊을 **망**

【직역】 가난하고 천하였을 때의 사귐(친구)은 잊어서는 안 됨.

➲ 중국 後漢**후한**의 光武帝**광무제**가 宋弘**송홍**의 인품을 떠보려고 "사람이 지위가 높아지면 친구를 바꾸고 집이 부유해지면 아내를 바꾸려 하는 것이 인지상정 아니겠소?"라고 말하자, 송홍이 '貧賤之交不可忘**빈천지교불가망** 糟糠之妻不下堂**조강지처불하당**(술지게미와 쌀겨를 먹으며 고생한 아내는 내치지 아니함)' 이라고 대답한 데서 유래(《後漢書후한서》〈宋弘傳송홍전〉).

【예문】 "貧賤之交不可忘**빈천지교불가망**이라 했듯, 대스타가 된 지금도 무명배우 시절의 우정을 소중히 지키는 걸 보니 사람됨을 짐작할 수 있군."

【비슷한 글자】 賤 천할 천 踐 실천할 천 淺 얕을 천
交 사귈 교 校 학교 교 郊 성 밖 교

291

憑公營私
빙 공 영 사

공적인 일을 이용하여 개인의 이익을 추구함

憑 의지할 **빙** 公 공적인 일 **공** 營 경영할 **영** 私 개인 일 **사**

【직역】 공적의 일(관청의 일)에 의지하여 개인의 일을 경영함.

【예문】 "별다른 수입이 없는데도 공직자의 재산이 매년 크게 늘었다는 것은 憑公營私**빙공영사**하였다는 반증이 아닌가."

【비슷한 글자】 營 만들 영 螢 반딧불 형

292

氷山一角
빙 산 일 각

대부분은 숨겨져 있고 외부에 드러난 것은 극히 일부분에 지나지 않음

氷얼음 **빙** 山뫼 **산** 一하나 **일** 角모퉁이 **각**

【직역】 얼음으로 된 산의 한쪽 모퉁이.

【예문】 "이번에 드러난 비리 인사 명단은 氷山一角**빙산일각**이라는 주장이 제기 되었다."

【비슷한 글자】 氷 얼음 빙 水 물 수 永 길 영

角**각**이 여기에서는 '모퉁이'라는 의미로 쓰였지만 鹿角**녹각**에서는 '짐승의 뿔'을 뜻하며 三角形**삼각형**, 鋭角**예각**에서는 '각도'를 뜻한다. 角逐**각축**에서는 '경쟁하다'는 의미이다.

293

氷炭之間
빙 탄 지 간

서로 화합할 수 없는 사이

氷얼음 **빙** 炭숯 **탄** 之어조사 **지** 間관계 **간**

【직역】 얼음과 숯불의 관계.

➲ 얼음과 숯불은 서로 함께할 수 없음. 충성스러움과 아첨함은 같이 있을 수 없음. 둘이 서로 어긋나 맞지 않음. 중국 漢**한**나라 武帝**무제**의 신하 東方朔**동방삭**이 옛 楚**초**나라 충신 屈原**굴원**을 추모하며 '氷炭不可以相竝兮**빙탄불가이상병혜**'(얼음과 불은 서로 나란히 할 수 없다)고 하여 충신과 간신을 숯불과 얼음에 비유한 데서 유래.

【예문】 "두 사람이 氷炭之間빙탄지간인데 한 부서에서 함께 일할 수 있을지 걱정스럽다."

294

四顧無親
사 고 무 친

주위에 의지할 만한 사람이 없어 외롭고 힘듦

四 넉 **사** 顧 돌아볼 **고** 無 없을 **무** 親 가까울 **친**

【직역】 四方사방을 돌아보아도 가까운 사람이 없음.

【예문】 "四顧無親사고무친이라 할지라도 성실하게 노력하기만 하면 행복한 삶을 영위할 수 있는 나라가 복지국가 아닐까?"

親친이 여기에서는 '가깝다'는 의미이지만 先親선친, 母親모친에서는 '부모'를 뜻하며 切親절친에서는 '친구'의 의미이다.

295

捨己從人
사 기 종 인

과거 자신의 잘못된 행동을 버리고 다른 사람의 선행을 본받아 행함

捨 버릴 **사** 己 자기 **기** 從 따를 **종** 人 다른 사람 **인**

【직역】 자기를 버리고 다른 사람을 따름.

➲ 자신의 생각만을 내세우지 않고 남의 좋은 말과 행동을 본받음. 문장에서 己기는 '자기 자신'을 人인은 '다른 사람'을 가리킴.

【예문】 "捨己從人사기종인은 자신을 버리는 행위가 아니라 자신을 成長성장시키고 發展발전시키는 原動力원동력이다."

【비슷한 글자】 捨 버릴 사 拾 주울 습 · 열 십 舍 집 사

296

四端 사단

사람의 본성에서 우러나오는 네 가지 기본적인 마음

四 넉 **사** 端 실마리 **단**

【직역】 네 가지의 실마리(일의 단서).

➲ '실마리'는 일이나 사건을 풀어 나갈 수 있는 계기를 일컫는다. '四端**사단**'은 사람의 本性**본성**에서 우러나오는 네 가지 마음씨의 실마리를 가리킨다. 仁**인**에서 우러나오는 惻隱之心**측은지심**, 義**의**에서 우러나오는 羞惡之心**수오지심**, 禮**예**에서 우러나오는 辭讓之心**사양지심**, 知**지**에서 우러나오는 是非之心**시비지심**이 그것이다.

【예문】 "교육의 목표는 四端**사단**을 키우는 데 있어야 마땅하다."

【비슷한 글자】 端 실마리 단 瑞 상서로울 서

297

事大交隣 사대교린

큰 나라는 받들어 섬기고 이웃 나라와는 화평하게 지내는 외교 정책

事 섬길 **사** 大 큰 나라 **대** 交 사귈 **교** 隣 이웃 **린**

【직역】 큰 나라는 섬기고 이웃 나라와는 잘 사귀어서 친하게 지냄.

➲ 조선 전기에 취했던 외교정책으로, 事大**사대**는 명나라에 대한 외교책이었고 交隣**교린**은 일본에 대한 외교책이었다.

【예문】 "싸우지 않고 이기는 것이 가장 훌륭한 승리라고 하였으니 事大交隣**사대교린**은 꽤 괜찮은 외교정책 아닌가?"

298

四面楚歌
사 면 초 가

적군에게 완전히 포위되어 누구의 도움도 받을 수 없는 위태로운 상황

四 넉 **사** 面 방향 **면** 楚 초나라 **초** 歌 노래 **가**

【직역】 동서남북 네 방향에서 들려오는 초나라 노랫소리.

➲ 누구에게도 도움이나 지지를 받을 수 없는 고립된 상태를 뜻함.

漢**한**나라의 劉邦**유방**과 天下**천하**를 다투던 楚**초**나라 項羽**항우**의 군대가 漢**한**나라 군사들에게 포위당하였는데 四方**사방**에서 초나라 노랫소리가 들려왔다. 가뜩이나 고달픈 초나라 병사들로 하여금 고향을 그리워하게 만드는 구슬픈 노래였다. 한나라 군사들이 항복한 초나라 병사들을 시켜 초나라 노래를 부르게 하여 戰意**전의**를 상실하도록 하기 위함이었다.

【예문】 "성 밖에도 적, 성안에도 적, 그야말로 四面楚歌**사면초가**였다." – 현기영, 《변방에 우짖는 새》

299

四分五裂
사 분 오 열

의견이 갈기갈기 갈라지고 세력이 여러 갈래로 찢어져 약화됨.

四 넉 **사** 分 나눌 **분** 五 다섯 **오** 裂 찢어질 **렬**

【직역】 네 개로 나누어지고 다섯으로 찢어짐.

➲ 질서 없이 어지럽게 흩어지거나 헤어짐. 세상이 매우 어지러워짐.

【예문】 "四分五裂**사분오열**이 滅亡**멸망**으로 가는 지름길임은 역사가 가르쳐 준 교훈이다."

【비슷한 글자】 裂 갈라질 렬 烈 세찰 렬 列 벌릴 렬

300 沙上樓閣 사상누각

모래 위에 세워 무너지기 쉬운 집

沙 모래 **사** 上 위 **상** 樓 집 **누** 閣 집 **각**

【직역】 모래 위에 지은 집.

➲ 기초가 튼튼하지 못하여 오래 견디지 못함. 겉모양은 번듯하나 기초가 약하여 오래가지 못하는 것, 또는 실현 불가능한 일.

【예문】 "요즘 학생들의 실력이 砂上樓閣**사상누각**인 것은 배움에만 힘쓸 뿐 익힘에는 힘쓰지 않기 때문이다."

【비슷한 글자】 樓 집 루 縷 실 루

樓**누**와 閣**각**은 모두 '집'을 뜻한다. '집'을 일컫는 또 다른 한자로 家**가**, 堂**당**, 宇**우**, 宅**택**, 室**실**, 屋**옥**, 院**원**, 戶**호**, 舍**사**, 軒**헌**, 館**관** 등이 있다.

301 捨生取義 사생취의

목숨을 버릴지라도 옳은 일을 하겠다

捨 버릴 **사** 生 살 **생** 取 얻을 **취** 義 의로울 **의**

【직역】 살아 있음(삶, 목숨)을 버리고 의로움을 얻음.

➲ 목숨을 버리고서라도 옳은 일을 하겠다는 의지를 보이는 말. 《孟子맹자》〈告子**고자**〉篇**편**의 "생선도 내가 원하는 것이고 곰 발바닥도 원하는 것이지만 이 모두를 동시에 얻을 수 없다면 생선보다는 곰 발바닥을 취할 것이다. 마찬가지로 生**생**도 원하고 義**의**도 원하는데 둘 다 취할 수 없다면 生을 버리고 義를 취할 것이다"에서 나온 말. 비슷한 말로 殺身成仁**살신성인**이 있음.

【예문】 "오늘 삭발식을 결행하는 것은 捨生取義**사생취의** 결기를 보여 주기 위함 이다."

302

私淑
사 숙

직접 가르침을 받지는 않았으나 마음속으로 그 사람을 본받아서 道**도**나 學問**학문**을 배움

私 마음속으로 **사** 淑 사모할 **숙**

【직역】 마음속으로 사모하여 본받음.

【예문】 "요즘 아이들에게 정작 필요한 것은私敎育**사교육**이 아니라 私淑**사숙**할 기회가 아닐까?"

私**사**는 公**공**의 상대어로서 '지극히 개인적인 일' '자기 한 몸이나 집안에 관한' '이기적' '공정하지 못한 일'의 의미로 많이 쓰이는데, 여기에서는 '마음속으로'라는 의미로 사용되었다.

303

似而非
사 이 비

진짜로 보이지만 그러나 본질은 완전히 다른 가짜임

似 같을 **사** 而 그러나 **이** 非 아닐 **비**

【직역】 같은 것 같지만 그러나 같은 것이 아님.

【예문】 "지식이 인격과 단절될 때 그 지식인은 似而非**사이비**요 위선자가 되고 만다. – 법정 스님, 《무소유》

30

獅子吼
사 자 후

크게 외치면서 열변을 토하는 연설

獅 사자 **사** 子 접미사 **자** 吼 울부짖을 **후**

【직역】 사자의 울부짖음.

◐ 사자가 한번 소리를 지르면 모든 짐승들이 두려워 복종한다는 의미. 부처님의 설법에 모든 악마가 굴복하고 귀의한다는 뜻으로 사용됨.

【예문】 "獅子吼**사자후**를 토해 내는 그의 연설에 사람들은 박수와 함성으로 화답했다."

305

蛇足
사 족

쓸데없는 일을 덧붙여서 도리어 실패함

蛇 뱀 **사** 足 발 **족**

【직역】 (쓸데없이) 뱀의 발(을 그림).

◐ 뱀을 다 그리고 나서 있지도 않는 발을 덧붙여 그려 넣는다는 뜻으로, 쓸데없는 짓을 공연히 덧붙여 도리어 일을 잘못되게 만들어 버린다는 의미. '畵**그림 그릴 화**' '添**더할 첨**'을 쓴 畵蛇添足**화사첨족**의 준말. 어떤 인색한 사람이 제사를 지낸 뒤 여러 하인들 앞에 술 한 잔을 내놓으면서 나누어 마시라고 하였다. 땅바닥에 뱀을 제일 먼저 그리는 사람이 혼자 다 마시는 게 어떻겠느냐고 어떤 하인이 제안하였고 모두 찬성하여 각자 땅바닥에 뱀을 그리기 시작하였다. 한 하인이 뱀을 다 그린 후 다른 사람들을 보니까 한참 덜 그렸기에 거기에 발을 덧붙여 그린 후 술잔을 들고서 "이 술은 내가 마시게 됐네. 어떤가, 멋진 뱀이지? 발도 있고"라고 하였는데, 그때 막 뱀을 그린 다른 하인이 재빨리 그 술잔을 빼앗으면서 "世上**세상**에 발 달린 뱀이 어디 있나? 이 술은 내 것일세"라

고 하였다는 이야기에서 유래.

【예문】 "인간관계에서 지나친 친절과 참견은 관계를 그르치는 蛇足사족이 될 수 있다."

【비슷한 글자】 足 발 족 促 재촉할 촉

306

四通五達 사 통 오 달

도로망, 교통망, 통신망 등이 이리저리 여러 곳으로 통하여 막힘이 없는 상태

四 넉 **사** 通 통할 **통** 五 다섯 **오** 達 통달할 **달**

【직역】 네 군데로 통하고 다섯 군데로도 통달함.

➲ 四通八達사통팔달로 쓰기도 함.

【예문】 "四通五達사통오달에 자리하여 드나드는 데는 편하겠지만, 騷音소음과 煤煙매연을 피할 수 없다는 단점도 있다."

【비슷한 글자】 達 통달할 달 撻 매질할 달

307

事必歸正 사 필 귀 정

어떤 일에서나 최후의 승리자는 바른 것(정의로움)이 됨

事 일 **사** 必 반드시 **필** 歸 돌아갈 **귀** 正 바를 **정**

【직역】 모든 일은 반드시 바른 것으로 돌아감.

➲ 정의롭게 생활하면 최후의 승리자가 될 수 있음.

【예문】 "역사를 크게 보면 事必歸正사필귀정이 진리임을 알 수 있을 것이다."

308

死後藥方文
사 후 약 방 문

기회가 지난 다음에 땀 흘리거나 대책을 세우는 어리석음

死 죽을 **사** 後 뒤 **후** 藥 약 **약** 方 처방 **방** 文 문서 **문**

【직역】 죽은 뒤에 藥方文**약방문**을 쓴다.

➲ 藥方文**약방문**은 약을 짓기 위해 약의 이름과 분량을 쓴 종이다. 어떤 일이 일어나기 전에 근본적인 대책을 세울 줄 아는 현명함이 필요하다는 뜻. 비슷한 말로 亡羊補牢**망양보뢰**, 死後淸心丸**사후청심환**이 있고 반대되는 말로 居安思危**거안사위**, 有備無患**유비무환** 등이 있음.

【예문】 "死後藥方文**사후약방문**보다 더 큰 어리석음은 死後**사후**에도 아무런 조치를 취하지 않아 똑같은 불행을 거듭 당하는 것이다."

方**방**이 여기에서는 '처방하다'는 의미이지만 '네모' '방향' '장소' '방법' 등의 의미로 많이 쓰인다.

309

山紫水明
산 자 수 명

산 빛이 곱고 강물이 맑다는 뜻으로 경치의 아름다움을 일컫는 말

山 산 **산** 紫 자줏빛 **자** 水 물 **수** 明 깨끗할 **명**

【직역】 산은 자줏빛이고 물은 깨끗함.

【예문】 "山紫水明**산자수명**을 누리고자 하면서도 막상 도시를 떠나지 못하는 것은 변화를 두려워하기 때문이겠지."

310

山戰水戰
산 전 수 전

세상의 온갖 고난과 시련을 겪어서 경험과 지혜가 많음

山산 **산** 戰싸움 **전** 水물 **수** 戰싸움 **전**

【직역】 산에서도 싸우고 물에서도 싸움.

【예문】 "山戰水戰**산전수전** 겪게 하는 것이 자녀를 진정으로 사랑하는 일인 것은 당장의 어려움이 결국 성장의 발판이 되기 때문이다."

311

山海珍味
산 해 진 미

산과 바다의 온갖 진귀한 식재료로 만든 맛 좋은 음식

山산 **산** 海바다 **해** 珍보배 **진** 味맛 **미**

【직역】 산과 바다에서 나오는 보배처럼 귀하고 맛 좋은 음식.

【예문】 "좋은 사람들과 함께 먹는 국밥 한 그릇이 불편한 사람과 함께 먹는 山海珍味**산해진미**보다 훨씬 맛있다."

【비슷한 글자】 海 바다 해 悔 뉘우칠 회 每 언제나 매 梅 매화나무 매 侮 업신여길 모 味 맛 미 昧 어두울 매

312

殺身成仁
살 신 성 인

자신의 몸을 희생하여 옳은 도리를 행함

殺죽일 **살** 身몸 **신** 成이룰 **성** 仁어질 **인**

【직역】 자기 몸을 죽여 어짊을 이룸.

【예문】 "어차피 흙으로 돌아갈 몸인데 殺身成仁**살신성인** 못 할 이유가 무엇이란 말인가?"

313

三顧草廬
삼 고 초 려

人才**인재**를 얻기 위해 참을성 있게 노력함

三 석 **삼** 顧 돌아볼 **고** 草 풀 **초** 廬 오두막집 **려**

【직역】 풀로 지은 오두막집을 세 번이나 돌아봄(찾아가 부탁함).

➲ 유능한 참모의 필요성을 절감한 유비가 諸葛亮**제갈량**을 얻기 위해 예물을 싣고 그의 초가집을 세 번이나 방문한 끝에 뜻을 이루었다는 이야기에서 유래. 당시 제갈량은 27세, 유비는 47세였다고 함.

【예문】 "꼭 필요한 인재라면 三顧草廬**삼고초려**를 해서라도 모셔 와야지."

314

森羅萬象
삼 라 만 상

우주에 존재하는 온갖 사물과 모든 형상

森 빽빽할 **삼** 羅 새그물 **라** 萬 일만 **만** 象 형상 **상**

【직역】 빽빽하게 새그물처럼 있는 만 가지의 형상.

➲ 비슷한 의미의 말로 宇宙萬物**우주만물**, 萬彙群象**만휘군상** 등이 있음.

【예문】 "森羅萬象**삼라만상**의 이치를 알고 깨우치려는 노력도 중요하지만 그에 순응하는 지혜 또한 필요하다."

【비슷한 글자】 羅 비단 라 罹 근심 리

羅라가 여기에서는 '새그물'을 뜻하지만 '벌이다' '늘어서다' '그물질하다'의 의미로 쓰이고 '비단'이라는 의미로도 쓰인다. 新羅**신라**, 全羅道**전라도** 등의 명칭에도 사용된다.

315

三省吾身
삼 성 오 신

하루에 세 번 이상씩 자신의 잘잘못을 살핌

三 석 **삼** 省 반성할 **성** 吾 나 **오** 身 몸 **신**

【직역】 내 몸이 한 일을 세 번씩 반성함.

➲ 하루에도 여러 번 자신의 행동을 반성함. 공자의 제자인 曾子**증자**의 말에서 유래. 원문은 "나는 매일 여러 차례 자신을 반성한다(吾日三省吾身**오일삼성오신**). 남을 위해 일을 도모하면서 최선을 다하지 않았는가(爲人謀而不忠乎**위인모이불충호**)? 친구와 사귀면서 신의가 없지는 않았는가(與朋友交而不信乎**여붕우교이불신호**)? 전해 받은 학문을 제대로 익히지 못하지는 않았는가(傳不習乎**전불습호**)?"이다(《論語논어》〈學而篇학이편〉).

【예문】 "하루 세 번 끼니를 찾아 먹듯 三省吾身**삼성오신**한다면 좋으련만."

【비슷한 글자】 吾 나 오 悟 깨달을 오 梧 오동나무 오

316

三旬九食
삼 순 구 식

밥을 제대로 먹지 못할 만큼, 끼니를 자주 걸러야 할 만큼 매우 가난함

三 석 **삼** 旬 열흘 **순** 九 아홉 **구** 食 먹을 **식**

【직역】 세 번의 열흘(30일)에 아홉 끼니만 먹음.

➲ 30일(한 달)에 90끼 식사를 해야 하는데 겨우 9끼만 먹음.

【예문】 "三旬九食**삼순구식**을 할지라도 맘 편한 것이 제일이지."

【비슷한 글자】 旬 열흘 순 殉 따라 죽을 순 句 글귀 구

317

三人成虎
삼 인 성 호

근거 없는 거짓말이라도 여러 사람이 말하게 되면 진실인 것으로 믿게 됨

三 석 **삼** 人 사람 **인** 成 만들 **성** 虎 호랑이 **호**

【직역】 세 사람이 호랑이를 만듦.

➲ 세 사람이면 없는 호랑이도 만들어 낼 수 있음.

【예문】 "三人成虎**삼인성호**에 여러 차례 속고도 또 속아 넘어가는 것이 우리 인간들이다."

318

三人行必有我師
삼 인 행 필 유 아 사

어떤 사람이든 스승이 될 수 있음

三 석 **삼** 人 사람 **인** 行 다닐 **행** 必 반드시 **필** 有 있을 **유** 我 나 **아** 師 스승 **사**

【직역】 세 사람이 다니게 되면 거기에는 반드시 나의 스승이 있음.

➲ 셋 중에 반드시 좋은 사람이 있다는 말이 아니라 善**선**을 통해서든 惡**악**을 통해서든 배울 점이 있으므로 언제 어디에서든 배우려는 자세를 가져야 한다는 뜻. 좋은 점은 배워서 따라 하고 나쁜 점은 그렇게 하지 않으려 노력해야 한다는 의미.

【예문】 "三人行必有我師**삼인행필유아사**이니 어떤 상황에서도 배울 점을 찾으려

는 자세를 잃지 말거라."

【비슷한 글자】 師 스승 사 帥 장수 수

319 三尺童子 삼척동자

철모르는 어린아이

三 석 **삼** 尺 자 **척** 童 아이 **동** 子 아이 **자**

【직역】 석 자(90센티미터) 정도의 키를 가진 꼬마 아이.

【예문】 "三尺童子**삼척동자**의 이야기에도 傾聽**경청**하는 자세를 보이는 사람이야 말로 존경받을 자격이 있다."

【비슷한 글자】 童 아이 동 重 무거울 중 瞳 눈동자 동

320 三遷之教 삼천지교

자식을 훌륭하게 기르기 위한 어머니의 노력

三 석 **삼** 遷 옮길 **천** 之 어조사 **지** 教 가르칠 **교**

【직역】 세 번 옮기면서 가르침.

> 인간의 성장에 환경이 중요하다는 사실을 일컬음. 맹자가 처음에 공동묘지 근처에 살았는데 맹자 어머니가 아들 교육에 좋지 않다며 시장 근처로 이사를 갔고, 그곳 역시 교육에 좋지 못하다고 판단하여 다시 書堂**서당** 주변으로 이사하였다는 이야기에서 유래.

【예문】 "三遷之教**삼천지교**를 교육의 핵심으로 여기는 학부모들이 많은데, 그것은 여러 조건 중 하나일 뿐이다."

321

相扶相助
상 부 상 조

서로 도우면서 생활함

相 서로 **상** 扶 도울 **부** 相 서로 **상** 助 도울 **조**

【직역】 서로 돕고 또 서로 도움.

【예문】 "相扶相助**상부상조**는 利他的**이타적** 행동이지만 알고 보면 결국 나를 위하는 利己的**이기적** 행동이다."

322

桑田碧海
상 전 벽 해

엄청난 변화

桑 뽕나무 **상** 田 밭 **전** 碧 푸를 **벽** 海 바다 **해**

【직역】 뽕나무 밭이 (변하여) 푸른 바다가 됨.

➲ 사람들이 몰라볼 정도로 엄청나게 바뀜.

【예문】 "10년 만에 고향을 찾았는데 桑田碧海**상전벽해**라 할 만큼 모든 것이 변해 옛 모습을 찾을 수가 없더라."

323

上濁下不淨
상 탁 하 부 정

윗사람이 부패하면 아랫사람도 부패하게 됨

上 위 **상** 濁 흐릴 **탁** 下 아래 **하** 不 아니 **부** 淨 깨끗할 **정**

【직역】 윗물이 흐리면 아랫물도 깨끗하지 아니함.

【예문】 "교육자나 지도층 인사들은 특히 上濁下不淨**상탁하부정**이라는 말을 가슴에 품고 생활해야 한다."

【비슷한 글자】 濁 흐릴 탁 燭 촛불 촉

324

塞翁之馬
새 옹 지 마

인생의 길흉화복은 변화가 많아 예측하기 어려움

塞 변방 **새** 翁 늙은이 **옹** 之 어조사 **지** 馬 말 **마**

【직역】 변방(국경 지방)에 사는 늙은이의 말.

➲ 불행이 복이 되고 복이 불행이 되는 등 吉凶禍福**길흉화복**의 변화가 많은 것이 세상 이치이니 좋은 일이 생겼다고 해서 마냥 좋아할 필요도 없고, 나쁜 일이 생겼다고 해서 마냥 슬퍼할 필요도 없다는 뜻. 국경 지방에 살고 있던 노인의 말이 국경을 넘어 도망을 갔는데(불행), 얼마 후 그 말이 駿馬**준마**를 데리고 돌아왔다(행), 아들이 준마를 타다가 떨어져 절름발이가 되었지만(불행), 전쟁이 났을 때에 절름발이여서 군대에 가지 않아 목숨을 살릴 수 있었다(행)는 이야기에서 유래.

【예문】 "인간사 塞翁之馬**새옹지마**이니 실패와 불운에도 미래에 대한 희망을 버려서는 안 된다."

【비슷한 글자】 塞 변방(국경 지방) 새 寒 찰 한

325

席藁待罪
석 고 대 죄

저지른 죄에 대한 처벌을 기다림

席 자리 **석** 藁 지푸라기 **고** 待 기다릴 **대** 罪 벌줄 **죄**

【직역】 지푸라기로 된 자리에 무릎 꿇고 벌(罰) 주기를 기다림.

➲ 거적을 깔고 엎드려서 임금의 처분이나 명령을 기다림.

【예문】 "진심으로 뉘우치며 席藁待罪**석고대죄**한다면 용서해 주는 것이 어른의 자세이다."

【비슷한 글자】 待 기다릴 대 侍 모실 시 持 가질 지 特 특별할 특

326

先見之明
선 견 지 명

앞일을 미리 내다보고 판단할 수 있는 지혜

先 앞 **선** 見 볼 **견** 之 어조사 **지** 明 총명할 **명**

【직역】 앞일을 볼 줄 아는 총명함.

【예문】 "先見之明**선견지명**의 지혜는 타고난 능력이라기보다 누구나 노력을 더 하고 경험을 쌓으면 얻을 수 있는 것이다."

明**명**이 여기에서는 '총명하다'는 의미로 쓰였지만 '밝다' '밝히다' '나타나다' '깨끗하다' '하얗다'는 의미로도 쓰인다.

327

先公後私
선 공 후 사

私事**사사**로운 일보다 공적인 일을 중요하게 생각함

先 먼저 **선** 公 공적 **공** 後 뒤 **후** 私 개인 **사**

【직역】 먼저 공적인 일(여러 사람에 관계되는 것)을 하고 뒤에 개인적인 일을 함.

【예문】 "당장은 先公後私**선공후사**가 손해 보는 어리석은 일로 보일 수 있지만, 길게 보면 결국 현명한 행동이다."

328

先卽制人
선 즉 제 인

다른 사람이 하지 않는 일을 앞서 하면 유리함

先먼저 **선** 卽곧 **즉** 制제압할 **제** 人사람 **인**

【직역】 먼저 하게 되면 곧 다른 사람을 제압할 수 있게 됨.

➲ 남보다 앞서서 일을 圖謀**도모**하면 능히 남을 이길 수 있음.

【예문】 "先則制人**선즉제인**이라 하지 않나. 블루오션 영역이라면 망설이지 말고 당장 뛰어들게."

【비슷한 글자】 卽 곧 즉 郞 사나이 랑

329

仙風道骨
선 풍 도 골

남달리 뛰어나게 고상하고 우아하며 깨끗하고 점잖은 사람

仙신선 **선** 風기질 **풍** 道도사 **도** 骨품격 **골**

【직역】 神仙**신선**의 기질과 道士**도사**의 品格**품격**.

【예문】 "우리가 불원천리하고 온 뜻은 선생의 仙風道骨**선풍도골**도 뵈오려니와…." – 김구, 《백범일지》

【비슷한 글자】 道 길 도 導 이끌 도

330

雪上加霜
설 상 가 상

불행이 엎친 데 덮친 격으로 거듭 생김

雪눈 **설** 上위 **상** 加더할 **가** 霜서리 **상**

【직역】 눈 위에 서리가 더해짐.

➡ 눈이 온 것만으로도 힘든데 거기에 서리가 더해져서 더 많이 고통스러움.

【예문】 "돌아켜 보면 인생에서 雪上加霜**설상가상**의 순간도 많았지만 錦上添花**금상첨화**의 순간 또한 많았다."

【비슷한 글자】 雪 눈 설 雲 구름 운 霜 서리 상 露 이슬 · 드러낼 로

331

說往說來
설 왕 설 래

일의 옳고 그름을 따지느라 말로 옥신각신함

說 말씀 **설** 往 갈 **왕** 說 말씀 **설** 來 올 **래**

【직역】 말이 가고 말이 옴.

➡ 서로 辯論**변론**을 주고받으며 옳고 그름을 따짐. 여러 가지 말이 오고감.

【예문】 "옳은 일이라는 확신이 있다면 주위의 說往說來**설왕설래**에 흔들리지 말고 나아가라."

332

聲東擊西
성 동 격 서

상대를 기만하여 공격함

聲 소리 낼 **성** 東 동녘 **동** 擊 칠 **격** 西 서녘 **서**

【직역】 동쪽에서 소리를 내고 서쪽에서 침(공격함).

➡ 동쪽을 공격하는 척하다가 실제로는 서쪽을 공격하는 兵法**병법**. 적을 유인하여 이쪽을 공격하는 척하다가 반대쪽을 공격하는 전술.

【예문】 "내가 聲東擊西**성동격서**하지 않는다고 상대도 그럴 거라 믿지 말아라."

333

歲月不待人
세 월 부 대 인

시간은 사람을 기다려 주지 않으니 늙기 전에 시간을 아껴서 노력해야 함

歲해 **세** 月달 **월** 不아니 **부** 待기다릴 **대** 人사람 **인**

【직역】 세월(시간)은 사람을 기다려 주지 아니함.

【예문】 "가장 큰 후회는 젊은 날에 歲月不待人**세월부대인**을 깨닫지 못한 것이다."

334

歲寒三友
세 한 삼 우

높은 지조와 절개

歲해(1년) **세** 寒추울 **한** 三석 **삼** 友벗 **우**

【직역】 1년 중 추울 때(겨울철)의 세 친구.

➲ 추위에 잘 견디는 소나무, 대나무, 매화나무를 묶어 일컫는 말. 더러운 세상에서 벗으로 삼을 수 있는 세 자연물.

【예문】 "歲寒三友**세한삼우** 닮은 친구를 찾아 헤매지 말고, 너 자신이 歲寒三友 닮은 사람이 되도록 노력하여라."

歲**세**는 '해(1년)' '새해(설)' '세월' '나이' '일생' 등의 의미로 쓰인다.

335

少年易老學難成
소 년 이 로 학 난 성

세월은 빨리 지나가고 일은 이루기 어렵다는 사실을 알아서 짧은 시간일지라도 가볍게 여기지 말고 소중하게 사용해야 함

少 적을 **소** 年 나이 **년** 易 쉬울 **이** 老 늙을 **로** 學 학문 **학**

難 어려울 **난** 成 이룰 **성**

【직역】 나이 적은 사람은 늙기가 쉽고 학문은 이루기가 어려움.

【예문】 "젊은이들이 少年易老學難成**소년이로학난성**의 참뜻을 어찌 알까."

【비슷한 글자】 難 어려울 난 雖 비록 수

易**이**가 여기에서는 '쉽다'는 의미로 쓰였으나 '바꾸다' '교환하다' '周易 **주역**'의 의미로도 많이 쓰이는데 이때는 '역'으로 발음한다.

336

笑門萬福來
소 문 만 복 래

웃으면 복이 온다

笑 웃음 **소** 門 문 **문** 萬 모두 **만** 福 복 **복** 來 올 **래**

【직역】 웃는 문으로는 온갖 복이 들어오게 되어 있음.

➡ 건강한 웃음이 삶에서 중요하다는 의미. 행복해서 웃는 게 아니라 웃으니까 행복해진다는 뜻.

【예문】 "笑門萬福來**소문만복래**라고 하였으니 억지로라도 웃어라."

337

小貪大失
소 탐 대 실

욕심 부려서 작은 것을 탐내면 오히려 큰 것을 잃게 됨

小 작을 **소** 貪 탐낼 **탐** 大 큰 **대** 失 잃을 **실**

【직역】 작은 것을 탐내다가 큰 것을 잃어버림.

【예문】 "밤에 1시간 더 공부한 후 낮에 5시간 非夢似夢**비몽사몽**하는 것은 小貪大失**소탐대실**의 어리석은 행동이다."

【비슷한 글자】 貪 탐할 탐 貧 가난할 빈

338

束手無策
속 수 무 책

뻔히 보고 알면서도 어찌할 방법이 없어서 꼼짝 못함

束 묶을 **속** 手 손 **수** 無 없을 **무** 策 방법 **책**

【직역】 손이 묶여 있어서 (어떻게 해볼) 방법이 없음.

【예문】 "지난 경기에서 束手無策**속수무책** 당했던 경험은 준비의 중요성을 일깨워 주기에 충분하였다."

339

送舊迎新
송 구 영 신

묵은해를 보내고 새해를 맞이함

送 보낼 **송** 舊 옛 **구** 迎 맞이할 **영** 新 새로울 **신**

【직역】 옛것을 보내고 새로운 것을 맞이함.

【예문】 "送舊迎新송구영신이라는 매듭이 있기 때문에 새로운 시작이 가능하다."

340

首丘初心 수구초심

고향을 그리워하는 마음

首 머리 **수** 丘 언덕 **구** 初 처음 **초** 心 마음 **심**

【직역】 머리를 (자기가 살았던 동굴이 있던) 언덕 쪽으로 두면서 처음(태어난 곳)을 그리워하는 마음.

➲ 여우는 죽을 때 자기가 살던 굴(고향)이 있는 언덕 쪽으로 머리를 둔다고 함. 죽어서라도 고향 땅에 묻히고 싶은 마음. 근본을 잊지 아니함.

【예문】 "首丘初心수구초심이랍니다. 짐승도 죽을 때면 따뜻한 곳을 찾아 눕는다는데 하물며 사람이 고향 생각을 해야지." – 한수산, 《부초》

【비슷한 글자】 丘 언덕 구 兵 군사 병

341

修己治人 수기치인

자신을 수양해야만 남을 교화시킬 수 있음

修 닦을 **수** 己 자기 **기** 治 다스릴 **치** 人 다른 사람 **인**

【직역】 자기를 닦은 후에 다른 사람을 다스림.

【예문】 "修己治人수기치인이라 하였음에도, 사람들은 修己수기에는 힘쓰지 않고 治人치인만 하려 덤빈다."

【비슷한 글자】 治 다스릴 치 冶 불릴 야

342

手不釋卷
수 불 석 권

항상 책을 가까이하여 學問**학문**을 열심히 닦음

手 손 **수** 不 아닐 **불** 釋 놓을 **석** 卷 책 **권**

【직역】 손에서 책을 놓지 아니함.

➲ 늘 손에 책을 들고 부지런히 공부함.

【예문】 "밤낮으로 手不釋卷**수불석권**하는 것은 미래의 행복은 물론 현재의 행복까지 만들어 주는 열쇠다."

343

首鼠兩端
수 서 양 단

주저하면서 결단을 내리지 못함. 어느 한쪽으로 붙지 않고 양다리를 걸침

首 머리 **수** 鼠 쥐 **서** 兩 둘 **양** 端 끝 **단**

【직역】 머리를 내민 쥐가 두 끝을 왔다 갔다 함(망설임).

➲ 구멍 속에서 머리를 내민 쥐가 이쪽 끄트머리와 저쪽 끄트머리를 보면서 망설임.

【예문】 "首鼠兩端**수서양단**하며 얼버무리기에 급급하더니만 결국에는 양쪽 모두에게 버림받게 되었군."

【비슷한 글자】 兩 둘 양 雨 비 우 ‖ 端 끝 · 실마리 단 瑞 경사스러울 서

344

袖手傍觀
수 수 방 관

나서야 할 일에 간여하지 않고 그대로 내버려 둠

袖 소매 **수** 手 손 **수** 傍 곁 **방** 觀 볼 **관**

【직역】 소매(호주머니)에 손을 넣고 곁에서 바라봄.

➲ 팔짱 끼고 바라보고만 있음. 비슷한 의미의 말로 吾不關焉**오불관언**이 있음.

【예문】 "내 돈을 빼앗아 간 强盜**강도**보다 지켜보며 袖手傍觀**수수방관**했던 사람들이 더 원망스러웠다."

345

水深可知人心難知
수 심 가 지 인 심 난 지

사람의 속마음을 헤아리는 것은 불가능에 가까운 일임

水물 **수** 深깊이 **심** 可가능할 **가** 知알 **지** 人사람 **인** 心마음 **심** 難어려울 **난** 知알 **지**

【직역】 물의 깊이를 아는 것은 가능하지만 사람의 마음을 알아내기는 어려움.

【예문】 "水深可知人心難知**수심가지인심난지**이니 친구의 배신에 너무 슬퍼하지 말게나."

【비슷한 글자】 深 깊을 심 探 찾을 탐

346

水魚之交
수 어 지 교

헤어지려 해도 헤어질 수 없는 친밀한 사이

水물 **수** 魚물고기 **어** 之어조사 **지** 交사귈 **교**

【직역】 물과 물고기의 사귐.

➲ 떼려야 뗄 수 없는, 늘 함께해야만 하는 관계. 劉備**유비**와 諸葛亮**제갈량**의 사이를 비유한 데서 유래. 유비와 제갈량의 사이가 날로 친밀해

지는 것을 關羽**관우**와 張飛**장비**가 불평하자, 유비가 그들에게 "나에게 孔明**공명**이 있다는 것은 고기가 물을 가진 것과 마찬가지니 불평하지 말게"라고 타일렀다고 한다(《삼국지》〈제갈량전諸葛亮傳〉).

【예문】 "水魚之交**수어지교**라 말할 수 있는 친구는 찾아낼 수 있는 존재가 아니라 스스로 베풀고 양보해서 만들어 가야 하는 존재다."

347 羞惡之心 수오지심

자신의 잘못을 부끄러워할 줄 알고 남의 옳지 못함을 미워할 줄 아는 마음

羞 부끄러울 **수** 惡 미워할 **오** 之 어조사 **지** 心 마음 **심**

【직역】 (잘못을) 부끄러워하고 (악을) 미워하는 마음.

【예문】 "미워하는 마음이 나쁜 것은 아니야. 羞惡之心**수오지심**은 義**의**에서 우러나는 마음이라네. 惡**악**을 미워하는 것은 의로운 일이지."

惡**오**가 여기에서는 '미워한다'는 의미로 쓰였지만 惡化**악화**, 惡夢**악몽**, 惡天候**악천후**, 惡役**악역**, 惡習**악습**, 惡緣**악연** 등에서는 '나쁘다' '악하다'는 의미이며 이때는 '악'으로 발음한다.

348 誰怨誰咎 수원수구

자신의 잘못이기 때문에 남을 원망하고 탓할 수 없음

誰 누구 **수** 怨 원망할 **원** 誰 누구 **수** 咎 탓할 **구**

【직역】 누구를 원망하고 누구를 탓하겠느냐?

【예문】 "그의 잘못이 분명하니 誰怨誰咎**수원수구**하지는 못할 것이네."

349

守株待兎
수 주 대 토

고지식하고 융통성이 없어 舊習구습과 前例전례만 고집함

守 지킬 **수** 株 그루터기 **주** 待 기다릴 **대** 兎 토끼 **토**

【직역】 그루터기를 지키면서 토끼가 그루터기에 부딪혀 죽기를 기다림.

➲ 한 가지 일에만 얽매여 발전을 모르는 어리석음. 숲속에서 토끼 한 마리가 뛰어나오다가 그루터기에 부딪혀 죽는 것을 본 농부가 다음 날부터 일하지 않고 매일 그루터기 옆에 앉아서 토끼가 뛰어와 그루터기에 부딪혀 죽기만을 기다렸다. 그러나 토끼는 다시 나타나지 않았고 그 사이에 밭은 황폐해졌다는 이야기에서 유래. 낡은 습관에 묶여 세상의 변화에 대응하지 못하는 사람들을 비꼬는 말. 과거에 훌륭한 것이었다고 해서 그것을 오늘날에 적응시키려는 것은 어리석음이라는 의미로도 사용됨. 비슷한 의미의 말로 刻舟求劍**각주구검**이 있음.

【예문】 "守株待兎**수주대토**의 어리석음에서 벗어나려면 讀書**독서**하고 討論**토론**하고 思索**사색**하는 일을 게을리 하지 마라."

【비슷한 글자】 株 그루터기 주 珠 구슬 주 ∥ 待 기다릴 대 侍 모실 시
兎 토기 토 免 벗을 면

350

菽麥不辨
숙 맥 불 변

무식하고 어리석고 못난 사람

菽 콩 **숙** 麥 보리 **맥** 不 못할 **불** 辨 분별할 **변**

【직역】 콩과 보리를 분별하지 못함.

➲ 낫 놓고 기역자도 모르고 1과 2도 구별할 능력이 없을 정도로 우둔함. 비슷한 의미의 말로 目不識丁**목불식정**, 魚魯不辨**어로불변**, 一字無

識일자무식 등이 있음.

【예문】 "菽麥不辨숙맥불변이라더니 내가 누군지 아직 모르겠느냐?" – 김주영, 《객주》

【비슷한 글자】 辨 분별할 변 辯 말 잘할 변 辦 힘쓸 판

351

宿虎衝鼻
숙 호 충 비

가만히 있는 사람을 공연히 건드려서 재앙을 당하거나 일을 그르침

宿 잠잘 **숙** 虎 호랑이 **호** 衝 찌를 **충** 鼻 코 **비**

【직역】 잠자는 호랑이의 코를 찌름.

【예문】 "하룻강아지가 날뛰더니 결국 宿虎衝鼻숙호충비의 어리석은 행동으로 일을 그르치고 말았네."

【비슷한 글자】 虎 호랑이 호 號 부호 호 虛 빌 허 虐 사나울 학 虔 정성 건

352

脣亡齒寒
순 망 치 한

가까운 사이에 있는 하나가 망하면 다른 하나도 그 영향을 받아 나쁘게 됨.

脣 입술 **순** 亡 없을 **망** 齒 이 **치** 寒 차가울 **한**

【직역】 입술이 없어지면 이가 차가워지게 됨.

➲ 옆 사람이 망하면 자신도 함께 위험해짐. 중국 춘추시대 晉진나라가 虞우나라에 사신을 보내 '虢괵나라를 치고자 하니 길을 빌려 달라'라고 하였을 때, 우나라의 충신 宮之奇궁지기가 "괵나라와 우나라의 관계는 입술과 이의 관계와 같아서 둘 중 하나가 망하면 나머지 하나도 망하게 될 것입니다"라고 이야기한 데서 유래(《춘추좌씨전(春秋左氏傳)》).

【예문】 "중국이 한국전쟁에 참전한 것은 두 나라가 脣亡齒寒순망치한의 관계이

기 때문이었다."

353

勝敗兵家常事
승 패 병 가 상 사

이기고 지는 것에 크게 개의치 말고 최선을 다하는 것이 중요함

勝 이길 **승** 敗 질 **패** 兵 싸움 **병** 家 집 **가** 常 항상 **상** 事 일 **사**

【직역】 이기고 지는 일은 싸움하는 집에서는 항상 있을 수 있는 일임.

➲ 싸움을 하면 이기기도 하고 지기도 하는 것처럼 어떤 일에서든 성공과 실패가 함께 있을 수밖에 없으니 실패했다고 실망할 필요가 없음.

【예문】 "勝敗兵家常事**승패병가상사**라고 自慰**자위**하며 패배를 반성 없이 받아들이고 노력하지 않는다면 패배자의 늪에서 벗어날 수 없다."

354

是非之心
시 비 지 심

옳음과 그름을 구별할 줄 아는 마음

是 옳을 **시** 非 그를 **비** 之 어조사 **지** 心 마음 **심**

【직역】 옳고 그름을 가릴 줄 아는 마음.

【예문】 "是非之心**시비지심**이 없는 사람은 학자가 되겠다는 꿈을 포기하는 것이 옳다."

355

是是非非
시 시 비 비

옳고 그른 것을 여러 가지로 따져 판단함

是 옳을 **시** 是 옳을 **시** 非 그를 **비** 非 그를 **비**

【직역】 옳은 것은 옳다 하고 그른 것은 그르다고 함.

➡ 사리를 공정하게 판단함.

【예문】 "是是非非**시시비비**를 가리는 것이 때로는 상황을 악화시킬 수도 있다."

是**시**가 여기에서는 '옳다'는 의미로 사용되었는데, 대명사 '이것'으로도 쓰이며 중국어에서는 '~이다'라는 서술어로 많이 쓰인다. 영어의 'be동사' 역할로서 'A 是 B' 형태로 쓰여 'A는 B이다'로 해석된다.

356

始終如一
시 종 여 일

처음이나 나중이 한결같아서 변함이 없음

始 처음 **시** 終 마칠 **종** 如 같을 **여** 一 하나 **일**

【직역】 처음부터 마칠 때까지 하나같이(똑같이) 함.

➡ 비슷한 의미의 말로 始終一貫**시종일관**, 首尾一貫**수미일관** 등이 있음.

【예문】 "도마의 답변은 어디까지나 당당하였고 그의 태도는 始終如一**시종여일** 침착하였다." – 김동리, 《사반의 십자가》

357

식 언

약속한 말을 지키지 않음

【직역】 (한번 입 밖으로 냈던) 말을 먹어 버림.

➲ 말하지 않은 것처럼 함. 지키지 않는 약속.

【예문】 "食言**식언**을 일삼는 사람과는 함께 일을 도모할 수 없지."

358

識字憂患
식 자 우 환

아는 것이 도리어 근심을 일으키게 됨

識 알 **식** 字 글자 **자** 憂 근심할 **우** 患 근심 **환**

【직역】 글자를 아는 것이 근심이 됨.

➲ 모르는 것이 오히려 나을 수 있음.

【예문】 "識字憂患**식자우환**이라고 말하는 사람이 있는데, 이는 無知**무지**와 게으름을 합리화하는 것일 수 있다."

359

信賞必罰
신 상 필 벌

賞**상**과 罰**벌**을 공정하고 엄중하게 함

信 확실할 **신** 賞 상줄 **상** 必 반드시 **필** 罰 벌줄 **벌**

【직역】 (믿을 수 있는 사람에게는) 확실하게 상을 주고 (죄가 있는 사람에게는) 반드시

ㅂ~ㅅ

벌을 줌.

➡ 상을 줄 만한 훈공이 있는 사람에게는 반드시 상을 주고 죄가 있는 사람에게는 반드시 벌을 줌.

【예문】 "조직에서 信賞必罰**신상필벌**만 강조하다 보면 많은 사람들을 自愧感**자괴감**에 빠뜨릴 수 있다."

信**신**은 '믿다'는 의미로 가장 많이 쓰이지만 '편지' '정보' '확실하다'는 의미로도 쓰인다.

360

身言書判
신 언 서 판

인물됨을 판단했던 네 가지 조건인 몸가짐, 말솜씨, 글솜씨, 판단력을 아울러 일컫는 말

身 신수(외모) **신** 言 말씀 **언** 書 글 **서** 判 판단할 **판**

【직역】 사람의 신수(외모)와 말솜씨와 글쓰기실력과 판단력.

【예문】 "身言書判**신언서판**이 나무랄 곳 없는 훤칠하게 잘생긴 심유경이었다."

— 박종화, 《임진왜란》

361

神出鬼沒
신 출 귀 몰

날쌔게 나타났다 숨었다 함

神 귀신 **신** 出 날 **출** 鬼 귀신 **귀** 沒 사라질 **몰**

【직역】 귀신처럼 나왔다가 귀신처럼 사라짐.

➡ 귀신처럼 순간적으로 나타나기도 하고 숨기도 함.

【예문】 "범인이 어찌나 神出鬼沒**신출귀몰**한지 행적을 찾기 어려워 경찰 수사가 진척이 없다고 하네."

【비슷한 글자】 沒 가라앉을 몰 歿 죽을 몰

362
實事求是
실 사 구 시

있는 그대로의 사실에 토대하여 진리를 탐구함

實 실제 **실** 事 일 **사** 求 구할 **구** 是 옳을 **시**

【직역】 실제의 일에서 옳음(진리)을 구함.

➲ 空理空論**공리공론**이 아닌 정확한 사실을 바탕으로 하는 과학적이고 객관적인 학문 태도. 청나라 고증학의 학문 태도로서 조선시대 실학파에 큰 영향을 주었음.

【예문】 "實事求是**실사구시**는 과거뿐 아니라 오늘날에도 우리가 추구해야 하는 중요한 가치이다."

363
實踐躬行
실 천 궁 행

말로만 하지 않고 실제로 행동하고 남에게 시키지 않고 몸소 직접 행동함

實 실제 **실** 踐 행할 **천** 躬 몸소 **궁** 行 행할 **행**

【직역】 실제로 행하고 몸소 행함.

【예문】 "實踐躬行**실천궁행**하지 않는다면 지식이 무슨 소용이 있겠는가?"

【비슷한 글자】 踐 행할 천 賤 천할 천 淺 얕을 천

364
心機一轉
심 기 일 전

어떤 계기에 의하여 이전까지의 마음을 완전히 바꿈

心 마음 **심** 機 틀 **기** 一 하나 **일** 轉 구를 **전**

【직역】 마음의 틀을 한 번 굴림.

◆ 어떤 기념일이나 행사 등을 통하여 지금까지 가지고 있던 마음가짐을 버리고 새롭게 달라짐.

【예문】 "이번 실패를 心機一轉**심기일전**의 계기로 삼는다면 도약의 기회를 다시 잡을 수 있을 것이다."

【비슷한 글자】 轉 구를 전 傳 전할 전 專 오로지 전

365

心不在焉視而不見

심 부 재 언 시 이 불 견

어떤 일에서든 마음이 가장 중요함

心 마음 **심** 不 아닐 **부** 在 있을 **재** 焉 어조사 **언** 視 볼 **시**

而 그러나 **이** 見 볼 **견**

【직역】 마음이 있지 아니하면 보아도 그러나 보이지 않음.

◆ 하고자 하는 마음이 없으면 어떤 일을 행한다고 하더라도 참된 성과를 거둘 수 없음.

【예문】 "心不在焉視而不見**심부재언시이불견**이거늘 상당수 부모들은 지금도 아이를 억지로라도 책상에 앉혀 놓으면 공부가 될 것이라 착각한다."

【비슷한 글자】 焉 어조사 언 薦 천거할 천

366

十年減壽

십 년 감 수

수명이 십 년이나 줄어들 정도로 불안 공포 때문에 고통스러움

十 열 **십** 年 해 **년** 減 줄어들 **감** 壽 목숨 **수**

【직역】 십 년이나 목숨이 줄어듦.

➲ 매우 놀랐을 때나 심한 위험 등을 겪고 난 뒤에 쓰는 말.

【예문】 "지리산에 오르면서 발을 삐끗하여 미끄러지는 바람에 十年減壽**십년감수**했다오."

367

어떤 어려운 일일지라도 끊임없이 노력하면 기어이 이루어 낼 수 있음

十 열 **십** 伐 칠 **벌** 之 어조사 **지** 木 나무 **목**

【직역】 열 번 친 나무(는 넘어갈 수밖에 없음).

➲ 도끼로 열 번을 치면(찍으면) 넘어가지 않는 나무가 없음. 같은 의미의 말로 磨斧爲針**마부위침**, 愚公移山**우공이산**, 積土成山**적토성산**, 水積成川**수적성천**, 積小成大**적소성대** 등이 있음.

【예문】 "十伐之木**십벌지목**임을 안다 하더라도 중간에 포기하지 않고 계속 도전하는 것은 쉽지 않은 일이다."

368

十匙一飯
십 시 일 반

열 사람이 한 숟가락씩 모으면 한 사람을 먹일 수 있음

十 열 **십** 匙 숟가락 **시** 一 하나 **일** 飯 밥 **반**

【직역】 열 숟가락이 모이면 한 그릇의 밥이 됨.

➲ 여러 사람이 힘을 합해 한 사람을 도와주는 것은 어려운 일이 아님.

【예문】 "十匙一飯**십시일반**은 사소한 물질적 기여로 충만한 정신적 이득을 얻는 수지맞는 장사다."

【비슷한 글자】 飯 밥 반 飮 마실 음 飾 꾸밀 식

369

사람의 생각이나 모습은 제각각 다름

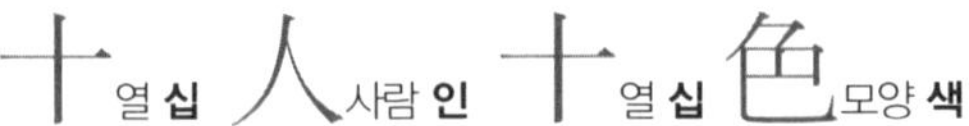

【직역】 열 사람이 열 가지의 모양을 가지고 있음.

➲ 비슷한 의미의 말로 各人各色**각인각색**, 各人各樣**각인각양** 등이 있음.

【예문】 "일단 한자리에 모이긴 했으나 十人十色**십인십색**이니 의견을 하나로 모아 추진하기가 쉽지는 않을 것이다."

370

거의 예외 없이 일반적으로 그러함

【직역】 열 가운데 여덟이나 아홉.

➲ 예외 없이 그러할 것임.

【예문】 "평소 행동 때문에 사람들은 그가 한 말이라면 十中八九**십중팔구** 거짓말이라고 의심한다."

371

我腹旣飽不察奴飢
아복기포불찰노기

모든 일을 자기 중심으로 판단하여 남의 사정을 고려하지 않음

我나 **아** 腹배 **복** 旣이미 **기** 飽배부를 **포** 不아니 **불** 察살필 **찰** 奴종 **노** 飢배고플 **기**

【직역】 내 배가 이미 부르면 종의 배고픔은 살피지 아니한다.

【예문】 "마흔이 넘어서야 我腹旣飽不察奴飢**아복기포불찰노기**의 자기중심적 사고에서 벗어날 수 있게 되었다."

【비슷한 글자】 飽 배부를 포 包 쌀 포 抱 안을 포 砲 대포 포 泡 거품 포
胞 태보(태아를 싸고 있는 막과 태반) 포

372

阿鼻叫喚
아 비 규 환

비참한 지경에 처한 많은 사람들이 그 고통에서 벗어나려 비명 지르며 몸부림치는 상황

阿언덕 **아** 鼻코 **비** 叫울부짖을 **규** 喚소리칠 **환**

【직역】 (불교에서 말하는) **阿鼻地獄아비지옥과 叫喚地獄규환지옥.**

➲ 阿鼻**아비**는 산스크리트어를 音借**음차**한 것으로 한자의 뜻과는 관계없다. 불교에서 말하는 8대 지옥 중 가장 아래에 있는 지옥으로 '잠시도 고통이 쉴 날이 없다' 하여 無間地獄**무간지옥**이라고도 한다. 叫喚**규환**은 4번째 지옥으로 '고통에 울부짖는다'고 의역하였다.

【예문】 "사고 현장은 사람들의 비명 소리가 뒤엉켜 阿鼻叫喚**아비규환**이 따로 없었다.

【비슷한 글자】 叫 부르짖을 규 糾 얽힐 규

ㅇ

373

我田引水 아전인수

자기에게만 이롭도록 생각하거나 행동함

我 나 **아** 田 밭 **전** 引 끌 **인** 水 물 **수**

[직역] 내 밭(논)에만 물을 끌어들임.

➲ 억지로 자기에게 이롭도록 생각하고 행동함.

[예문] "이번 선거 결과에 대해 정치권은 我田引水**아전인수**의 극치를 보여 주었다."

374

眼光徹紙背 안광철지배

책을 읽을 때에 글의 표면적 의미뿐 아니라 깊은 속뜻까지 이해함

眼 눈 **안** 光 빛 **광** 徹 뚫을 **철** 紙 종이 **지** 背 뒤 **배**

[직역] 눈에서 나오는 빛이 종이의 뒷면(문장 내면의 뜻)까지 뚫음.

➲ 글자 해석에 얽매이지 않고 숨어 있는 의미까지 알아냄.

[예문] "글자만 따라 읽기 급급해서는 眼光徹紙背**안광철지배**는 어림없는 일이다."

[비슷한 글자] 徹 통할 철 撤 거둘 철 澈 물 맑을 철 轍 바퀴자국 철

375

安分知足 안분지족

욕심 부리지 않고 편안한 마음으로 자신의 분수를 지키면서 현재의 삶에 만족함

安 즐길 **안** 分 분수 **분** 知 알 **지** 足 만족할 **족**

[직역] (자신의) 분수를 즐기며 만족할 줄 앎.

【예문】 "富貴榮華**부귀영화**만 좇는 사람이 安分知足**안분지족**의 행복을 어찌 알까?"

足**족**이 여기서는 '만족하다'는 의미로 사용되었지만, '발'의 의미로 많이 쓰이며 '넉넉하다' '분수를 지키다'의 의미로도 쓰인다.

376

安貧樂道
안 빈 낙 도

가난하지만 그것에 구애받지 않고 편안하고 즐겁게 생활함

安 편안할 **안** 貧 가난할 **빈** 樂 즐길 **락** 道 도(지켜야 할 이치, 만물의 원리) **도**

【직역】 가난함에도 편안하고 세상의 이치를 즐김.

【예문】 "더불어 安貧樂道**안빈낙도**할 수 있는 배우자라면 천생연분일 텐데…."

道**도**를 보통 '길 도'라 하는데 그 외 매우 다양한 의미를 갖는다. '이치' '도리' '방법' '사상' '기능' 등을 의미하며 '말하다'의 뜻으로도 쓰인다. 행정구역을 지칭하기도 하고 姓氏**성씨**로 쓰인다.

377

眼下無人
안 하 무 인

사람을 사람으로 보지 않음

眼 눈 **안** 下 아래 **하** 無 없을 **무** 人 사람 **인**

【직역】 눈 아래에 (보이는) 사람이 없음.

➲ 사람됨이 교만하여 남을 업신여기고 사람으로 대우하지 아니함.

【예문】 "사장이 眼下無人**안하무인**의 방자한 태도로 갑질을 일삼으니 직원들 고충이 이만저만이 아니다."

ㅇ

378

暗中摸索
암 중 모 색

남이 보지 않는 가운데서 물건이나 방법을 더듬어서 찾아냄

暗 어두울 **암** 中 가운데 **중** 摸 더듬을 **모** 索 찾을 **색**

【직역】 어두운 가운데서 더듬어 찾음.

➲ 확실한 방법을 모르는 상태에서 일의 실마리나 해결책을 찾아내려 함. 은밀한 가운데 일의 실마리나 해결책을 찾아내려는 노력.

【예문】 "음식은 熟成**숙성**할 시간이 필요하듯, 인간에게는 暗中摸索**암중모색**할 시간이 필요하다."

【비슷한 글자】 摸 찾을 모 莫 없을 막 幕 장막 막 膜 얇은 꺼풀 막 漠 사막 막
寞 쓸쓸할 막 模 법 모 募 모을 모 謀 꾀할 모 慕 그리워할 모 暮 저물 모
墓 묘지 묘

379

壓卷
압 권

어떤 대상 중에서 가장 뛰어난 것

壓 누를 **압** 卷 책 **권**

【직역】 다른 책들을 누르고 맨 위에 있는 책.

➲ 중국의 관리 등용 시험에서 가장 뛰어난 답안지를 다른 답안지 위에 올려놓았다는 고사에서 유래. 여러 작품이나 책 가운데에서 가장 잘 지은 작품이나 책, 또는 그 책이나 작품에서 가장 잘 지은 부분.

【예문】 "이번 경기의 壓卷**압권**은 경기 종료 직전에 터진 결승골이었다."

【비슷한 글자】 壓 누를 압 厭 싫을 염
卷 책 권 券 문서 권 拳 주먹 권 捲 말 권 倦 게으를 권 眷 돌아볼 권

380

殃及池魚
앙 급 지 어

이유 없이 잘못도 없이 재앙을 당함

殃 재앙 **앙** 及 미칠 **급** 池 연못 **지** 魚 물고기 **어**

【직역】 재앙이 연못 속의 물고기에게까지 미침.

➲ 성안에 난 불을 끄려고 연못의 물을 전부 퍼내어 연못의 물고기가 말라 죽었다는 고사에서 유래.

【비슷한 글자】 殃 재앙 앙 央 가운데 앙 映 비출 영

【예문】 "살면서 殃及池魚**앙급지어**의 상황을 만나지 않는 사람은 없으니 너무 괴로워하지 말게나."

ㅇ

381

哀而不悲
애 이 불 비

슬프지만 남에게는 슬픈 모습을 보이지 아니함

哀 슬플 **애** 而 그러나 **이** 不 아니 **불** 悲 슬플 **비**

【직역】 (속으로는) 슬픈 마음이 있지만 그러나 (겉으로는) 슬픔을 나타내지 아니함.

【예문】 "영화의 이별 장면에서 슬픔을 감추고 사랑하는 사람을 떠나보내는 哀而不悲**애이불비**의 감정이 절절하게 느껴졌어."

【비슷한 글자】 哀 슬플 애 衷 속마음 충 衰 쇠할 쇠

382

藥方甘草
약 방 감 초

무슨 일에나 빠짐없이 끼어듦

藥 약 **약** 方 방법 **방** 甘 달 **감** 草 풀 **초**

【직역】 약 처방전의 감초(단맛을 내는 약재).

➲ 어떤 일에나 반드시 끼어 있어야 하는 필요한 물건. 감초는 단맛을 지녀 한약을 처방할 때에 반드시 들어가는 약재임. '약방'은 당국의 허가를 받고 약을 파는 곳을 일컫는 房(집 방)을 쓴 藥房**약방**, 병에 따라 약을 조제하는 방법을 일컫는 方(방법 방)을 쓴 藥方**약방**, 그리고 약을 짓도록 약의 이름과 분량 등을 적은 종이인 文(문서 문)을 쓴 藥方文**약방문**이 있는데, '약방감초'는 藥方文의 줄임말로 볼 수 있다.

【예문】 "藥方甘草**약방감초**라고 너무 타박하지 말거라. 뒤집어 생각해 보면 자기 일이 아니면 관심조차 없는 사람이 넘치는 요즘 세상에 얼마나 고마운 존재인가."

383

弱肉强食
약 육 강 식

약자는 강자에게 먹힘을 당함

弱 약할 **약** 肉 고기 **육** 强 강할 **강** 食 먹을 **식**

【직역】 약자는 (강자의) 고기가 되고 강자는 (약자를) 잡아먹음.

➲ 강한 자는 약한 자를 희생시켜서 번영하고 약한 자는 강한 자에 의해 망하게 됨.

【예문】 "弱肉强食**약육강식** 법칙이 인간 사회에도 적용되어야 한다는 주장을 받아들일 수는 없지."

【비슷한 글자】 弱 약할 약 溺 빠질 익

384

羊頭狗肉
양 두 구 육

겉은 번지르르하지만 속은 변변치 못함

羊 양 **양** 頭 머리 **두** 狗 개 **구** 肉 고기 **육**

【직역】 양 머리를 내걸고서 개고기를 판매함.

➲ 훌륭한 것처럼 말하지만 속은 보잘것없음. 겉과 속이 다름. 전시해 놓은 것은 좋은 것이지만 파는 것은 형편없는 것임.

【예문】 "羊頭狗肉양두구육으로 남을 속이는 사람도 나쁘지만, 겉모습만 보고 쉽게 판단해 버리는 사람도 문제 아닐까?"

【비슷한 글자】 頭 머리 두 豆 콩 두

385

梁上君子
양 상 군 자

'도둑'을 완곡하게(미화법으로) 일컫는 말

梁 들보 **양** 上 위 **상** 君子 **군자** : 학식과 덕행이 높은 사람

【직역】 들보(천장에 가로지른 큰 나무) 위에 앉아 있는 君子군자.

➲ 중국 漢한나라 말기에 '진식'이란 선비의 집에 도둑이 침입하여 대들보 위에 숨었다. 이를 발견한 선비는 가족들을 불러 놓고 이렇게 말했다. "사람은 스스로 힘써 일해야 한다. 나쁜 사람도 처음부터 나빠서 그런 게 아니라 평소 잘못된 습관이 성격이 되어 그렇게 된 것이다. 대들보 위의 군자가 바로 그런 사람이다." 도둑이 이 말을 듣고 크게 놀라 바닥으로 내려와 머리를 조아리며 용서를 빌었다는 이야기에서 유래.

【예문】 "열흘을 굶어도 梁上君子**양상군자**는 절대 되지 않을 거라고 누가 장담할 수 있겠는가?"

386

良藥苦口
양 약 고 구

좋은 충고가 귀에 거슬리기는 하지만 사실은 이롭게 작용함

良 좋을 **양** 藥 약 **약** 苦 쓸 **고** 口 입 **구**

【직역】 좋은 약은 입에 쓰다(그러나 병에는 이롭다).

➲ '좋은 약은 입에 쓰지만 병에는 이롭고, 충고하는 말은 귀에는 거슬리지만 행동에는 이롭다'는 良藥苦口利於病**양약고구이어병** 忠言逆耳利於行**충언역이이어행**에서 나온 말.

【예문】 "良藥苦口**양약고구**라 하지 않니. 친구의 충고를 고깝게만 여기지 말고 내용을 곱씹어 생각해 보렴."

【비슷한 글자】 苦 쓸 고 若 같을 약

387

養子息知親力
양 자 식 지 친 력

자기 자식을 낳고 길러 보아야 비로소 부모님의 은혜를 깨달을 수 있게 됨

養 기를 **양** 子 아들 **자** 息 자식 **식** 知 알 **지** 親 어버이 **친** 力 힘 **력**

【직역】 자식을 길러 보아야 어버이의 힘(수고로움)을 알 수 있게 됨.

【예문】 "養子息知親力**양자식지친력**이라 했으니 아직 어린 자식에게 서운한 마음 가질 것 없다."

388

兩者擇一
양 자 택 일

둘 중에서 하나만을 선택함

兩 두 **양** 者 것 **자** 擇 가릴 **택** 一 하나 **일**

【직역】 두 개의 것에서 하나를 가려냄.

【예문】 "그쪽의 제의를 수락하거나 거부하거나 兩者擇一**양자택일**하는 것 외에 다른 방법은 없는 것인가?"

【비슷한 글자】 擇 가릴 택 澤 연못 택

者**자**를 보통 '놈 자'라 하는데 '놈'이 현재는 卑語**비어**이지만 옛날엔 平語**평어**로 보통 사람을 가리켰다. 그 외 '것' '곳'의 의미로도 쓰인다. 따라서 農者天下之大本**농자천하지대본**은 '농사라는 것은 천하의 큰 근본이다'으로 해석해야 옳다.

389

養虎遺患
양 호 유 환

은혜를 베풀어 준 사람으로부터 도리어 해를 입게 됨

養 기를 **양** 虎 호랑이 **호** 遺 남길 **유** 患 근심 **환**

【직역】 호랑이를 길러서 근심을 남김.

➲ 남의 사정을 봐주었다가 나중에 도리어 화를 당하게 됨. 호랑이를 정성껏 길러 주었더니 호랑이가 도리어 덤벼들어 죽이려 함.

【예문】 "이번에 비록 군사를 거느려 앞을 서지 아니했다 하나 무죄 백방을 시켜 돌려보내시는 날은 養虎遺患**양호유환**이 될 것입니다." –박종화, 《임진왜란》

390

漁夫之利
어 부 지 리

두 사람이 서로 싸우는 틈바구니에서 엉뚱한 사람이 땀 흘리지 않고 이익을 가로챔

漁 고기 잡을 **어** 夫 사나이 **부** 之 주격조사 **지** 利 이익 **이**

【직역】 고기 잡는 사나이(어부)가 이익을 취함.

➲ 도요새가 무명조개의 속살을 먹으려고 부리를 조개 안에 넣는 순간 무명조개가 껍데기를 꼭 다물어 부리를 물고서 놓아주지 않았다. 이렇게 둘이 다투는 틈을 타서 제3자인 어부가 둘 모두를 잡아 이익을 얻었다는 이야기에서 유래.

【예문】 "漁父之利**어부지리**의 결과로 끝나게 될 싸움임이 분명하니 제가 양보하겠습니다."

【비슷한 글자】 漁 고기 잡을 어 魚 물고기 어
夫 사나이 부 天 하늘 천 矢 화살 시 失 잃을 실

391

語不成說
어 불 성 설

말이 이치나 논리에 맞지 않아 도무지 말이 되지 않음

語 말씀 **어** 不 못할 **불** 成 이룰 **성** 說 말씀 **설**

【직역】 말이 말을 이루지 못함.

【예문】 "노력은 하지 않으면서 선생님 탓을 하는 것은 語不成說**어불성설**이다."

392

焉敢生心
언 감 생 심

감히 바랄 수 없음

焉 어찌 **언** 敢 감히 **감** 生 일어날 **생** 心 마음 **심**

【직역】 어찌 감히 마음을 일어나게 할 수 있겠는가?

➡ 그렇게 할 생각이 조금도 없음.

【예문】 "여전히 직장 여성들에게 육아휴직은 焉敢生心**언감생심**이라는 뉴스를 보니 출산율이 오르지 않는 이유를 알겠다."

393

言語道斷
언 어 도 단

너무나 어처구니가 없어서 할 말이 없음

言 말씀 **언** 語 말씀 **어** 道 길 **도** 斷 끊어질 **단**

【직역】 말의 길이 끊어짐.

➡ 어이가 없어서 말문이 막힌 상태.

【예문】 "言語道 斷**언어도단**도 분수가 있지. 그걸 핑계라고 대는 것이냐?"

394

言中有骨
언 중 유 골

예사로운 말 같으나 그 가운데에 깊은 속뜻이 숨어 있음

言 말씀 **언** 中 가운데 **중** 有 있을 **유** 骨 뼈 **골**

【직역】 말 가운데에 뼈가 있음.

【예문】 "분위기는 화기애애했으나 서로 주고받는 말이 言中有骨**언중유골**이어서 팽팽한 긴장이 느껴졌다."

395

言則是也
언 즉 시 야

사리에 맞는 말이긴 하지만 실제로 행함에 있어서는 문제가 있음

言 말씀 **언** 則 곧 **즉** 是 옳을 **시** 也 어조사 **야**

【직역】 말인즉 옳음.

【예문】 "뿌린 만큼 거둔다는 말은 言則是也**언즉시야**일 뿐, 잘 뿌리고 잘 가꾸어야만 거둘 수 있는 것이다."

【비슷한 글자】 則 곧 즉 側 곁 측 測 헤아릴 측 惻 슬퍼할 측

則즉이 여기에서는 '곧'이라는 의미로 쓰였지만 原則**원칙**, 法則**법칙**, 罰則**벌칙**, 反則**반칙**, 規則**규칙**에서는 '법칙'을 뜻하며 '칙'으로 발음한다. 일반적으로 단어에서는 '법칙 칙', 문장에서는 '곧 즉'으로 쓰인다.

396

如履薄氷
여 리 박 빙

살얼음을 밟는 것과 같다는 뜻으로 아주 위험한 짓을 일컬음

如 같을 **여** 履 밟을 **리** 薄 엷을 **박** 氷 얼음 **빙**

【직역】 엷은 얼음을 밟는 것과 같음.

➲ 아슬아슬하고 매우 위험함.

【예문】 "한국 경제가 如履薄氷**여리박빙**하다는 정부 당국자의 말에 위기의식을 조장하는 발언이라는 비판이 제기되었다."

【비슷한 글자】 薄 엷을 박 博 넓을 박 搏 잡을 박 縛 묶을 박

397

與民同樂
여 민 동 락

왕이 백성들과 더불어 즐거움을 함께 나눔

與 더불어 **여** 民 백성 **민** 同 함께 **동** 樂 즐길 **락**

【직역】 백성과 더불어서 함께 즐김.

【예문】 "고기를 잡아서 굶주린 군사와 백성들을 먹인다. 군수품으로 쓰고 민수품으로 써서 글자 그대로 與民同樂**여민동락**을 하는 것이었다." – 박종화, 《임진왜란》

【비슷한 글자】 與 더불어 여 興 흥할 흥 輿 수레 여

與**여**가 여기에서는 '더불어(함께하여)'의 의미로 쓰였는데 '주다' '참여하다'의 의미로도 많이 쓰인다. 정치권의 與黨**여당**은 '행정부와 더불어 가는 당'이라는 의미다.

398

力拔山氣蓋世
역 발 산 기 개 세

힘도 패기도 월등하게 뛰어남

力 힘 **력** 拔 뽑을 **발** 山 산 **산** 氣 기운 **기** 蓋 덮을 **개** 世 세상 **세**

【직역】 힘은 산을 뽑을 만하고 기운은 세상을 덮을 만함.

➡ 힘은 산을 뽑아낼 만큼 세고 기운은 세상을 덮을 만큼 강함.

【예문】 "어린 자식들에게 모든 아버지는 力拔山氣蓋世**역발산기개세**의 영웅이다."

ㅇ

399

易地思之
역 지 사 지

처지를 바꾸어서 상대방의 입장에서 생각함

易 바꿀 **역** 地 입장 **지** 思 생각 **사** 之 그것 **지**

[직역] 입장을 바꾸어서 그것을 생각함.

[예문] "易地思之**역지사지**야말로 인간관계의 출발점이자 도착점이다."

[비슷한 글자] 地 땅 · 입장 지 池 연못 지

易**역**은 '바꾸다'는 뜻으로 쓰일 때는 '역'으로 발음하고, '쉽다'는 뜻으로 쓰일 때에는 '이'로 발음한다. 地**지**는 '땅' '장소'의 의미로 많이 쓰이지만 여기에서는 '처지(처해 있는 형편)'를 뜻한다.

400

緣木求魚
연 목 구 어

불가능에 가까운 일을 굳이 하려고 덤빔

緣 오를 **연** 木 나무 **목** 求 구할 **구** 魚 물고기 **어**

[직역] 나무에 올라 물고기를 구함.

➲ 목적이나 수단이 일치하지 않아 성공이 불가능함. 허술한 계책으로 큰일을 도모함.

[예문] "심각한 취업난으로 수많은 청년들이 비자발적 실업자로 취업을 포기한 상태에서 출산율 증가를 기대하는 것은 緣木求魚**연목구어**나 다름없다."

[비슷한 글자] 緣 인연 연 綠 초록빛 록 錄 기록할 록

401

煙霞痼疾
연 하 고 질

자연의 아름다운 경치를 몹시 사랑하고 즐기는 성품

煙 안개 **연** 霞 노을 **하** 痼 고질병 **고** 疾 병 **질**

【직역】 안개와 노을(자연의 경치)에 고질병이 들었음.

➲ 같은 의미의 말로 泉石膏肓**천석고황**이 있음.

【예문】 "남들은 역마살이 끼었다고 하지만 나는 煙霞痼疾**연하고질**이라 이야기 하련다."

疒가 들어간 한자는 모두 질병과 관계가 있다. 疫(염병 역), 病(병들 병), 疾(병 질), 症(병세 증), 疲(고달플 피), 痛(아플 통), 癡=痴(어리석을 치) 등이 그것이다.

402

炎涼世態
염 량 세 태

권력이나 돈이 있을 때에는 아첨하며 좇다가 권력이나 돈이 없어지면 푸대접하는 이기적인 세상 인심

炎 뜨거울 **염** 涼 서늘할 **량** 世 세상 **세** 態 모양 **태**

【직역】 뜨거움에서 서늘함으로 쉽게 변하는 세상의 모양.

【예문】 "작은 감투 하나 썼다고 그동안 소식 모르던 이들이 모두 연락을 해 오니 炎涼世態**염량세태**가 바로 이런 것인가."

【비슷한 글자】 涼 서늘할 량 諒 믿을 량 掠 노략질할 략
態 모양 태 熊 곰 웅

403

拈花微笑
염 화 미 소

말로 하지 않고 마음에서 마음으로 자신의 생각을 전하는 일

拈 집을 **념** 花 꽃 **화** 微 작을 **미** 笑 웃을 **소**

【직역】 꽃을 집어 들고서 작은 웃음을 지음.

➲ 어느 날 釋迦**석가**가 제자들을 불러 모은 후 연꽃 한 송이를 보였는데 오직 迦葉**가섭**이라는 제자만이 그 뜻을 깨닫고 미소 지으니 그에게 불교의 진리를 전해 주었다는 이야기에서 유래. 연꽃은 진흙 속에서 살지만 꽃이나 잎에는 진흙이 묻지 않는 것처럼 佛子**불자** 역시 세속의 추함에 물들지 말고 오직 善**선**을 행해야 한다는 뜻.

【예문】 "拈花微笑**염화미소**의 교육이 큰소리로 야단치면서 가르치는 것보다 올바른 교육임을 교사 생활을 마무리하는 지금에야 깨닫게 되었다."

【비슷한 글자】 微 작을 미 徵 부를 징

404

榮枯盛衰
영 고 성 쇠

세월의 흐름에 따라 변화하는 번영과 쇠락

榮 영화로울 **영** 枯 마를 **고** 盛 왕성할 **성** 衰 쇠퇴할 **쇠**

【직역】 영화로웠다가 말라 버리고 왕성하였다가 쇠퇴해 버림.

➲ 개인이나 사회의 융성하고 쇠퇴함이 서로 뒤바뀌는 현상.

【예문】 "우리 사회의 榮枯盛衰**영고성쇠**가 人性敎育**인성교육**에 달려 있음에도 너나없이 入試敎育**입시교육**에만 목을 매고 있으니…."

【비슷한 글자】 枯 마를 고 姑 시어미 고 故 옛 고

405

五里霧中
오 리 무 중

사물의 행방이나 사태의 상황이 막연하거나 갈피를 잡을 수 없음

五 다섯 **오** 里 거리 **리** 霧 안개 **무** 中 가운데 **중**

【직역】 5리(2킬로미터)가 안개 가운데 있음.

➲ 전혀 예상할 수 없는 상황

【예문】 "어제 발송한 택배의 행방이 五里霧中**오리무중**이니 참으로 곤란하게 되었네."

霧**무**는 雨(비 우)에 務(힘쓸 무)가 더해진 글자로 雨**우**는 뜻을, 務**무**는 발음을 맡는다. 雨**우**가 들어간 글자는 모두 '비'와 관계가 있다. 雪(눈 설), 雲(구름 운), 雷(천둥 뢰), 電(번개 전), 霜(서리 상), 霧(안개 무) 등이 그것이다.

406

寤寐不忘
오 매 불 망

늘 잊지 않고 그리워함

寤 깰 **오** 寐 잠잘 **매** 不 아닐 **불** 忘 잊을 **망**

【직역】 깨어 있으나 잠자고 있으나 잊지 아니함.

【예문】 "寤寐不忘**오매불망** 몇 달을 그리워한 끝에 만났으니 오죽 기뻤을까."

ㅇ

407

吾不關焉
오 불 관 언

어떤 일에 신경 쓰거나 상관하지 않음

吾 나 **오** 不 아니 **불** 關 관계할 **관** 焉 어조사 **언**

【직역】 나는 그 일에 관계하지 아니함.

【예문】 "서희는 본연 스님의 설법을 귀로는 듣되 마음은 吾不關焉**오불관언**이었다." – 박경리, 《토지》

關**관**이 여기에서는 '관계하다'는 의미로 사용되었는데 '닫다' '가두다' '관문' '기관' '세관' 등의 의미로도 많이 쓰인다.

408

吾鼻三尺
오 비 삼 척

자신의 사정이 급하기 때문에 남을 돌볼 여유가 없음

吾 나 **오** 鼻 코 **비** 三 석 **삼** 尺 자 **척**

【직역】 내 코가 석 자이다.

➊ '자'는 길이의 단위로 약 30센티미터다. 吾鼻涕垂三尺**오비체수삼척**에서 涕垂**체수**를 빼고 吾鼻三尺**오비삼척**이라 하였는데 涕(눈물 체), 垂(늘어뜨릴 수)이므로 '내 코에 떨어지고 있는 눈물이 석 자(약 90센티미터)이다'라는 의미임.

【예문】 "吾鼻三尺**오비삼척** 상황인 친구가 도움을 주겠다며 연락을 했으니 그 마음만으로도 얼마나 힘이 되던지."

409

烏飛梨落
오 비 이 락

아무런 관련 없는 사건이 같은 장소에서 같은 시간에 일어났다는 이유로 관련 있는 것으로 오해받음

烏 까마귀 **오** 飛 날 **비** 梨 배 **이** 落 떨어질 **락**

【직역】 까마귀가 날아가는 순간 (그때에) 배가 떨어짐.

➲ 까마귀가 날갯짓을 하는 순간 배가 떨어지면 주인은 까마귀 때문이라며 까마귀를 원망하겠지만 사실 배가 떨어진 것은 까마귀 때문이 아니라 떨어질 때가 되어서 떨어진 것이다. 오해받을 만한 상황에서는 항상 주의해야 함. 오해받을 행동을 하는 것도 잘못이라는 의미.

【예문】 "신임 장관 임명자가 인사청문회 직전에 부동산을 매각한 것을 烏飛梨落**오비이락**이라고 볼 수 있을까?"

【비슷한 글자】 落 떨어질 낙 洛 이을 낙 絡 헌솜 락

ㅇ

410

傲霜孤節
오 상 고 절

어떠한 상황에서도 절개를 지키는 忠臣**충신**

傲 거만할 **오** 霜 서리 **상** 孤 외로울 **고** 節 절개 **절**

【직역】 서리에 거만한 외로운 절개.

➲ 서릿발이 심한 추위 속에서도 굴하지 않고 홀로 꿋꿋이 피어 있는 국화를 일컫는 표현.

【예문】 "傲霜孤節**오상고절**은 가르치지 않고 立身揚名**입신양명**만 가르치는 나의 모습이 몹시 초라하다."

411

五十步百步
오 십 보 백 보

조금의 차이는 있지만 본질적으로는 차이가 없음

五 다섯 **오** 十 열 **십** 步 걸음 **보** 百 일백 **백** 步 걸음 **보**

【직역】 오십 걸음이나 백 걸음이나 (같은 것임.)

➲ 오십 걸음 도망친 것이나 백 걸음 도망친 것이나 비겁한 것은 마찬가지이니 오십 걸음 도망친 사람이 백 걸음 도망친 사람을 비웃어서는 안 되는 것임. 비슷한 의미의 말에 大同小異**대동소이**가 있음.

【예문】 "어리석음으로 치면 五十步百步**오십보백보**인 두 사람이 서로 손가락질을 하고 있으니…."

412

吳越同舟
오 월 동 주

서로 원수지간일지라도 공동의 목적(살아야 한다는 것)을 달성하기 위해서는 서로 협력할 수밖에 없는 상황

吳 오나라 **오** 越 월나라 **월** 同 같을 **동** 舟 배 **주**

【직역】 (원수지간인) 吳**오**나라 사람과 越**월**나라 사람이 같은 배를 타게 되었음.

➲ 춘추전국시대 서로 적대 관계였던 오나라의 왕 夫差**부차**와 월나라의 왕 句踐**구천**이 같은 배를 타게 되었는데, 그때 풍랑이 일어 서로 협력하지 않을 수 없었다는 이야기에서 유래. 사이가 나쁜 사람일지라도 곤란한 상황에 직면하게 되면 서로 협력할 수밖에 없음.

【예문】 "으르렁대던 두 직원이 한 팀이 됐으니 吳越同舟**오월동주**가 따로 없구먼."

【비슷한 글자】 吳 나라 이름 오 娛 즐거워할 오 誤 그릇할 오

413 烏合之卒 오합지졸

질서 없는 군사들이나 아무 규율도 통일도 없이 몰려다니는 무리

烏 까마귀 **오** 合 모을 **합** 之 어조사 **지** 卒 군사 **졸**

【직역】 까마귀들을 모아 놓은 것과 같은 군사.

➡ 조직도 되어 있지 않고 훈련도 없이 모인 무리. 어중이떠중이.

【예문】 "烏合之卒**오합지졸**이어서 패배하기도 하지만 상대를 烏合之卒로 얕잡아 보아서 패배하기도 한다."

烏**오**는 '까마귀'의 뜻으로 많이 쓰이지만, '검다'는 의미로도 쓰임.

ㅇ

414 玉不琢不成器 옥불탁불성기

아무리 재능이 있을지라도 노력하지 않으면 목적한 바를 이루어 낼 수 없음

玉 구슬 **옥** 不 아니 **불** 琢 다듬을 **탁** 不 아니 **불** 成 만들 **성** 器 그릇 **기**

【직역】 구슬이 있다 할지라도 다듬지 않으면 그릇을 만들어 낼 수 없음.

➡ 사람이 배우지 않으면 도를 알지 못한다는 '人不學不知道**인불학부지도**'가 對句**대구**를 이루어 쓰임.

【예문】 "모든 사람이 한 가지 玉**옥**은 가지고 있으나 玉不琢不成器**옥불탁불성기**를 모른다면 소용없는 일이지."

【비슷한 글자】 玉 구슬 옥 王 임금 왕

415

玉石俱焚
옥 석 구 분

좋은 것과 나쁜 것이 함께 희생당함

玉 구슬 **옥** 石 돌 **석** 俱 함께 **구** 焚 태울 **분**

【직역】 구슬과 돌이 함께 태워짐.

➲ 선과 악이 함께 멸망당함.

【예문】 "생각 없이 서두르다가 玉石俱焚**옥석구분**할 수 있으니 심사숙고한 뒤 집행하는 것이 좋겠네."

416

溫故知新
온 고 지 신

지금까지 확립된 지식을 연구하여 현실에 적용할 수 있는 새로운 지식과 지혜를 습득함

溫 익힐 **온** 故 옛 **고** 知 알 **지** 新 새 **신**

【직역】 옛것을 익혀서 새것을 알아냄.

➲ 《論語**논어**》〈爲政**위정**〉편에 나온 말로, 공자는 스승의 자격에 대해 다음과 같이 말했다. 옛것을 익히고 새로운 것을 알면 스승이 될 수 있다(溫故而知新**온고이지신**, 可以爲師矣**가이위사의**).

【예문】 "아무리 똑똑한 사람일지라도 溫故知新**온고지신** 없이 발전을 이룰 수는 없다."

【비슷한 글자】 故 옛 고 枯 마를 고 姑 시어미 고

417 臥薪嘗膽 와 신 상 담

원수를 갚겠다는 목적이나 실패한 일을 다시 이루겠다는 결심으로 어려움을 참고 견디어 냄

臥 누울 **와** 薪 섶나무 **신** 嘗 맛볼 **상** 膽 쓸개 **담**

【직역】 섶나무(가시가 많은 나무) 위에 눕고 쓸개를 맛봄.

➡ 섶나무에 눕는 일이나 쓸개를 씹는 것은 고통스러운 일인데, 원수를 갚겠다는 목적이 있기에 참고 견딘다는 말. 중국 춘추시대 오나라의 왕 夫差**부차**가 아버지의 원수를 갚기 위하여 장작더미 위에서 잠을 자며 월나라의 왕 句踐**구천**에게 복수할 것을 맹세하였고, 그에게 패배한 월나라의 왕 구천이 쓸개를 핥으면서 복수를 다짐한 데서 유래.

【예문】 "臥薪嘗膽**와신상담** 끝에 치욕을 갚긴 했으나 그 힘든 세월의 상처는 그대로 남았구나."

【비슷한 글자】 膽 쓸개 담 擔 맬 담

418 外柔內剛 외 유 내 강

겉으로는 부드럽고 순하게 보이지만 속은 곧고 굳세고도 강함

外 밖 **외** 柔 부드러울 **유** 內 속 **내** 剛 굳셀 **강**

【직역】 겉은 부드러우나 속은 굳셈.

【예문】 "겉모습만 보고 판단하지 말아라. 外柔內剛**외유내강**한 사람이니 충분히 감당하고 이겨 낼 수 있을 것이다."

419

樂山樂水
요 산 요 수

지혜로운 사람은 사리에 통달하여 막힘이 없고 자유롭기 때문에 물을 좋아하고, 어진 사람은 의리를 중요하게 생각하고 중후하기 때문에 산을 좋아함

樂 좋아할 **요** 山 산 **산** 樂 좋아할 **요** 水 물 **수**

【직역】 산을 좋아하고 물을 좋아함.

➲ 지혜로운 사람은 물을 좋아하고 어진 사람은 산을 좋아한다는 '智者樂水**지자요수** 仁者樂山**인자요산**'의 준말.

【예문】 "樂山樂水**요산요수**하는 사람 중에 인간을 사랑하지 않는 사람 없고, 인간을 사랑하는 사람 중에 樂山樂水하지 않는 사람 없다."

樂는 '좋아하다' '음악' '즐기다'의 의미로 쓰이는데, '좋아하다'의 의미일 때에는 '요', '음악'을 뜻할 때는 '악', '즐기다'의 의미일 때에는 '락'으로 발음한다.

420

窈窕淑女
요 조 숙 녀

말과 행동이 품위 있고 얌전하며 정숙한 여자

窈 그윽할 **요** 窕 정숙할 **조** 淑 맑을 **숙** 女 여자 **여**

【직역】 그윽하고 정숙하며 맑은 성품을 지닌 여자.

【예문】 "봉놋방에 버티고 앉아 거친 남정네를 상대로 술을 팔 때의 그 활달하고 속됨이 어떻게 저토록 窈窕淑女**요조숙녀**로 변할 수 있느냐의 비꼬임이 섞임직도 한데 안 천총은 그저 빙긋 웃기만 했다." – 김원일, 《불의 제전》

421

搖之不動
요 지 부 동

아무리 세차게 흔들어 대도 꿈쩍하지 아니함

搖흔들릴 **요** 之어조사 **지** 不아니 **부** 動움직일 **동**

【직역】 흔들어도 움직이지 아니함.

➲ 상황이 변화해도 태도에 변화가 없음.

【예문】 "아무리 설득해도 상대가 搖之不動**요지부동**이라면 다른 방법을 찾아야 하지 않을까?"

【비슷한 글자】 搖 흔들릴 요 謠 노래 요 遙 멀 요

ㅇ

422

欲速不達
욕 속 부 달

너무 조급하게 서두르면 오히려 일을 그르치게 됨

欲하고자 할 **욕** 速빠를 **속** 不아니 **부** 達다다를 **달**

【직역】 빨리 하고자 하면 (목적한 바에) 다다르지 못함.

➲ 孔子**공자**의 제자인 子夏**자하**가 首領**수령**이 되어 고을을 다스리는 방법을 묻자, "공적을 쌓으려면 빨리 하려 서두르지 말고 조그만 이득을 탐내지 말아야 한다. 서두르면 달성하지 못하고 조그만 이득을 탐내면 큰일을 이루지 못하는 법이다"라고 한 이야기에서 유래.

【예문】 "어리석은 사람들은 세상일이 欲速不達**욕속부달**임을 모르고 빨리빨리만 외친다."

423

龍頭蛇尾
용 두 사 미

처음 출발은 멋지고 야단스러운데 마지막 마무리는 보잘것없이 흐지부지됨

龍용 **용** 頭머리 **두** 蛇뱀 **사** 尾꼬리 **미**

【직역】 용의 머리에 뱀의 꼬리.

➲ 비슷한 의미의 말로 有頭無尾**유두무미**가 있고 반대 의미의 말로 始終一貫**시종일관**이 있음.

【예문】 "책임지고 일하는 사람이 없는 상황에서 일만 크게 벌렸다가는 龍頭蛇尾**용두사미**가 될 가능성이 많다."

424

愚公移山
우 공 이 산

포기하지 않고 밀고 나가다 보면 언젠가는 목적을 이룰 수 있음

愚어리석을 **우** 公존칭접미사 **공** 移옮길 **이** 山뫼 **산**

【직역】 어리석은 사람(노인)이 산을 옮김.

➲ 옛날 중국의 北山**북산**에 愚公**우공**이라는 90세 된 노인이 살았다. 노인은 집이 산에 가로막혀 가족들이 불편을 겪으니 산을 깎아 지름길을 만들면 좋겠다는 생각이 들어서 산을 깎아 내기 시작했다. 비웃는 사람들에게 "나는 비록 살 수 있는 날이 얼마 남지 않았지만 내가 죽으면 아들이 하고, 아들이 죽으면 손자가 하고, 이렇게 자자손손 이어 가다 보면 언젠가는 반드시 저 산이 평평해질 날이 올 것이다"라고 말하면서 일을 멈추지 않았다. 그러자 愚公의 우직함에 감동한 神**신**이 하룻밤 사이에 산을 옮겨 주었다"는 이야기에서 유래. 비슷한 의미의 말로 磨斧爲針**마부위침**, 水積成川**수적성천**, 十伐之木**십벌지목**, 積小成大**적소성대**, 積土成山**적토성산** 등이 있음.

【예문】 "愚公移山**우공이산**을 座右銘**좌우명**으로 삼았다는 말에 그의 우직한 성품을 짐작할 수 있었다."

【비슷한 글자】 愚 어리석을 우 寓 의지할 · 머무를 우

425

牛刀割鷄
우 도 할 계

작은 일을 하는 데 지나치게 과장되게 행동하거나 서두름

牛 소 **우** 刀 칼 **도** 割 가를 **할** 鷄 닭 **계**

【직역】 소 잡는 칼로 닭을 가름(죽임).

➲ 작은 일에 크게 덤빔.

【예문】 "초등학생 과외 선생으로 수학 박사를 찾는다고? 이게 무슨 牛刀割鷄**우도할계**의 어리석음인가."

【비슷한 글자】 刀 칼 도 刃 칼날 인

426

優柔不斷
우 유 부 단

어물어물하기만 할 뿐 딱 잘라 결단하지 못함

優 부드러울 **우** 柔 부드러울 **유** 不 못할 **부** 斷 결단할 **단**

【직역】 부드럽고 부드러워 결단하지 못함.

➲ 망설이기만 할 뿐 결정하지 못함.

【예문】 "결단을 내리지 못하고 優柔不斷**우유부단**한 것을 愼重**신중**함으로 포장하지 마라."

【비슷한 글자】 優 뛰어날 · 넉넉할 · 부드러울 우 憂 근심 우

427

牛耳讀經
우 이 독 경

아무리 가르치고 일러 주어도 알아듣지 못함

牛 소 **우** 耳 귀 **이** 讀 읽을 **독** 經 경서 **경**

【직역】 소의 귀에 경서 읽어 주기.

➲ 소에게 아무리 좋은 책을 읽어 준다 한들 소가 알아들을 리 없음.

【예문】 "고집이 얼마나 센지. 아무리 이야기해도 소용없어 牛耳讀經**우이독경**이 따로 없다네."

【비슷한 글자】 經: 경서 경 徑 지름길 경 輕 가벼울 경

428

雨後竹筍
우 후 죽 순

어떤 일이 한꺼번에 많이 생겨남

雨 비 **우** 後 뒤 **후** 竹 대나무 **죽** 筍 순 **순**

【직역】 비가 온 뒤에 (여기저기서 돋아나는) 대나무의 순.

➲ 죽순은 비가 온 뒤에 매우 빠른 속도로 자라나는 속성을 가지고 있기 때문에 나온 말.

【예문】 "몇 년 전부터 골목마다 커피전문점이 雨後竹筍**우후죽순** 들어서고 있는데 이제 뛰어들면 너무 경쟁이 치열하지 않을까?"

429

遠禍召福
원 화 소 복

화를 물리쳐 멀리하고 복을 불러들임

遠 멀리할 **원** 禍 재앙 **화** 召 부를 **소** 福 복 **복**

【직역】 재앙을 멀리하고 복을 부름.

【예문】 "착하고 근면 성실하게 사는 것이 遠禍召福**원화소복**의 지름길이다."

【비슷한 글자】 召 부를 소 沼 늪 소 紹 이을 소 昭 밝을 소 招 부를 초

ㅇ

430

月態花容
월 태 화 용

美人**미인**

月 달 **월** 態 모양 **태** 花 꽃 **화** 容 얼굴 **용**

【직역】 달 같은 모양(자태)과 꽃 같은 얼굴.

➲ 아름다운 여인의 맵시와 얼굴.

【예문】 "月態花容**월태화용** 고운 얼굴 분세수로 정히 하고, 아미를 정돈할 제 반달 같이 뽑아내어…." – 최명희, 《혼불》

【비슷한 글자】 容 허용할 용 客 손님 객

431

危機一髮
위 기 일 발

매우 절박한 순간

危 위태할 **위** 機 때 **기** 一 하나 **일** 髮 터럭 **발**

【직역】 위태로운 때가 하나의 털 앞(매우 가까운 거리)에까지 와 있음.

➲ 조금도 마음을 놓을 수 없는 매우 위험한 순간.

【예문】 "危機一髮**위기일발**의 순간일수록 여유와 침착함을 잃지 않아야 한다."

【비슷한 글자】 機 틀 · 때 · 기회 기 幾 기미 · 몇 기

432

韋編三絶 위편삼절

책을 여러 번 반복해서 읽음

韋 가죽 **위** 編 엮을 **편** 三 석 **삼** 絶 끊을 **절**

【직역】 가죽 끈으로 엮은 책의 끈이 세 번이나 끊어짐.

➲ 孔子**공자**가 가죽 끈으로 맨 책의 끈이 세 번 끊어질 때까지 책을 반복해서 읽었다는 데에서 비롯된 말. 孔子 같은 聖人**성인**도 學問**학문** 연구를 위해 피나는 努力**노력**을 했음을 알 수 있는 말이다.

【예문】 "학문에 뜻을 둔 사람이라면 韋編三絶**위편삼절**의 습관은 기본으로 갖추어야지."

433

有口無言 유구무언

잘못한 것이 분명하여 변명하거나 해명할 방법이 없음

有 있을 **유** 口 입 **구** 無 없을 **무** 言 말씀 **언**

【직역】 입은 있으나 할 말이 없음.

➲ 매우 큰 잘못을 저질렀을 때 잘못을 시인하면서 하는 말.

【예문】 "有口無言**유구무언**이라며 고개를 숙이고 용서를 비니 한 번 더 기회를 주면 좋겠어."

434

柔能制剛
유 능 제 강

부드러운 것이 능히 단단한 것을 이길 수 있음

柔부드러울 **유** 能능히 **능** 制제압할 **제** 剛굳셀 **강**

【직역】 부드러움은 능히 굳센 것을 제압할 수 있음.

➲ 아무리 강한 것이라 할지라도 부드러움으로 대응하는 것에는 당할 수 없음. 남자의 거친 성격을 꺾을 수 있는 것은 여자의 부드러움이다. 인간의 억센 감정을 강함으로 누르는 것은 일시적일 뿐이다.

【예문】 "柔能制剛**유능제강**이니 무조건 강하게 밀어붙이는 것이 上數**상수**는 아니란다."

【비슷한 글자】 能 능할 능 罷 마칠 파

435

有名無實
유 명 무 실

이름만 그럴듯하지 실속은 없음

有있을 **유** 名이름 **명** 無없을 **무** 實실질 **실**

【직역】 이름은 있지만 실질은 없음.

➲ 겉은 번지르르하지만 알맹이는 보잘것없음.

【예문】 "遵法精神**준법정신** 강화 운운하기 전에 有名無實**유명무실**한 법과 제도를 고치는 것이 먼저다."

【비슷한 글자】 名 이름 명 銘 새길 명 各 각각 각

436

流芳百世
유 방 백 세

훌륭한 명성이나 공적이 후세까지 영원히 전해짐

流 흐를 **유** 芳 꽃향기 **방** 百 일백 **백** 世 세대 **세**

【직역】 흐르는 꽃향기가 백 세대까지 흘러감.

【예문】 "당장의 욕심에 얽매이지 말고 나누고 베풀고 돌보고 섬기는 생활을 해 나간다면 流芳百世**유방백세**의 열매를 거둘 수 있게 될 것이다."

437

有備無患
유 비 무 환

미리 준비가 되어 있으면 잘못된 일을 당하지 아니함

有 있을 **유** 備 갖출 **비** 無 없을 **무** 患 근심 **환**

【직역】 갖춤(준비)이 있으면 근심이 없음.

➲ 준비가 되어 있으면 뒷걱정이 없음. "居安思危**거안사위** 思則有備**사즉유비** 有備無患**유비무환**(편안할 때 위태로움을 생각하고, 생각한즉 대비할 수 있고, 대비가 있은즉 걱정할 것이 없다)"에서 나온 말이다.

【예문】 "노년의 삶이야말로 有備無患**유비무환**의 정신으로 미리 준비해야 하지 않을까?"

438

流水不腐
유 수 불 부

끊임없는 움직임은 좋은 결과를 가져옴

流 흐를 **유** 水 물 **수** 不 아니 **불** 腐 썩을 **부**

【직역】 흐르는 물은 썩지 아니함.

◆ 《呂氏春秋**여씨춘추**》에 나오는 말로 원문은 "流水不腐戶樞不蠹**유수불부호추부두**(흐르는 물은 썩지 않고 문지도리(돌쩌귀)는 (끊임없이 움직이기 때문에) 좀 먹지 않는다)"이다. 노력하는 사람은 뒤쳐지지 않는다는 것을 비유한 말.

【예문】 "사장님은 流水不腐**유수불부**라며 급변하는 시장 환경 속에서 뒤쳐지지 않으려면 끊임없이 변화해야 한다고 강조하셨다."

439

唯我獨尊
유 아 독 존

이 세상에 자기보다 더 높은 사람이 없다고 뽐냄

唯 오직 **유** 我 나 **아** 獨 홀로 **독** 尊 존귀할 **존**

【직역】 오직 나만이 홀로 존귀하다.

◆ 자기만 잘났다고 뽐내는 태도로 해석하는 게 일반적이지만, 인간의 존엄성을 나타내는 말로 해석할 수도 있다. 불교의 가르침에 의하면, 우리 모두는 스스로의 노력 여하에 따라 최고의 진리를 깨닫고 석가모니 부처님과 똑같은 부처님이 될 수 있는 존재이다. 그렇기 때문에 하늘 위와 하늘 아래에 오직 나 홀로 존귀한 사람은 석가모니 부처님뿐 아니라 우리 자신일 수도 있는 것이다.

【예문】 "唯我獨尊**유아독존**인 사람을 누가 좋아하겠나?"

【비슷한 글자】 唯 오직 유 惟 생각할 유 維 밧줄 · 벼리 유

440

有耶無耶
유 야 무 야

있는지 없는지 모름

有 있을 **유** 耶 어조사 **야** 無 없을 **무** 耶 어조사 **야**

【직역】 있는 것도 같고 없는 것도 같음.

➲ 있는지 없는지 흐리멍덩함. 흐지부지함.

【예문】 "문제가 불거질 때마다 有耶無耶**유야무야** 덮고 넘어가니 같은 문제가 계속 반복되는 것입니다."

441

流言蜚語
유 언 비 어

아무 근거 없이 널리 퍼진 좋지 못한 말

流 흐를 **류** 言 말씀 **언** 蜚 바퀴벌레 **비** 語 말씀 **어**

【직역】 흘러 다니는 말 또는 바퀴벌레처럼 기어 다니는 말.

➲ 터무니없이 떠도는 소문.

【예문】 "선거철이 다가오니 流言蜚語**유언비어**와 가짜뉴스가 기승을 부리겠군."

442

類類相從
유 유 상 종

같은 무리끼리 서로 따르고 좇음

類 무리 **유** 類 무리 **유** 相 서로 **상** 從 좇을 **종**

【직역】 무리와 무리가 서로 좇고 따름.

➲ 같은 성격이나 성품을 가진 무리끼리 모이고 사귐. 같은 무리끼리

서로 왕래하며 사귐.

【예문】 "천한 신분의 구박과 설움을 흩어져 살면서 당하기는 더 어려워서 자연히 類類相從**유유상종**으로 같은 백정 몇 집이 진펄가에 모여 살기 시작한 것이 지금은 수십 호의 마을로 되었고…." – 홍명희, 《임꺽정》

443

悠悠自適 유유자적

여유 있고 한가롭게 걱정 없이 지내는 모양

悠 멀 **유** 悠 멀 **유** 自 스스로 **자** 適 갈 **적**

【직역】 멀리멀리 스스로 가고 싶은 대로 감.

➲ 세상에 신경 쓰지 않고 속박 없이 자기 하고 싶은 대로 마음 편하게 지냄. 속세를 떠나 아무 속박 없이 조용하고 편안하게 생활함.

【예문】 "요즘 부모들은 아이들이 悠悠自適**유유자적**하는 것을 그냥 보아 넘기지를 못한다."

【비슷한 글자】 適 갈 적 摘 딸 적 敵 원수 적 滴 물방울 적

444

唯一無二 유일무이

오직 하나밖에 없음

唯 오직 **유** 一 하나 **일** 無 없을 **무** 二 둘 **이**

【직역】 오직 하나뿐 둘도 없음.

【예문】 "두 사람이 이제 夫婦**부부**가 되었으니 서로에게 믿고 의지할 수 있는 唯一無二**유일무이**한 존재가 되도록 노력하세요."

445

有志事成
유 지 사 성

일을 이루고 말겠다는 의지를 가지기만 한다면 뜻을 이루어 낼 수 있음

有 있을 **유** 志 뜻 **지** 事 일 **사** 成 이룰 **성**

【직역】 뜻이 있으면 일이 이루어짐.

【예문】 "다들 불가능하다고 했건만 有志事成**유지사성**의 정신으로 결국 이루어 내고야 말았네."

446

遺臭萬年
유 취 만 년

불명예스럽거나 더러운 이름을 오래도록 남김

遺 남길 **유** 臭 냄새 **취** 萬 일만 **만** 年 해 **년**

【직역】 남겨진 (불쾌한) 냄새가 만 년까지 감.

【예문】 "안타깝다. 눈앞의 이익에 연연하여 遺臭萬年**유취만년**할 선택을 하다니!"

447

遊必有方
유 필 유 방

먼 곳에 갈 때는 반드시 그 행방을 부모님께 알려야 함

遊 놀 **유** 必 반드시 **필** 有 있을 **유** 方 방향 **방**

【직역】 놀러 갈 때에는 반드시 방향이 있어야 한다.

➲ 부모는 항상 자식을 걱정하므로 자식은 멀리 떠나지 말아야 하고 떠나야만 할 때에는 반드시 장소를 알려서 걱정을 덜어 드려야 함.

【예문】 "자식이라면 마땅히 遊必有方유필유방의 도리를 행해야겠지만, 부모 입장에서는 때로 '모르는 것이 약'일 수도 있지 않을까?"

448 隱忍自重 은인자중

자신을 드러내지 않고 괴로움을 감추고 참고 견디면서 신중하게 행동함

隱 숨길 **은** 忍 참을 **인** 自 자신 **자** 重 무겁게 할 **중**

【직역】 숨기고 참으며 자신을 무겁게 함.

【예문】 "지금은 몸을 낮추고 隱忍自重**은인자중**하며 때를 기다리는 것이 좋을 것 같소."

重**중**이 여기에서는 '무겁게 하다'는 의미로 쓰였지만 重且大**중차대**, 貴重品**귀중품**, 重責**중책**에서는 '중요하다'는 의미이며, 九重宮闕**구중궁궐**, 重唱**중창**, 重義法**중의법**에서는 '겹치다'는 의미이다.

449 陰德陽報 음덕양보

남모르게 덕행을 쌓은 사람은 뒤에 그 보답을 저절로 받게 됨

陰 몰래 **음** 德 덕 **덕** 陽 드러날 **양** 報 보답할 **보**

【직역】 몰래 덕을 쌓게 되면 (나중에 저절로) 드러나서 보답을 받음.

➲ 남몰래 좋은 일을 하면 반드시 그 일이 드러나서 갚음을 받게 됨.

【예문】 "陰德陽報**음덕양보**가 세상의 이치임을 아는 사람이 많아지면 우리 사회가 조금 더 따뜻해질 텐데."

陰음은 '그늘' '응달' '그림자' '어둠' '생식기' '암컷' '뒷면' '저승' '몰래' 등의 의미로 쓰이고, 陽양은 이와 반대로 '볕' '양지' '해' '낮' '하늘' '따뜻하다' '드러내다' '밝다' 등의 의미로 쓰인다.

450

吟風弄月
음 풍 농 월

맑은 바람과 밝은 달을 노래하면서 풍류를 즐김

吟 읊을 **음** 風 바람 **풍** 弄 희롱할 **농** 月 달 **월**

【직역】 바람을 읊고(노래하고) 달을 희롱함(즐김).

➲ 아름다운 자연의 경치를 시로 노래하면서 즐김.

【예문】 "이번 역사 기행의 목적지는 윤선도가 吟風弄月**음풍농월**하였던 보길도로 정했네."

451

泣斬馬謖
읍 참 마 속

아무리 친밀하고 아끼는 사람이라 할지라도 규칙을 어겼을 때는 공정하게 법에 따라 심판해야 함

泣 울 **읍** 斬 목 벨 **참** 馬謖 **마속** : 사람 이름

【직역】 울면서 마속의 목을 벰.

➲ 대중을 이끌어 나가고 법을 집행하는 사람은 사사로운 인정을 떠나 공정하게 법을 집행해야 질서를 세워 갈 수 있음. 諸葛亮**제갈량**이 魏**위**나라를 공격하며 馬謖**마속**을 사령관으로 임명하고 평지에 진을 치라는 명을 내렸는데 마속이 이를 어기고 자기 생각대로 산에 진을 쳤다가 대패하고 말았다. 제갈량은 "마속은 아까운 장수이지만 사사로운 정에 끌려 군율을 저버리는 것은 큰 죄가 된다. 아끼는 사람일수록 가차 없이 처단하여 大義**대의**를 바로잡지 않으면 나라의 기강은 무너지는 법"이라고 말하면서 패전한 책임을 물어 마속의 목을 베라 명령하였다.

마속이 형장으로 끌려가자 제갈량이 마룻바닥에 엎드려 울었다는 이야기에서 유래. 비슷한 의미의 말로 한 사람을 벌주어 백 사람을 警戒**경계**한다는 뜻의 一罰百戒**일벌백계**가 있음.

【예문】 "泣斬馬謖**읍참마속**의 결단을 내릴 용기가 없다면 지도자가 되려는 꿈을 꾸지 말아야 한다."

452

疑心生暗鬼
의 심 생 암 귀

의심하게 되면 妄想**망상**이 생기거나 잘못된 선입견으로 판단 착오가 생길 수 있음

疑 의심할 **의** 心 마음 **심** 生 생겨날 **생** 暗 어두울 **암** 鬼 귀신 **귀**

【직역】 의심하는 마음은 어두운 귀신을 생겨나게 한다.

➲ 의심하는 마음이 있으면 아무렇지도 않은 남의 행동도 이상하게 보임.

【예문】 "사랑하는 자녀에게 상처를 주지 않으려면 疑心生暗鬼**의심생암귀**를 늘 경계해야 한다."

【비슷한 글자】 疑 의심할 의 凝 엉길 응 擬 헤아릴 의

453

異口同聲
이 구 동 성

사람의 말이 모두 같음

異 다를 **이** 口 입 **구** 同 같을 **동** 聲 소리 **성**

【직역】 다른 입이지만 같은 소리를 냄.

➲ 여러 사람의 말이 한결같음.

【예문】 "그의 사람됨을 파악하고자 주변 사람들에게 물었더니 異口同聲**이구동**

성으로 칭찬이 자자하더군."

454

以卵擊石
이 란 격 석

약한 것으로 강한 것을 당해 내려 함

以 써 **이** 卵 계란 **란** 擊 칠 **격** 石 돌 **석**

【직역】 계란으로써 돌을 침(깨부수려 함).

➲ 약한 사람이 강한 사람에게 대항하는 어리석음.

【예문】 "以卵擊石**이란격석**이라며 모두 말리는데도 끝내 밀어붙이더니 결국 해냈구나."

【비슷한 글자】 卵 알 란 卯 토끼 묘

455

耳目口鼻
이 목 구 비

귀, 눈, 입, 코를 중심으로 한 얼굴의 생김새

耳 귀 **이** 目 눈 **목** 口 입 **구** 鼻 코 **비**

【직역】 귀와 눈과 입과 코.

【예문】 "그는 耳目口鼻**이목구비**가 뚜렷해서 한 번 보면 쉽게 잊기 어려운 얼굴이었다."

耳(귀 이)가 들어간 글자는 聞(들을 문), 聲(소리 성), 聽(들을 청), 聾(귀머거리 롱)이며, 目(눈 목)이 들어간 글자는 盲(소경 맹), 直(곧을 직), 看(볼 간), 眉(눈썹 미), 相(서로 상), 盾(방패 순), 省(살필 성), 眠(잠잘 면), 眩(아찔할 현), 眷(돌아볼 권), 眼(눈 안), 督(감독할 독), 睡(잠잘 수), 睛

(눈동자 정), 瞬(눈 깜짝거릴 순) 등이다. 口(입 구)가 들어간 글자는 句(글귀 구), 叫(부르짖을 규), 召(부를 소), 名(이름 명), 吐(토할 토), 告(알리 고), 吟(읊을 음), 吹(불 취), 吸(숨 들이쉴 흡), 含(머금을 함), 味(맛 미), 呼(부를 호), 哭(울 곡), 問(물을 문), 唱(노래할 창) 등이 있다.

456

以實直告
이 실 직 고

사실을 올바르게 알림

以 써 **이** 實 실제 **실** 直 곧을 **직** 告 알릴 **고**

【직역】 실제(진실)로서 곧게 알려 줌.

【예문】 "용서를 구하려거든 먼저 자신의 잘못에 대해 以實直告**이실직고**하라."

457

以心傳心
이 심 전 심

말이나 글로 표현하지 않고서도 마음에서 마음으로 자신의 감정을 전함

以 써 **이** 心 마음 **심** 傳 전할 **전** 心 마음 **심**

【직역】 마음으로써 마음에 전함.

➲ 마음과 마음이 서로 통함. 비슷한 의미의 말로 教外別傳**교외별전**, 不立文字**불립문자**, 心心相印**심심상인**, 拈華微笑**염화미소**, 拈華示衆**염화시중** 등이 있음.

【예문】 "모든 직원들이 以心傳心**이심전심**으로 힘을 모으니 회사가 나날이 발전하는 것은 당연지사라네."

ㅇ

458

以熱治熱
이 열 치 열

힘에는 힘으로 대응하고 강한 것은 강한 것으로 물리침

以 써 **이** 熱 더울 **열** 治 다스릴 **치** 熱 더울 **열**

【직역】 더위로써 더위를 다스림.

➲ 熱**열**을 열로써 다스림.

【예문】 "以熱治熱**이열치열**이라고 삼복더위에는 뜨거운 삼계탕으로 봄보신을 하는 것이 최고지."

459

利用厚生
이 용 후 생

물건을 편리하게 사용하도록 하고 먹을 것과 입을 것이 넉넉하도록 하여 백성들의 생활이 나아지도록 도와줌

利 이로울 **이** 用 사용할 **용** 厚 두터울 **후** 生 생활할 **생**

【직역】 물건 등을 이롭게 사용하도록 돕고 두텁게(넉넉하게) 생활하도록 도와줌.

【예문】 "인간의 창조적, 기술적 지성을 도구로 사용하여 자연을 인간의 利用厚生**이용후생**의 대상으로 삼고…." – 안병욱, 《사색인의 향연》

460

二律背反
이 율 배 반

서로 모순되는 두 명제가 동등한 타당성을 가지고 주장됨

二 두 **이** 律 법 **율** 背 등질 **배** 反 반대 **반**

【직역】 두 개의 법이 서로 등지고 반대가 됨.

➲ 서로 모순되는 두 명제.

【예문】 "재벌 비판에 앞장섰던 그가 상당한 액수의 후원금을 재벌에게 받아 왔다는 사실이 알려지자 二律背反**이율배반**이라는 비판이 쏟아졌다."

【비슷한 글자】 反 반대 반 友 벗 우

461

以夷制夷
이 이 제 이

어떤 적을 이용하여 또 다른 적을 물리침

以 ~로써 **이** 夷 오랑캐 **이** 制 제압할 **제** 夷 오랑캐 **이**

【직역】 오랑캐로써 오랑캐를 제압함.

➲ 어떤 나라를 이용하여 다른 나라를 제압한다는 의미로, 옛날 중국의 국가들이 주변 국가들을 다스릴 때 사용하던 전략. 중국 입장에서는 주위에 여러 오랑캐들이 있어 자신들만의 힘으로 제압하기가 무척 어려웠고, 그렇기 때문에 오랑캐를 이용해서 또 다른 오랑캐를 제압하는 전략을 썼음.

【예문】 "以夷制夷**이이제이**도 힘이 있어야 가능한 것 아닌가? 구한말 열강의 각축장이 된 약소국 조선이 택할 수 있는 계책은 아니었던 것 같은데?"

462

泥田鬪狗
이 전 투 구

자기의 이익을 위하여 비열하게 다툼

泥 진흙 **이** 田 밭 **전** 鬪 싸움 **투** 狗 개 **구**

【직역】 진흙 밭에서 싸움질하는 개.

➲ 명분이 서지 않는 일로 몰골사납게 싸움.

【예문】 "도시 재개발사업이 주민들의 주거 안정을 위한 것이 아니라 건설사들

의 泥田鬪狗**이전투구** 장이 되었다는 비판이 이어지고 있다."

[비슷한 글자] 泥 진흙 니 尼 중 니

463

李下不整冠 이하부정관

남에게 의심받을 행동은 하지 않는 것이 좋음

李 자두 **이** 下 아래 **하** 不 아니 **부** 整 가지런할 **정** 冠 갓 **관**

[직역] 자두나무 아래에서는 갓을 가지런하게 하지(바로잡지) 않아야 한다.

➲ 자두나무 아래에서 손을 들어 갓을 바로잡으면 멀리 있는 사람은 자두를 따는 것으로 오해한다는 의미로, 남에게 의심받을 만한 행동은 아예 하지 않는 것이 현명하다는 말. 瓜田不履**과전불납리**와 對句**대구**를 이룸.

[예문] "자리가 높아질수록 권력이 커지고 보는 눈도 많아지니 李下不整冠**이하부정관**을 마음에 깊이 새겨야 한다."

[비슷한 글자] 李 자두 이 季 끝 · 계절 계

464

離合集散 이합집산

헤어졌다가 모이고 모였다가 헤어짐을 반복하는 모습

離 헤어질 **리** 合 합할 **합** 集 모일 **집** 散 흩어질 **산**

[직역] 헤어졌다 합하고 모였다 흩어짐.

[예문] "선거가 얼마 남지 않았으니 정치인들의 離合集散**이합집산**이 시작될 것이다."

[비슷한 글자] 散 흩을 산 撒 뿌릴 살

465

耳懸鈴鼻懸鈴
이 현 령 비 현 령

이렇게도 저렇게도 해석될 수 있음

耳 귀 **이** 懸 매달 **현** 鈴 방울 **령** 鼻 코 **비** 懸 매달 **현** 鈴 방울 **령**

【직역】 귀에 매달면 귀걸이가 되고 코에 매달면 코걸이가 됨.

➲ 귀걸이 따로 있고 코걸이 따로 있는 게 아니라 매다는 위치에 따라 귀걸이가 되기도 하고 코걸이가 되기도 함.

【예문】 "보험약관이 耳懸鈴鼻懸鈴**이현령비현령**으로 적용된다면 소비자가 회사를 어떻게 믿고 보험에 가입하겠나."

466

益者三友
익 자 삼 우

정직한 사람, 신의 있는 사람, 학식 있는 사람은 사귀게 되면 이익이 되는 친구임

益 이익 **익** 者 사람 **자** 三 석 **삼** 友 벗 **우**

【직역】 이익이 되는 사람으로 세 종류의 친구가 있음.

➲ 공자는 정직한 친구, 성실한 친구, 박학다식한 친구를 이익이 되는 세 친구라 하여 益者三友**익자삼우**라 하고, 허세 부리는 친구, 아첨하는 친구, 감언이설하는 친구를 손해되는 세 친구라 하여 損者三友**손자삼우**라 했음.

【예문】 "益者三友**익자삼우** 찾지 말고 네가 損者三友**손자삼우**나 되지 마라."

ㅇ

467

因果應報
인 과 응 보

원인과 결과는 서로 연결됨

因 원인 **인** 果 결과 **과** 應 받을 **응** 報 갚을 **보**

【직역】 원인이 있으면 결과가 있는 법이고 받음이 있으면 갚음이 있는 법임.

➲ 과거에 한 일에 따라 뒷날 吉凶**길흉** 禍福**화복**의 결과가 있게 됨. 좋은 일에는 좋은 결과가 나쁜 일에는 나쁜 결과가 따름. 善**선**을 행하면 善의 결과가 惡**악**을 행하면 惡의 결과가 반드시 뒤따름.

【비슷한 글자】 因 원인 인 困 괴로울 곤 囚 가둘 수

【예문】 "그가 구속되었다는 소식이 전해지자 다들 因果應報**인과응보**라고 하더구나. 얼마나 못된 짓을 많이 했으면…."

468

人面獸心
인 면 수 심

사람의 도리를 지키지 못하고 背恩忘德**배은망덕**하거나 행동이 凶惡**흉악**하고 淫蕩**음탕**한 사람

人 사람 **인** 面 얼굴 **면** 獸 짐승 **수** 心 마음 **심**

【직역】 사람의 얼굴이지만(사람이긴 하지만) 짐승의 마음을 가지고 있음.

➲ 사람 같지 않은 짐승 같은 사람.

【예문】 "人面獸心**인면수심**의 破廉恥**파렴치**한 인간도 사랑으로 대하면 改過遷善개과천선할 수 있을까?"

【비슷한 글자】 人 사람 인 入 들 입 八 여덟 팔

469

人命在天
인 명 재 천

인간 수명의 길고 짧음은 운명에 달려 있기 때문에 사람의 노력으로 어떻게 할 수 없음

人 사람 **인** 命 목숨 **명** 在 있을 **재** 天 하늘 **천**

【직역】 사람의 목숨은 하늘에 (달려)있음.

➲ 사람의 수명, 운명, 성공 등은 어차피 하늘에 달려 있으니 그런 것에 연연하거나 긴장하지 말고 의연하게 살아가라는 말.

【예문】 "일단 수술은 잘되었다고 합니다. 人命在天**인명재천**이라 하였으니 믿고 기다려 봅시다."

470

人非木石
인 비 목 석

사람은 누구나 감정과 분별력을 가지고 있음

人 사람 **인** 非 아닐 **비** 木 나무 **목** 石 돌 **석**

【직역】 사람은 나무나 돌이 아니다.

➲ 司馬遷**사마천**의 편지에 身非木石**신비목석**이라는 말이 나온다. 그가 漢武帝**한무제**의 노여움을 받아 宮刑**궁형**을 받으러 獄**옥**에 갇혔을 때 다음과 같이 말했다고 한다. "집이 가난해서 돈으로 죄를 대신할 수도 없고, 사귄 친구들도 구해 주려 하는 사람이 없으며 좌우에 있는 친근한 사람들도 말 한마디 해 주는 사람이 없다. 몸이 목석이 아니거늘 홀로 감옥에 갇히게 되었구나."

【예문】 "세 살 먹은 아이도 생각이 있고 감정이 있는데 다 큰 자식을 부모 마음대로 할 수 있겠나. 人非木石**인비목석**을 모르는 어리석음이지."

ㅇ

471

人事不省
인 사 불 성

자신이 하는 일에 대해 알지 못할 정도로 정신을 잃은 상태

人 사람 **인** 事 일 **사** 不 아니 **불** 省 살필 **성**

【직역】 사람이 (어떤 일에 대해서) 살필 수 없는 상태.

【예문】 "술은 기분 좋으려고 마시는 것이지 人事不省**인사불성**되라고 마시는 것이 아니다."

472

人山人海
인 산 인 해

사람이 헤아릴 수 없을 정도로 많이 모여 있는 상황

人 사람 **인** 山 산 **산** 人 사람 **인** 海 바다 **해**

【직역】 사람이 산만큼 많고 사람이 바다만큼 널리 퍼져 있음.

【예문】 "벚꽃놀이를 즐기러 나온 사람들로 여의도 주변은 하루 종일 人山人海**인산인해**를 이루었다."

473

人生無常
인 생 무 상

인생은 헛되고 허전하며 언제든지 변함

人 사람 **인** 生 살 **생** 無 없을 **무** 常 항상 **상**

【직역】 사람의 삶은 항상인 것(영원한 것)이 없음.

【예문】 "그렇게 갑자기 세상을 떠날 줄 모르고 아등바등 산 걸 생각하면 참으로

人生無常인생무상일세."

474

人生如朝露
인 생 여 조 로

해가 뜨면 곧바로 사라져 버리는 아침 이슬처럼 인간의 삶은 짧고도 덧없는 것임

人生 **인생:** 사람이 살아 있는 동안 如 같을 **여** 朝 아침 **조** 露 이슬 **로**

【직역】 인생은 아침 이슬과 같음(순간적임).

【예문】 "人生如朝露**인생여조로**이니 미래의 행복을 위해 오늘의 행복을 포기하지 말게나."

475

仁者無敵
인 자 무 적

어진 사람은 널리 사람을 사랑하므로 세상에 원수로 대하는 사람이 없음

仁 어질 **인** 者 사람 **자** 無 없을 **무** 敵 원수 **적**

【직역】 어진 사람에게는 원수가 없음.

➲ 어짊보다 강한 무기는 없다. 梁**양**나라 惠王**혜왕**이 孟子**맹자**에게 "천하를 호령하던 晉**진**나라가 땅을 빼앗기는 수모를 겪고 있는데 과인이 그들을 물리칠 방법이 없겠습니까?" 묻자, 맹자가 답하기를 "만일 대왕께서 어진 정치를 베푸신다면 이 땅의 모든 사내들은 몽둥이밖에 든 것이 없다 할지라도 갑옷을 입고 칼을 든 적군을 물리칠 수 있습니다. 옛말에 '어진 사람에게는 대적할 자가 없다'고 한 것은 바로 이런 경우를 일컫습니다"라고 답했다는 데서 유래.

【예문】 "그를 한 마디로 평한다면, 仁者無敵**인자무적**을 자신의 삶으로써 보여 준 사람이라고 할 수 있겠네."

476

人之常情
인 지 상 정

사람이라면 누구나 가질 수 있는 보통의 감정(마음)

人 사람 **인** 之 어조사 **지** 常 보통 **상** 情 감정 **정**

【직역】 사람의 보통 감정(마음).

【예문】 "어려움에 처한 사람을 돕는 것은 人之常情**인지상정** 아닙니까?"

477

一刻如三秋
일 각 여 삼 추

애타게 기다리는 마음이 매우 간절함

一 하나 **일** 刻 시각 **각** 如 같을 **여** 三 석 **삼** 秋 가을 **추**

【직역】 일각(약 15분 정도)이 세 번의 가을(3년)과 같다고 느껴짐.

➲ 사랑하는 사람끼리 간절히 그리워함. 기다림에 많이 지쳐 있음.

【예문】 "늙으신 부모님이 자식을 기다리는 마음은 一刻如三秋**일각여삼추**일 텐데, 자식들은 그 마음을 헤아리지 못하니…."

刻**각**이 여기에서는 시간의 단위(약 15분)로 쓰였는데, '깎아 내다' '새기다' '모질다'의 의미로 많이 쓰임.

478

一擧兩得
일 거 양 득

한 가지 일을 해서 두 가지 이득을 얻게 됨

一 하나 **일** 擧 들 **거** 兩 둘 **양** 得 얻을 **득**

【직역】 하나를 들어서 두 개를 얻음.

➲ 비슷한 의미의 말로 一石二鳥**일석이조**, 一 箭雙鳥**일전쌍조**가 있다. '도랑 치고 가재 잡고', '누이 좋고 매부 좋고', '임도 보고 뽕도 따고' 등의 속담도 뜻이 통한다.

【예문】 "자기주도학습은 사교육비 들이지 않고 스스로 공부하는 능력도 키우고 성적까지 올릴 수 있으니 一擧兩得**일거양득**이 아니라 一擧三得**일거삼득**이다."

479

一刀兩斷
일 도 양 단

과감하게 처리함

一 하나 **일** 刀 칼 **도** 兩 둘 **양** 斷 끊을 **단**

【직역】 한 번 칼로 쳐서 두 개로 끊어 냄.

➲ 어떤 일을 머뭇거리지 않고 선뜻 결정함.

【예문】 "우물쭈물할 틈이 없다. 一刀兩斷**일도양단** 결단이 필요한 때다."

480

한 번 승낙한 것(약속)은 천금만큼 귀중하다는 뜻으로 약속을 소중히 여겨야 한다는 말

一 하나 **일** 諾 허락할 **낙** 千 일천 **천** 金 돈 **금**

【직역】 한 번 허락한 것은 천금처럼 귀중함.

【예문】 "나의 병을 고치기에는 의사의 만병통치의 수단보다 봉숙 씨의 一諾千金**일낙천금**의 대답이 속할 것입니다." – 한용운, 《흑풍》

481

一望無際
일 망 무 제

끝없이 펼쳐짐

一 하나 **일** 望 바랄 **망** 無 없을 **무** 際 끝 **제**

【직역】 한눈에 바라볼 때 끝이 없음.

➲ 아득하게 멀고 넓어서 끝이 없음.

【예문】 "동해에서의 一望無際**일망무제**는 내 마음을 시원하게 만들고, 지리산 천왕봉에서의 一望無際는 내 마음을 춤추게 만드는구나."

482

一網打盡
일 망 타 진

사건에 관련 있는 사람들 모두를 한 번에 잡아 버림

一 한 번 **일** 網 그물질할 **망** 打 때릴 **타** 盡 모두 **진**

【직역】 한 번 그물질함으로 모두를 때려잡음.

➲ 그물을 한번 쳐서 물고기를 모조리 잡는다는 뜻으로, 한꺼번에 모두 잡아 버린다는 뜻.

【예문】 "경찰은 조직폭력배 一網打盡**일망타진**을 위해 무려 1년간 준비했다고 발표했다."

【비슷한 글자】 網 그물질 망 綱 벼리 강 鋼 강철 강

483 日暮途遠 일모도원

늙고 쇠약한데 해야 할 일은 많음

日 태양 **일** 暮 저물 **모** 途 길 **도** 遠 멀 **원**

【직역】 태양은 저물어 가는데 갈 길은 멀다.

➲ 날은 저물어 가는데 갈 길은 많이 남았다는 뜻으로, 할 일은 많은데 시간이 모자라는 상황을 나타낸 말.

【예문】 "이제 마흔 남짓인데 日暮途遠**일모도원** 운운은 너무 이르지 않나. 서두르지 말고 한 번 더 생각해 보는 여유를 갖자."

【비슷한 글자】 日 태양 일 曰 말할 왈

日 **일**이 여기에서는 '태양'의 의미로 사용되었지만 '날' '일요일' '햇빛'이라는 의미로도 많이 쓰인다.

484 一目瞭然 일목요연

한눈에 알아볼 수 있도록 잘 정돈되고 조리 있게 만들어짐

一 한 **일** 目 볼 **목** 瞭 밝을 **료** 然 분명할 **연**

【직역】 한 번 보고 알 수 있을 만큼 밝고도 분명함.

➲ 한 번만 보고도 확실하게 알 수 있음. 한 번만 보아도 알 수 있을 정도로 말이나 글이 분명함

【예문】 "一目瞭然**일목요연**하게 정리한 자료 덕분에 회의 시간이 예상보다 반으로 줄었다."

485

一罰百戒
일 벌 백 계

많은 사람들에게 경각심을 불러일으킬 목적으로 한 사람에게 엄한 처벌을 내림

一 한 **일** 罰 벌할 **벌** 百 일백 **백** 戒 경계할 **계**

【직역】 한 사람을 벌함으로써 백 사람으로 하여금 경계하도록 함.

【예문】 "이번 일은 一罰百戒**일벌백계** 차원에서 重懲戒**중징계**를 내릴 수밖에 없음을 이해해야 하네."

【비슷한 글자】 戒 경계할 계 戎 오랑캐 융

486

一絲不亂
일 사 불 란

질서가 잘 잡혀 있어서 조금치의 흐트러짐이 없고 어지럽지도 아니함

一 하나 **일** 絲 실 **사** 不 아니 **불** 亂 어지러울 **란**

【직역】 하나의 실처럼 어지럽지 아니함.

➲ 실이 두 가닥이면 얽히게 되어 복잡할 수 있지만, 하나면 조금도 헝클어지거나 어지러움이 없음.

【예문】 "一絲不亂**일사불란**하게 움직이는 사회를 추구할 것인가, 아니면 다수의 자유를 위해 一絲不亂함을 포기할 것인가?"

487

一瀉千里
일 사 천 리

어떤 일이 거침없이 한 번에 진행됨

一 한 번 **일** 瀉 쏟을 **사** 千 일천 **천** 里 거리(0.4킬로미터) **리**

【직역】 한 번 쏟아지는 물이 천 리에 다다름.

➲ 조금도 거침없이 빨리 진행됨. 문장이나 글이 명쾌함.

【예문】 "一瀉千里**일사천리**로 진행되는 일일수록 더욱 경계해야 하는데, 서둘러 하다 보면 실수할 가능성이 많기 때문이다."

488

一石二鳥
일 석 이 조

한 가지 일을 해서 두 가지 이익을 얻음

一 하나 **일** 石 돌 **석** 二 둘 **이** 鳥 새 **조**

【직역】 하나의 돌을 던져서 두 마리 새를 잡음.

➲ 비슷한 의미의 말로 一擧兩得**일거양득**, 一箭雙鳥**일전쌍조**가 있다.

【예문】 "요즘 책 읽기 모임에 나가는데, 공부도 하고 좋은 친구도 사귀고 一石二鳥**일석이조**라며 아주 만족하더군."

489

一魚濁水
일 어 탁 수

한 사람의 나쁜 행동으로 말미암아 여러 사람이 피해를 보게 됨

一 하나 **일** 魚 물고기 **어** 濁 흐릴 **탁** 水 물 **수**

【직역】 한 마리의 물고기가 물 전체를 흐리게 만듦.

【예문】 "一魚濁水**일어탁수**의 폐해가 너무 클 때는 一罰百戒**일벌백계**도 생각해 보았지만, 바람이 벗기지 못한 나그네의 옷을 해님이 벗긴 일을 떠올리며 한 번 더 용서를 택했다."

【비슷한 글자】 魚 물고기 어 漁 고기 잡을 어

490

一言以蔽之
일 언 이 폐 지

한 마디 말로 능히 그 전체의 뜻을 다 말함

一 하나 **일** 言 말씀 **언** 以 써 **이** 蔽 덮을 **폐** 之 그것 **지**

【직역】 한 마디 말로 그것을 덮어 버림.

➲ 《論語**논어**》〈爲政篇**위정편**〉의 "子曰**자왈** 詩三百**시삼백** 一言以蔽之曰**일언이폐지왈** 思無邪**사무사**"에서 나온 말이다. 詩三百은 《시경》을 가리킨다. 詩**시**를 한마디로 말하면 '생각에 사악함이 없는 것'이라는 뜻.

【예문】 "어쨌든 재판이란 것이, 一言以蔽之**일언이폐지**하여 싸움인데, 처음부터 싸움을 포기할 수는 없는 거예요." – 이호철, 《문》

【비슷한 글자】 蔽 덮을 폐 弊 해질 폐 幣 비단 폐

491

一言之下
일 언 지 하

한 마디로 딱 잘라 말함

一 하나 **일** 言 말씀 **언** 之 어조사 **지** 下 물리칠 **하**

【직역】 한 마디 말이 모든 말들을 물리침.

【예문】 "자네도 나름 이유가 있겠으나 一言之下**일언지하**에 거절한 것은 너무 야박했네."

492

一葉片舟
일 엽 편 주

한 척의 아주 작은 배

一 하나 **일** 葉 잎 **엽** 片 작을 **편** 舟 배 **주**

【직역】 하나의 잎처럼 작은 배.

【예문】 "전 세계 중산층이 점점 더 거센 풍랑에 내몰린 一葉片舟**일엽편주** 신세가 되고 있다는 우려가 제기되었다."

493

一日三省
일 일 삼 성

하루에 세 가지씩 자신의 행동을 뒤돌아보면서 반성함

一 하나 **일** 日 날 **일** 三 석 **삼** 省 반성할 **성**

【직역】 하루에 세 가지 일로 나 자신을 반성한다.

➲ 《論語**논어**》에 나오는 증자의 말로, 全文**전문**의 내용은 "나는 매일 나 자신을 세 가지를 반성한다. 남을 위하여 일을 하는 데 정성을 다하였든가, 벗들과 함께 서로 사귀는 데 신의를 다하였든가, 전수받은 가르침을 잘 실천하였는가?"이다.

【예문】 "一日三省**일일삼성**만 잘해도 부끄럽지 않은 삶을 살 수 있을 것이다."

494

一日如三秋
일 일 여 삼 추

몹시 애태우며 기다림

一 하나 **일** 日 날 **일** 如 같을 **여** 三 석 **삼** 秋 가을 **추**

【직역】 하루가 삼 년(세 번의 가을이 지남은 3년이 지났다는 의미)같이 길게 느껴짐.

➲ 매우 지루함. 짧은 시간이지만 삼 년처럼 길게 느껴짐.

【예문】 "마지막 연기를 끝내고 점수가 발표되기까지 5분여의 시간이 一日如三秋**일일여삼추**로 느껴졌다."

ㅇ

495

一字無識
일 자 무 식

아는 것이 전혀 없는 무식한 사람

一 하나 **일** 字 글자 **자** 無 없을 **무** 識 알 **식**

【직역】 한 글자도 아는 바가 없음.

➲ 어떤 분야에 대하여 아는 바가 하나도 없음.

【예문】 "어머님의 삶을 통해 一字無識**일자무식**과 智惠**지혜**는 별개임을 확인할 수 있었다."

496

一場春夢
일 장 춘 몽

헛된 부귀영화나 인생의 허무함을 비유적으로 일컫는 말

一 하나 **일** 場 때 **장** 春 봄 **춘** 夢 꿈 **몽**

【직역】 한때의 봄에 꾸는 꿈.

➲ 꿈속에서는 화려했지만 꿈에서 깨어난 후에는 아무것도 남는 것이 없듯, 인간의 삶 역시 허무하다는 뜻.

【예문】 "참말로 세월이 一場春夢**일장춘몽**이다. 엊그제 같은 일들이 십 년 전, 이십 년 전, 삼십 년 전의 일이라니…." – 박경리, 《토지》

【비슷한 글자】 場 마당 · 때 장 腸 창자 장

497

一進一退
일 진 일 퇴

나아가고 물러섬을 번갈아 가면서 함

一 한 **일** 進 나아갈 **진** 一 한 **일** 退 물러날 **퇴**

【직역】 한 번 나아갔다가 한 번 물러났다가 함.

➡ 좋아졌다 나빠졌다 함.

【예문】 "경기 막판까지 승패를 가늠하기 어려운 一進一退**일진일퇴**의 공방이 계속되었다."

498

一觸卽發
일 촉 즉 발

조금만 건드려도 바로 폭발해 버릴 것 같은 몹시 위태로운 상태

一 하나 **일** 觸 닿을 **촉** 卽 곧 **즉** 發 폭발할 **발**

【직역】 한 번 닿기만 하면 곧바로 폭발할 것 같음.

➡ 매우 위급하고 아슬아슬한 상황.

【예문】 "두 나라 간의 갈등이 점차 고조되는 가운데 발생한 어제의 충돌로 전 세계가 一觸卽發**일촉즉발**의 긴장감에 휩싸였다."

499

一寸光陰不可輕
일 촌 광 음 불 가 경

아주 짧은 시간이라도 헛되게 보내지 말아야 함

一 하나 **일** 寸 마디 **촌** 光 빛 **광** 陰 그늘 **음** 不可 **불가**: 안 된다 輕 가벼울 **경**

【직역】 한 마디(아주 짧은) 광음(시간)이라도 가볍게 여겨서는 안 된다.

【예문】 "어렵게 오른 자리인만큼 一寸光陰不可輕**일촌광음불가경**의 자세로 매진하여 반드시 성과를 내겠다는 각오를 밝혔다."

光陰**광음**은 '햇빛과 그늘' '낮과 밤'이라는 뜻보다는 '시간' '세월'이라는 의미로 많이 쓰임.

500

日就月將
일 취 월 장

쉼 없이 계속 성장해 가고 발전해 나감

日 날 **일** 就 나아갈 **취** 月 달 **월** 將 나아갈 **장**

【직역】 날마다 나아가고 달마다 나아감.

➲ 학문이나 실력이 끊임없이 빠른 속도로 발전함. 비슷한 의미의 말로 '눈을 비비고 상대방을 본다'는 刮目相對**괄목상대**가 있음.

【예문】 "1년 동안 쉬지 않고 매일 꾸준히 연습하더니 실력이 日就月將**일취월장** 하였구나.

【비슷한 글자】 將 장차 장 奬 권면할 장 醬 젓갈 장

將**장**이 여기에서는 '나아가다'는 의미로 쓰였는데, 군사를 거느리는 우두머리인 '將帥**장수**' '장차' 등의 의미로 많이 쓰인다.

501

一波萬波
일 파 만 파

하나의 사건이 그것으로 그치지 않고 연쇄적으로 많은 사건을 만들어 냄

一 하나 **일** 波 물결 **파** 萬 일만 **만** 波 물결 **파**

【직역】 하나의 물결이 만 개의 물결을 만들어 냄.

【예문】 "처음에는 이번 논란이 一波萬波**일파만파** 번질 거라고 아무도 예상하지 못했다."

【비슷한 글자】 波 물결 파 被 입을 피 彼 저 피 披 나눌 · 헤칠 · 찢을 피

502

一片丹心
일 편 단 심

오직 한 가지에 변함없는 마음

一 하나 **일** 片 조각 **편** 丹 붉을 **단** 心 마음 **심**

【직역】 한 조각의 붉은 마음.

➲ 오직 한 곳을 향한 정성스러운 마음. 진심에서 우러나오는 변치 않는 충성스러움. 한결같은 참된 정성.

【예문】 "一片丹心**일편단심** 응원하는 팀이 요즘 연패를 거듭하고 있으니 흥이 날 턱이 있나."

503

一筆揮之
일 필 휘 지

글씨를 쓰거나 그림을 그릴 적에 단숨에 쓰거나 그림

一 하나 **일** 筆 붓 **필** 揮 휘두를 **휘** 之 그것 **지**

【직역】 한 번 붓을 들어 그것을 휘두름.

➲ 글이나 그림에 능력이 뛰어남.

【예문】 "一筆揮之**일필휘지**로 답안지를 써내려 가는 모습을 보니 얼마나 많은 시간 노력하고 연습했을지 짐작할 수 있었다."

【비슷한 글자】 揮 휘두를 휘 輝 빛날 휘 渾 흐릴 혼

504

노력 없이 벼락부자가 됨

一 한 **일** 攫 움킬 **확** 千 일천 **천** 金 돈 **금**

【직역】 한 번에 천금(많은 돈)을 움켜쥠.

➡ 힘 안 들이고 한꺼번에 많은 재물을 얻음.

【예문】 "一攫千金**일확천금**의 기회만 노리더니 결국 패가망신하고 말았군."

505

臨機應變
임 기 응 변

그때그때 처한 뜻밖의 일을 즉시 그 자리에서 결정하거나 처리함

臨 임할 **임** 機 기회 **기** 應 응할 **응** 變 변할 **변**

【직역】 기회에 임하였을 때 그에 응하여 변함.

➡ 그때그때 변화되는 사정에 따라 적당히 처리함.

【예문】 "臨機應變**임기응변**으로 이번 고비는 잘 넘겼다만, 다음에는 어찌 될지 모르니 미리 대응책을 마련하자."

【비슷한 글자】 變 변할 변 戀 사모할 연

506

臨戰無退
임 전 무 퇴

전쟁을 할 때 절대로 물러서지 말아야 함

臨 임할 **임** 戰 싸움 **전** 無 없을 **무** 退 물러날 **퇴**

【직역】 싸움에 임하였을 때에는 물러남이 없어야 함.

➲ 삼국통일의 원동력이 되었던 화랑의 世俗五戒**세속오계** 중 하나. '세속오계'란 신라 진평왕 때 원광법사가 세운 다섯 가지의 戒律**계율**로 事君以忠**사군이충**, 事親以孝**사친이효**, 交友以信**교우이신**, 臨戰無退**임전무퇴**, 殺生有擇**살생유택**이 그것이다.

【예문】 "臨戰無退**임전무퇴**가 항상 최선은 아니란다. 때로는 뒤로 물러나거나 싸움에서 지는 편이 나을 수도 있어."

ㅇ

507

粒粒皆辛苦
입 립 개 신 고

고생하여 수확한 곡식의 소중함과 농부의 수고로움을 일컫는 말

粒 쌀알 **립** 粒 쌀알 **립** 皆 모두 **개** 辛 매울 **신** 苦 쓸 **고**

【직역】 쌀알 한 톨 한 톨이 모두 매운맛 쓴맛을 본 결과임.

➲ 농부들이 생산한 곡식 한 톨 한 톨이 모두 괴로움과 고통의 산물임을 알고 소중히 여겨야 한다는 의미.

【예문】 "요즘처럼 먹을 것이 넘쳐나는 세상에서 아이들이 粒粒皆辛苦**입립개신고**를 어찌 알 것인가."

【비슷한 글자】 辛 매울 신 幸 다행 행

508

立身揚名
입 신 양 명

출세하여 세상에 이름을 떨침

立 설 **립** 身 몸 **신** 揚 날릴 **양** 名 이름 **명**

【직역】 몸을 세워서 이름을 날림.

➊ 사회적으로 인정받고 출세하여 세상에 이름을 드날림. 이름을 떨쳐 부모를 영광되게 해 드림.

【예문】 "立身揚名**입신양명**을 삶의 목표로 삼기보다 일상의 소소한 행복에 가치를 두는 사람들이 점점 더 늘고 있다지?"

【비슷한 글자】 揚 날릴 양 楊 버드나무 양 陽 볕 양

509

自家撞着
자 가 당 착

한 사람의 말이나 행동이 앞뒤가 맞지 않고 矛盾모순되는 상황

自 자기 **자** 家 집 **가** 撞 칠 **당** 着 붙일 **착**

【직역】 자기의 집을 쳤다가(부쉈다가) 다시 붙였다가 함.

➲ 부쉈다면 붙이지 말아야 하고 붙였다면 부수지 말아야 하는데, 자기가 부숴 버린 다음에 자기가 붙이고 있으니 이것이야말로 앞뒤가 맞지 않는 일이 되는 것임.

【예문】 "너의 보고서는 서두의 주장을 결론에서 뒤집는 自家撞着**자가당착**에 빠졌다."

家**가**가 여기에서는 '집'이라는 의미로 쓰였지만 '가족' '집안'의 의미로 사용되기도 하고, 그 방면의 전문가나 어떤 일에 종사하는 사람을 가리키기도 한다. 지식이 남보다 뛰어난 사람이나, 어떤 것을 많이 가진 사람을 가리키기도 한다.

510

自强不息
자 강 불 식

열심히 노력함

自 스스로 **자** 强 굳세게 할 **강** 不 아니 **불** 息 쉴 **식**

【직역】 스스로를 굳세게 하려고 쉬지 아니함.

➲ 몸과 마음을 강하게 만들기 위해 쉼 없이 노력함.

【예문】 "그는 성공의 비결을 묻는 기자들의 질문에 自强不息**자강불식**의 자세로 따라 준 직원들에게 공을 돌렸다."

511

自激之心
자 격 지 심

자기가 한 일에 대하여 스스로 미흡하게 여기는 마음

自 스스로 **자** 激 칠 **격** 之 ~의 **지** 心 마음 **심**

【직역】 스스로를 치는(때리는, 꾸짖는) 마음.

【예문】 "그가 自激之心**자격지심** 때문에 연락을 끊은 것을 알기에 그리 서운하지는 않다."

【비슷한 글자】 激 칠 격 檄 격문 격

激**격**이 여기에서는 '치다' '부딪치다'는 의미로 쓰였지만, '심하다' '격렬하다' '빠르다' '세차다'는 의미로 쓰이기도 한다.

512

自手成家
자 수 성 가

물려받은 재산 없이 자신의 힘으로 벌어서 살림을 이루고 재산을 모으고 성공함

自 스스로 **자** 手 손 **수** 成 이룰 **성** 家 집 **가**

【직역】 스스로의 손으로 집(집안)을 이룸(만듦).

【예문】 "사업에서 독자적으로 이룩한 自手成家**자수성가**의 경력이 모든 이에게 그런 신뢰감을 주었다." – 박완서, 《미망》

513

自勝者强
자 승 자 강

세상에서 가장 강한 사람은 자기 자신을 이길 수 있는 사람임

自 스스로 **자** 勝 이길 **승** 者 사람 **자** 强 강할 **강**

【직역】 스스로를 이긴 사람이 강한 사람임.

➲ 남을 이기는 사람은 힘이 센 사람이고, 자기를 이기는 사람이 진짜 강자임('자승˘자강'이 아니라 '자승자˘강'으로 읽어야 함).

【예문】 "친구와의 경쟁에서 이기려 하기보다 自勝者强**자승자강**의 정신으로 나 자신의 한계에 도전해 보면 어떨까?"

514

自繩自縛
자 승 자 박

자신의 행동으로 자신이 괴로움을 받게 됨

自 자기 **자** 繩 줄 **승** 自 스스로 **자** 縛 묶을 **박**

【직역】 자기의 줄로 스스로를 묶어 버림.

➲ 자신이 한 말과 행동으로 자신이 구속되어 괴로움을 당하게 됨.

【예문】 "세계무역기구(WTO)가 한국의 일본 후쿠시마 수산물 수입 제재를 정당한 것으로 최종 판결을 내렸다. 이로써 일본 정부의 제소는 自繩自縛**자승자박**이 됐다."

515

自業自得
자 업 자 득

자기가 저지른 일의 과오를 자기가 되돌려받음

自 스스로 **자** 業 일 **업** 自 스스로 **자** 得 얻을 **득**

【직역】 스스로 저지른 일로 인해 스스로가 얻게 됨.

【예문】 "돌이켜보니 누굴 탓할 것도 원망할 것도 없더라구. 自業自得**자업자득**이라 여기고 훌훌 털고 새롭게 시작해 보려고 하네."

516

自中之亂
자 중 지 란

같은 편 안에서 일어나는 자기편끼리의 싸움

自 자기 **자** 中 가운데 **중** 之 ~의 **지** 亂 싸움 **란**

【직역】 자기 무리 가운데에서의 싸움.

【예문】 "돈이 좀 생기면 그것을 서로 먹으려고 눈이 붉어서 自中之亂**자중지란**을 일으키니, 그것들을 데리고 무슨 일을 한단 말요." – 한용운, 《흑풍》

517

自初至終
자 초 지 종

처음부터 끝까지의 과정

自 ~부터 **자** 初 처음 **초** 至 이를 **지** 終 끝 **종**

【직역】 처음부터 끝에 이르기까지.

➡ 처음부터 끝에 이르는 동안.

【예문】 "自初至終**자초지종**을 확인하지 않고 선불리 야단을 치니 아이가 억울할 수밖에."

自**자**는 '스스로' '저절로'라는 의미로 많이 쓰이는데 여기에서처럼 '~로부터'라는 의미로도 쓰인다. 至**지**는 여기에서처럼 '이르다' '도달하다'는 의미로 많이 쓰이지만, '지극하다'는 의미로도 쓰인다.

518

自暴自棄
자 포 자 기

절망에 빠져 스스로를 포기하거나 망가뜨리고 돌보지 않음

自 스스로 **자** 暴 해칠 **포** 自 스스로 **자** 棄 버릴 **기**

【직역】 스스로를 해치고 스스로를 버림.

➲ 몸가짐이나 행동을 아무렇게나 함.

【예문】 "거듭된 실패를 겪으면서 그는 될 대로 되라는 식의 自暴自棄**자포자기**에 빠져 헤어나질 못했다."

【비슷한 글자】 暴 해칠 포 · 사나울 폭 爆 터질 폭 瀑 폭포 폭
棄 버릴 기 葉 잎 엽

519

自畵自讚
자 화 자 찬

자기가 한 일을 자기 스스로 자랑하고 칭찬함

自 자기 **자** 畵 그림 **화** 自 자기 **자** 讚 칭찬할 **찬**

【직역】 자기가 그린 그림을 자기가 칭찬함.

【예문】 "부모나 형제자매라면 自畵自讚**자화자찬**에도 미소 지으며 傾聽**경청**해 줄 수 있겠지만…."

【비슷한 글자】 讚 칭찬할 찬 贊 도울 찬

520

作心三日
작 심 삼 일

결심이 사흘밖에 가지 못함. 결심이 얼마 가지 않고 흐지부지됨

作 만들 **작** 心 마음 **심** 三 석 **삼** 日 날 **일**

【직역】 마음을 만들었는데(먹었는데) (그 마음이) 3일만 가게 됨.

➲ 힘들게 마음먹었음에도 사흘이 가지 못하고 흔들림. 같은 의미의 말에 朝令暮改**조령모개**, 高麗公事三日**고려공사삼일** 등이 있음.

【예문】 "아빠의 금연 선언에 가족들은 作心三日**작심삼일**에 그치지 않을까 의심하면서도 겉으로는 응원과 격려를 아끼지 않았다."

【비슷한 글자】 作 만들 작 昨 어제 작

521

張三李四
장 삼 이 사

이름이나 신분을 알 수 없는 평범한 보통 사람들

張 성씨 **장** 三 셋째 **삼** 李 성씨 **이** 四 넷째 **사**

【직역】 張氏**장씨**의 셋째 아들과 李氏**이씨**의 넷째 아들.

➲ 張**장**씨와 李**이**씨는 중국에서 가장 흔한 성씨이고, 셋째 아들 넷째 아들 역시 지극히 평범한 존재들이다. 같은 의미의 말로 甲男乙女**갑남을녀**, 善男善女**선남선녀**, 愚夫愚婦**우부우부**, 樵童汲婦**초동급부**, 匹夫匹婦**필부필부** 등이 있음.

【예문】 "우리 목숨을 주무르는 사람의 눈으로 보면, 모든 사람이 張三李四**장삼이사**, 그놈이 그놈이다." – 최인훈, 《광장》

522

才子佳人
재 자 가 인

능력 있는 남자와 예쁜 여자

才 재주 **재** 子 남자 **자** 佳 아름다울 **가** 人 사람 **인**

【직역】 재주 있는 남자와 아름다운 사람.

【예문】 "드라마와 영화의 사랑 이야기는 대개 才子佳人**재자가인**들이 주인공이

어서 실제와 괴리감이 너무 크다."

【비슷한 글자】 佳 아름다울 가 往 갈 왕 住 살 주 注 물 댈 주

子자의 의미는 다양하다. '아들' '자식' '사람' '남자' '열매' '십이지의 첫째(쥐)'로 쓰이고 '접미사'로도 쓰이며 '공자의 높임말'로도 쓰인다.

523

賊反荷杖
적 반 하 장

잘못한 사람이 오히려 잘못이 없는 사람을 나무라고 야단침

賊 도둑 **적** 反 반대로 **반** 荷 멜 **하** 杖 몽둥이 **장**

【직역】 도둑이 반대로(오히려) 몽둥이를 (어깨에) 멤(몽둥이를 어깨에 메고서 때리려고 덤빔).

【예문】 "자녀들이 賊反荷杖**적반하장**이라며 속상해하는 부모님들이 많은데, 돌아보면 우리 모두 어렸을 때는 부모님 앞에서 賊反荷杖 아니었던가."

【비슷한 글자】 荷 멜 하 何 어찌 하 河 내 하

524

積小成大
적 소 성 대

작거나 적은 것도 쌓이면 크게 되거나 많아짐

積 쌓을 **적** 小 작을 **소** 成 이룰 **성** 大 큰 **대**

【직역】 작은 것을 쌓아서 큰 것을 이룸.

➲ 비슷한 의미의 말로 磨斧爲針**마부위침**, 十伐之木**십벌지목**, 愚公移山**우공이산**, 積土成山**적토성산**, 點滴穿石**점적천석** 등이 있음.

【예문】 "첫술에 배부르겠니? 積小成大**적소성대**라고 하였으니 포기하지 말고 노력해 보자."

525

赤手空拳
적 수 공 권

가진 것이 아무것도 없음

赤발가숭이 **적** 手손 **수** 空빌 **공** 拳주먹 **권**

【직역】 발가숭이(맨) 손과 빈(맨) 주먹.

➲ 매우 가난함.

【예문】 "그의 성공 스토리가 사람들에게 회자되는 이유는 赤手空拳**적수공권** 상황에서 일군 성과이기 때문이다."

【비슷한 글자】 赤 붉을 적 亦 또 역

赤**적**은 丹**단**, 紅**홍**과 함께 '붉다'는 의미로 많이 사용되지만, '벌거벗다' '비다'는 의미로도 많이 사용됨. 재무 부문에서 예산을 초과하는 지출 금액을 赤字**적자**라 하는데, 이는 장부에 기록할 때 붉은 글자로 기입한 데서 유래하였다.

526

適者生存
적 자 생 존

환경에 적응하는 생물은 살아남지만 그렇지 못한 생물은 도태되어 멸망하게 됨

適적응할 **적** 者것 **자** 生살 **생** 存존재할 **존**

【직역】 적응하는 것만이 살아 존재할 수 있음.

➲ 適者生存**적자생존**을 '강한 자만이 살아남는다'로 잘못 이해하고 있는 사람이 많은데, 適(적응할 적)이므로 '적응하는 자만이 살아남는다'로 이해하는 것이 옳다.

【예문】 "서울의 거리는 바야흐로 더위로 한 꺼풀의 장막을 두르고 있었다. 사람들은 適者生存**적자생존**의 법칙에 희생자가 되지 않으려고 안간힘을

쏟고 있었다." –김원우, 《짐승의 시간》

527

電光石火 전광석화

일이 매우 빠르게 진행됨

電 번개 **전** 光 빛 **광** 石 부싯돌 **석** 火 불 **화**

【직역】 번갯불에서 나오는 불빛과 부싯돌에서 나오는 불(빠르고 순간적임).

➡ 극히 짧은 시간, 아주 신속한 동작.

【예문】 "電光石火**전광석화**처럼 빠른 움직임으로 도루에 성공했고, 이것이 승패를 가르는 分水嶺**분수령**이 되었다."

電**전**은 '번개' '빛나다' 등의 의미인데, 물질문명의 발달에 따라 電氣**전기**, 電話**전화**, 電報**전보**, 電子**전자** 등으로 의미가 확장되었다.

528

前代未聞 전대미문

아주 놀랍고 획기적인 일

前 앞 **전** 代 시대 **대** 未 아닐 **미** 聞 들을 **문**

【직역】 앞 시대에 들어 보지 않았음.

➡ 지금까지 상상해 본 적도 없는 일.

【예문】 "그의 우승은 한국인은 물론 동양인 중에서도 최초로 前代未聞**전대미문**의 대사건으로 여겨지고 있다."

【비슷한 글자】 代 대신할 대 伐 칠 벌

529

前途洋洋
전 도 양 양

앞날이 열려 있어서 희망이 있고 전망도 밝음

前 앞 **전** 途 길 **도** 洋 큰 바다 **양** 洋 큰 바다 **양**

【직역】 앞길이 큰 바다 같음(넓고 열려 있음).

【예문】 "前途洋洋**전도양양**한 젊은이에게 희망을 주는 것만큼 중요하고 필요한 일이 있을까?"

洋**양**이 여기에서는 '큰 바다'라는 의미로 쓰였지만 '서양' '외국'의 의미로 더 많이 쓰인다. 洋服**양복**, 洋屋**양옥**, 辛未洋擾**신미양요**, 輕洋食**경양식**, 洋弓**양궁**, 洋品店**양품점**, 洋酒**양주** 등이 그것이다.

530

全人教育
전 인 교 육

지식이나 기능 교육에 치우치지 않고 인간이 지닌 모든 능력을 조화롭게 발달시킴을 목적으로 하는 교육

全 온전 **전** 人 사람 **인** 教 가르칠 **교** 育 기를 **육**

【직역】 온전한 사람을 만들기 위한 가르침과 기름.

【예문】 "대학 입시에 목매는 현재 우리 교육에서는 全人教育**전인교육**을 기대하기 어렵지 않겠나."

531

前人未踏
전 인 미 답

지금까지 누구도 해본 적이 없음

前 앞 **전** 人 사람 **인** 未 아닐 **미** 踏 밟을 **답**

【직역】 앞(이전) 사람이 밟지 아니하였음.

➲ 어떤 일이나 수준에 누구도 다다라 본 적이 없음. 사람의 발길이 지나간 적 없음.

【예문】 "백남준은 비디오아트라는 前人未踏**전인미답**의 새로운 예술 세계를 개척해 나갔다."

【비슷한 글자】 踏 밟을 답 畓 논 답

532

戰戰兢兢 전 전 긍 긍

두렵고 떨리는 마음에 몸을 움츠림

戰 두려워 떨 **전** 戰 두려워 떨 **전** 兢 움츠릴 **긍** 兢 움츠릴 **긍**

【직역】 두렵고 또 두려워서 움츠리고 또 움츠림.

➲ 매우 두려워 벌벌 떨며 조심함. 어떤 위기감에 떠는 심정.

【예문】 "다시 한 번 난리를 겪게 될까 두려운 주성 사람들은 집 안팎을 들락거리며 곡식과 세간을 감추느라고 戰戰兢兢**전전긍긍**이었다." – 현기영, 《변방에 우짖는 새》

【비슷한 글자】 兢 조심할 긍 競 다툴 경

戰戰**전전**은 겁을 먹고 벌벌 떠는 모습을, 兢兢**긍긍**은 조심해서 몸을 움츠리는 모습을 표현함.

533

輾轉反側 전 전 반 측

근심과 괴로움이 많아 누워 뒹굴면서 잠을 이루지 못함

輾 구를 **전** 轉 구를 **전** 反 반대로 **반** 側 뒤척거릴 **측**

【직역】 (잠을 이룰 수 없어서) 몸을 구르고 구르고 또 반대로 굴리면서 뒤척임.

【예문】 "이번 추석에 형님과 크게 다투고 난 뒤부터 輾轉反側**전전반측** 잠을 이루지 못하고 있어요."

【비슷한 글자】 側 곁 측 測 잴 측 惻 슬퍼할 측 則 곧 즉 · 법칙 칙

534

轉禍爲福
전 화 위 복

좋지 않은 일을 당하였는데 그것이 오히려 복이 됨

轉 구를 **전** 禍 불행 **화** 爲 ~될 **위** 福 복 **복**

【직역】 불행이 굴러서 복이 됨.

➲ 좋지 않은 일이 발생하였는데 그것을 잘 처리하여서 좋은 일이 되도록 함.

【예문】 "지금 생각해 보면 그때 낙방한 것이 轉禍爲福**전화위복**이 되었던 것 같아요. 정말 나에게 맞는 길이 무엇인지 찾아 보는 기회가 되었으니까요."

【비슷한 글자】 爲 ~할 · ~위할 · ~될 위 僞 거짓 위
福 복 복 幅 너비 폭

535

絶世佳人
절 세 가 인

세상에 견줄 만한 상대가 없는 뛰어난 사람

絶 뛰어날 **절** 世 세상 **세** 佳 아름다울 **가** 人 사람 **인**

【직역】 세상에서 가장 뛰어난 아름다운 사람.

➲ 세상에 비교할 만한 사람이 없을 정도로 뛰어나게 아름다운 여인.

【예문】 "絶世佳人**절세가인**은 아니지만 어딘지 투박해 뵈는, 미모에 가까운 얼굴이다." – 박경리, 《토지》

絶**절**은 '끊다' '죽다' '으뜸' '매우'라는 의미와 함께 絶世佳人**절세가인**, 絶讚**절찬**, 絶頂**절정**, 絶景**절경**에서처럼 '뛰어나다'는 의미로도 많이 쓰인다.

536

絶長補短
절 장 보 단

긴 것을 잘라 짧은 것에 보태어 부족함을 채움

絶 끊을 **절** 長 긴 **장** 補 보충할 **보** 短 짧을 **단**

【직역】 긴 것을 끊어서(잘라서) 짧은 것에 보충함.

➔ 남는 것으로 모자람을 보충함. 장점이나 넉넉함으로 단점이나 부족함을 보충함.

【예문】 "모든 능력을 갖춘 사람은 없으니 絶長補短**절장보단**의 지혜를 발휘하느냐가 승패를 결정한다."

【비슷한 글자】 長 긴 장 張 베풀 장 帳 휘장 장

537

切磋琢磨
절 차 탁 마

학문, 도덕, 기술 등을 열심히 배우고 익혀 수련해 나감

切 끊을 **절** 磋 갈 **차** 琢 다듬을 **탁** 磨 갈 **마**

【직역】 (옥이나 돌을) 끊어 내고 갈고 다듬고 다시 갈아서 (빛나도록 만듦).

【예문】 "긴 무명 시절 切磋琢磨**절차탁마**의 과정을 묵묵히 이겨낸 것이 그를 대배우의 자리로 이끌었다."

ㅈ~ㅊ

538

切齒腐心
절 치 부 심

매우 화가 나서 원한을 품고 복수하려는 마음

切 끊을 **절** 齒 이 **치** 腐 썩힐 **부** 心 마음 **심**

【직역】 이를 끊어지게 하고 마음을 썩게 만듦.

➲ 이를 갈면서 애간장을 태움.

【예문】 "切齒腐心**절치부심** 끝에 내놓은 신제품이 큰 호응을 받으면서 분위기 반전에 성공했다."

539

漸入佳境
점 입 가 경

일이 점점 더 재미있는 상황으로 전개됨

漸 점점 **점** 入 들어갈 **입** 佳 아름다울 **가** 境 장소 **경**

【직역】 점점 들어갈수록 아름다운 장소임.

➲ 갈수록 점점 더 좋거나 재미가 있음. 초반보다 후반으로 갈수록 흥미진진해짐. '시간이 지날수록 하는 짓이나 몰골이 더욱 꼴불견임'이라는 부정적인 의미로 쓰이기도 함.

【예문】 "두 팀의 선두 경쟁이 漸入佳境**점입가경**으로 치달으면서 관중들의 열기도 뜨거워지고 있다."

【비슷한 글자】 漸 점점 점 慚 부끄러울 참

540

頂門一鍼
정 문 일 침

상대방의 급소를 찌르는 따끔하고 매서운 충고나 교훈

頂 정수리 **정** 門 문 **문** 一 하나 **일** 鍼 찌를 **침**

【직역】 정수리(머리 위의 숫구멍이 있는 자리, 급소)의 문에 하나의 침을 찌름.

➡ 비슷한 의미의 말로 寸鐵殺人**촌철살인**이 있음.

【예문】 "작은 잘못을 백 번 지적하는 것보다 결정적인 한 번의 頂門一鍼**정문일침**이 더 효과적이다."

頂**정**을 '정수리 정'이라 하는데 정수리는 머리의 맨 윗부분을 가리킴. 그렇기에 '꼭대기' '최상' '아주'라는 의미가 덧붙여졌음.

ㅈ~ㅊ

541

精神一到何事不成
정 신 일 도 하 사 불 성

정신을 집중하여 노력하면 어떤 어려운 일이라도 성취할 수 있음

精神 **정신** : 영혼이나 마음 一 하나 **일** 到 도달할 **도** 何 어찌 **하** 事 일 **사** 不 아니 **불** 成 이룰 **성**

【직역】 정신이 한 곳에 도달하게 되면 어찌 일을 이루지 못하겠는가?

➡ 아무리 훌륭한 능력을 가졌다 하더라도 그 능력을 분산시키면 그 일을 이룰 수 없게 됨.

【예문】 "精神一到何事不成**정신일도하사불성**인데, 간절한 마음으로 노력하면 안 될 일이 무엇인가."

【비슷한 글자】 精 자세할 정 情 뜻 정 請 청할 청 淸 맑을 청 靜 고요할 정

542

井底之蛙
정 저 지 와

식견이나 견문이 좁아서 세상 물정을 잘 모르는 사람

井 우물 **정** 底 밑 **저** 之 어조사 **지** 蛙 개구리 **와**

【직역】 우물 밑에 있는 개구리.

➲ 우물 속 개구리는 우물이 세상의 전부라 생각함. 일부만 보고 전체를 보았다고 생각하는 어리석음.

【예문】 "어린 아이들이 자신이 井底之蛙**정저지와**라는 것을 알지 못하는 것은 당영한 일이다."

543

糟糠之妻
조 강 지 처

가난을 함께 견뎌 온 아내

糟 지게미 **조** 糠 겨 **강** 之 ~의 **지** 妻 아내 **처**

【직역】 지게미나 겨를 (함께 먹으며 살았던) 아내.

➲ 술지게미나 겨로 입에 풀칠하면서(고생하면서) 함께 살아온 아내.

【예문】 "자고로 糟糠之妻**조강지처**를 내치고 잘된 집구석 하나도 없다는 건 누구보다 자네가 더 알 거 아닌가." – 박완서, 《미망》

【비슷한 글자】 妻 아내 처 悽 슬퍼할 처

544

朝令暮改
조 령 모 개

계획이나 결정을 자꾸 바꾸어서 갈피를 잡기가 어려움

朝 아침 **조** 令 명령할 **령** 暮 해질 무렵 **모** 改 고칠 **개**

【직역】 아침에 명령한 것을 해질 무렵에 고침.

➲ 변덕이 심하여 종잡을 수 없음.

【예문】 "입시제도가 朝令暮改**조령모개**로 바뀌어 혼란스럽다는 학부모와 학생들의 불만이 터져나왔다."

【비슷한 글자】 令 명령할 · 아름다울 령 今 이제 금
暮 저물 모 募 모을 모 慕 그리워할 모 墓 무덤 묘 幕 장막 막 莫 없을 막

545

朝變夕改
조 변 석 개

계획이나 결정 따위를 일관성 없이 자주 고침

朝 아침 **조** 變 변할 **변** 夕 저녁 **석** 改 고칠 **개**

【직역】 아침에 변하게 하고 저녁에 고침.

➲ 아침저녁으로 뜯어고침. 비슷한 의미의 말에 作心三日**작심삼일**, 朝令暮改**조령모개**, 高麗公事三日**고려공사삼일** 등이 있음.

【예문】 "朝變夕改**조변석개**하는 여론과 민심에 휘둘려서는 일관성 있는 정책을 추진할 수 없다."

546

朝三暮四
조 삼 모 사

자기의 이익을 위해 교활한 꾀를 써서 어리석은 사람을 속이고 농락함

朝 아침 **조** 三 석 **삼** 暮 해질 무렵 **모** 四 넉 **사**

【직역】 아침에 세 개 주고 해질 무렵에 네 개 줌.

➲ 중국 宋**송**나라의 狙公**저공**이라는 사람이 원숭이들에게 "먹이가 부족하니 너희들에게 주는 도토리를 아침에 3개 저녁에 4개를 주겠다"고 말하자 원숭이들이 화를 냈다. 잠시 후 저공이 꾀를 내어 "그러면 아침에 4개 저녁에 3개를 주겠다"고 했는데, 원숭이들이 전체 숫자가 같음을 알지 못하고 좋아했다는 이야기에서 유래.

【예문】 "휴대폰 보조금 지원 금액을 대폭 늘렸다고 하더니 요금도 슬그머니 올렸더라고. 朝三暮四**조삼모사**에 농락당했지 뭐야."

547

助長
조 장

바람직하지 않거나 나쁜 일이 더 심해지도록 부추김

助 도울 **조** 長 늘일 **장**

【직역】 (바람직하지 않은 일이) 더 늘어나도록 도와줌.

➲ 어떤 농부가 곡식의 싹이 더디 자라는 것을 걱정하다가 싹을 뽑아 주었다. 그러고는 집에 돌아가 아내에게 "내가 싹이 자라는 걸 도와주고(助長) 왔소이다" 했다. 이 말을 들은 아내가 밭에 나가 보니 싹이 모두 뽑혀 시들시들 말라 죽었다는 '揠苗助長알묘조장' 이야기에서 유래.

【예문】 "과소비를 助長**조장**하는 사람들도 나쁘지만 끌려다니는 사람도 현명하다고 할 수는 없다."

548

鳥足之血 조족지혈

극히 적은 분량

鳥 새 **조** 足 발 **족** 之 어조사 **지** 血 피 **혈**

【직역】 새의 발에서 나오는 피.

➲ 아주 적어서 비교가 되지 않음. 물건이 보잘것없음. 비슷한 의미의 말로 九牛一毛**구우일모**, 滄海一粟**창해일속** 등이 있음.

【예문】 "경찰은 지금까지 드러난 범죄 사실은 鳥足之血**조족지혈**에 불과하다며 대대적인 수사를 예고했다."

【비슷한 글자】 鳥 새 조 島 섬 도 烏 까마귀 오 ∥ 血 피 혈 皿 그릇 명

549

種豆得豆 종두득두

원인에 따라 결과가 생김

種 심을 **종** 豆 콩 **두** 得 얻을 **득** 豆 콩 **두**

【직역】 콩을 심으면 콩을 얻게 됨.

➲ 오이를 심으면 오이를 얻게 된다는 種瓜得瓜**종과득과**와 對句**대구**로 쓰이며 因果應報**인과응보**와 같은 의미임.

【예문】 "種豆得豆**종두득두**라 하지 않나. 善**선**을 심었으니 善을 거두게 될 걸세."

550

左顧右眄
좌 고 우 면

이리저리 둘러보며 망설이기만 할 뿐 결정짓지 못함

左 왼쪽 **좌** 顧 돌아볼 **고** 右 오른쪽 **우** 眄 곁눈질할 **면**

【직역】 왼쪽을 돌아보고 오른쪽을 곁눈질함.

【예문】 "책임자가 중요한 순간에 左顧右眄**좌고우면**하며 결정을 내리지 못하면 아랫사람들만 힘들다네."

【비슷한 글자】 左 왼 좌 佐 도울 좌

顧(돌아볼 고)의 쓰임을 보면, 물건을 사러 오는 손님을 '자주 물건을 돌아보는 사람'이라 해서 顧客**고객**이라 하고, 어떤 분야에 전문적 지식과 풍부한 경험을 가지고 자문에 응하여 의견을 제시하는 직책이나 사람은 '돌아보면서 질문하거나 질문에 답한다' 해서 顧問**고문**이라 하며, 지나간 일을 돌이켜 생각하여 보는 일은 '돌아보고 또 돌아본다' 해서 回顧**회고**라 한다.

551

坐不安席
좌 불 안 석

초조 공포 등의 이유로 마음이 불안하거나 걱정스러워 자리에 가만히 앉아 있지 못하고 안절부절못하는 모양

坐 앉을 **좌** 不 아니 **불** 安 편안할 **안** 席 자리 **석**

【직역】 앉아 있는 자리가 편안하지 아니함.

【예문】 "부동산시장이 침체기로 접어들면서 무리하게 빚을 내서 집을 마련한 사람들이 坐不安席**좌불안석**이다."

【비슷한 글자】 坐 앉을 좌 座 자리 좌

552

坐井觀天
좌 정 관 천

극히 일부만 보고서 전체를 보았다고 착각함. 見聞**견문**이 매우 좁음

坐 앉을 **좌** 井 우물 **정** 觀 볼 **관** 天 하늘 **천**

【직역】 우물에 앉아 하늘을 바라봄.

➲ 우물 안에 앉아서 하늘을 본다는 뜻인데, 우물 속에 앉아 보는 하늘은 하늘 전체가 아니라 극히 일부에 지나지 않음. 세상 물정을 너무 모름.

【예문】 "坐井觀天**좌정관천**에서 벗어나 세계로 눈을 돌리지 않는다면 더 이상의 발전은 기대하기 어렵다."

553

左衝右突
좌 충 우 돌

아무 사람에게나 아무 일에나 아무렇게나 함부로 맞닥뜨림

左 왼쪽 **좌** 衝 부딪칠 **충** 右 오른쪽 **우** 突 부딪칠 **돌**

【직역】 왼쪽으로 부딪쳤다가 오른쪽으로 부딪침.

➲ 이리저리 함부로 부딪침.

【예문】 "어른들의 左衝右突**좌충우돌**은 비난의 대상이지만 아이들의 左衝右突은 발전의 디딤돌이다."

554

主客顚倒
주 객 전 도

중요한 것과 중요하지 않은 것들이 뒤바뀜

主 주인 **주** 客 손님 **객** 顚 뒤집어질 **전** 倒 뒤바뀔 **도**

【직역】 주인과 손님의 처지가 뒤집어지고 뒤바뀜.

【예문】 "主客顚倒주객전도라더니 위로를 받아야 할 분이 위로를 주시는군요."

— 박경리, 《토지》

【비슷한 글자】 客 손님 객 容 얼굴 · 쉬울 용

555

晝耕夜讀
주 경 야 독

바쁘고 어려운 상황임에도 아랑곳하지 않고 학문에 정진함

晝 낮 **주** 耕 밭갈 **경** 夜 밤 **야** 讀 읽을 **독**

【직역】 낮에는 밭을 갈고 밤에는 글을 읽음.

➲ 낮에는 농사짓고 밤에는 공부함.

【예문】 "晝耕夜讀주경야독의 노력 끝에 합격장을 받아든 그는 고난의 세월을 떠올리며 눈물을 떨구었다."

556

走馬加鞭
주 마 가 편

잘하는 사람을 더 잘하도록 함

走 달릴 **주** 馬 말 **마** 加 더할 **가** 鞭 채찍 **편**

【직역】 달리는 말에 채찍을 더함.

➲ 형편이나 힘이 한창 좋을 때에 더욱 힘을 더함. 열심히 하고 있는데 더 잘하라고 격려함.

【예문】 "부모는 사랑의 마음으로 走馬加鞭주마가편하겠지만, 당하는 자식은 주저앉아 버리거나 도망치고 싶은 마음이 들 수 있다."

557

走馬看山
주 마 간 산

사물을 자세히 살펴보지 않고 겉모양만 대충 봄

走 달릴 **주** 馬 말 **마** 看 볼 **간** 山 산 **산**

【직역】 달리는 말 위에서 산을 바라봄.

➲ 자세히 보지 않고 대충 보면서 지나침.

【예문】 "走馬看山**주마간산**으로 돌아다니는 여행에서 무슨 의미를 찾을 수 있겠어?"

【비슷한 글자】 看 볼 간 着 붙을 착 羞 부끄러울 수 差 어긋날 차

558

周而不比
주 이 불 비

군자(학식과 덕행이 높은 사람)는 여러 사람과 두루 사귀지만 자신의 이익을 위해 붕당(패거리)을 만들지는 않음

周 두루 **주** 而 그러나 **이** 不 아닐 **불** 比 좇을 **비**

【직역】 (군자는) 두루 화합하지만 그러나 한쪽만을 좇지는 아니함.

【예문】 "국민들이 원하는 지도자는 周而不比**주이불비**의 대통합 정신을 가진 사람 아닐까?"

【비슷한 글자】 比 견줄 비 北 북녘 북 此 이 차 些 적을 사

559

酒池肉林
주 지 육 림

지극히 호사스럽고 방탕한 술잔치

酒 술 **주** 池 연못 **지** 肉 고기 **육** 林 수풀 **림**

【직역】 술로 연못을 만들고 고기로 수풀을 만듦.

➲ 매우 호화롭고 방탕한 생활. 술로 연못을 만들 만큼 술이 많고 고기로 숲을 만들 만큼 고기가 많음.

【예문】 "酒池肉林**주지육림**의 말로는 언제나 비참했음을 역사를 통해 확인할 수 있다."

【비슷한 글자】 酒 술 주 酉 닭 유 ‖ 林 수풀 림 霖 장마 림

560

竹馬故友

죽 마 고 우

어렸을 때부터 가까이 지내며 같이 놀았던 친한 친구

竹 대나무 **죽** 馬 말 **마** 故 옛 **고** 友 벗 **우**

【직역】 대나무로 만든 말을 타고 놀았던 옛 친구.

➲ 竹馬**죽마**는 대나무로 만든 말을 가리킨다. 긴 대나무에 짧은(약 30센티미터) 대나무를 직각이 되게 묶고 양손으로 긴 대나무를 잡은 채 짧은 대나무 위에 발을 얹고 걷는 것, 혹은 긴 대나무를 가랑이 사이에 넣고 그 대나무가 말인 양 뛰어다니는 놀이를 죽마놀이라 한다.

【예문】 "오랜만에 竹馬故友**죽마고우**와 만나 흉금을 터놓고 옛이야기를 나누다 보니 시간 가는 줄 몰랐네."

561

衆寡不敵

중 과 부 적

적은 숫자의 사람으로는 많은 숫자의 사람을 이길 수 없음

衆 많은 사람 **중** 寡 적은 사람 **과** 不 아니 **부** 敵 대적할 **적**

【직역】 많은 사람을 적은 사람이 대적할 수 없음.

◆ 적은 수효로 많은 수효를 대적하지 못함.

【예문】 "신립 장군은 충주 남한강변 탄금대에 배수진을 치고 왜군과 맞서 싸웠으나 衆寡不敵**중과부적**으로 결국 패하고 말았다."

【비슷한 글자】 衆 무리 중 象 코끼리 상

562 衆口難防 중구난방

매우 시끄럽게 떠들어 댐

衆 무리 **중** 口 입 **구** 難 어려울 **난** 防 막을 **방**

【직역】 무리(많은 사람)의 입을 막기가 어려울 만큼 (여기저기에서 떠들어 댐)

◆ 감당해 내기 어려울 만큼 사방에서 시끄럽게 지껄여 댐. 여러 사람의 입을 막는 일은 어려운 일인데, 이렇게 막아 내기 어려울 정도로 여럿이 마구 지껄임.

【예문】 "고함을 지르고 여기저기서 衆口難防**중구난방** 떠들어 대는 통에 도저히 회의를 진행할 수가 없다."

【비슷한 글자】 防 막을 방 紡 실 뽑을 방 訪 찾을 방 妨 방해할 방 彷 거닐 방

563 重言復言 중언부언

이미 했던 말을 자꾸 되풀이해서 말함

重 거듭 **중** 言 말할 **언** 復 다시 **부** 言 말할 **언**

【직역】 거듭 말하고 다시 말함.

【예문】 "연설 준비가 미흡했는지 重言復言**중언부언**이 계속되니 청중들은 금세 딴짓을 하며 웅성거리기 시작했다."

復부가 '다시' '거듭하다'의 의미로 쓰일 때에는 '부'로 발음하고, '회복하다' '돌아가다'의 의미로 쓰일 때에는 '복'으로 발음함.

564

衆惡必察衆好必察
중 오 필 찰 중 호 필 찰

여러 사람들이 같은 말을 하고 같은 행동을 한다는 이유로 생각 없이 따라하지 말고 직접 확인하고 스스로 판단해야 함

衆 무리 **중** 惡 미워할 **오** 必 반드시 **필** 察 살필 **찰**

衆 무리 **중** 好 좋아할 **호** 必 반드시 **필** 察 살필 **찰**

【직역】 여러 사람이 미워한다 하더라도 반드시 살펴야 하고, 여러 사람이 좋아한다 하더라도 반드시 살펴야 한다.

➲ 군자가 소인들의 미움을 받는 경우도 있고 부지런한 사람이 게으른 사람들에게 따돌림 받는 경우도 있으니 그 내용과 이유가 무엇인지를 반드시 살펴야 함.

【예문】 "衆惡必察衆好必察**중오필찰중호필찰**이라더니, 사람의 진면목은 직접 겪어 보지 않고 섣불리 판단해서는 안 된다는 교훈을 얻었다네."

565

知己之友
지 기 지 우

자기의 속마음을 진실로 알아주는 진정한 친구

知 알 **지** 己 자기 **기** 之 어조사 **지** 友 벗 **우**

【직역】 자기를 알아주는 친구.

➲ 서로 뜻이 통하는 진실한 친구. 줄여서 知己**지기**라고도 함. 伯牙**백아**가 자기의 음악을 알아주는 친구 鍾子期**종자기**가 죽자 거문고를 연

주할 이유가 없어졌다면서 거문고 줄을 끊어 버렸다는 伯牙絶絃**백아절현**과 관련된 말.

【예문】 "친구는 많지만 그중 知己之友**지기지우**는 몇이나 되겠는가?"

【비슷한 글자】 己 몸 기 已 이미 이 巳 뱀 사

566

芝蘭之交 지란지교

친구 사이의 향기롭고 맑은 사귐

芝 영지 **지** 蘭 난초 **란** 之 어조사 **지** 交 사귈 **교**

【직역】 영지와 난초의 사귐.

➲ 향기롭고도 맑고도 두터운 우정.

【예문】 "명문대 입학을 꿈꾸는 청소년들은 많지만 芝蘭之交**지란지교**를 꿈꾸는 청소년들은 적은 현실이 안타깝다."

567

指鹿爲馬 지록위마

사실이 아닌 것을 사실로 만들어 억지로 인정하도록 함

指 가리킬 **지** 鹿 사슴 **록** 爲 ~할 **위** 馬 말 **마**

【직역】 사슴을 가리켜 말이라고 함.

➲ 윗사람을 농락하고 권세를 제 마음대로 휘두름. 남을 속이려 끝까지 우김. 秦**진**나라의 趙高**조고**가 자신의 권세를 시험해 보고자 사슴을 가리켜 말이라 하였다는 고사에서 유래. 신하들에게 사슴을 말이라고 하였을 때 아니라고 하면 죽여 버렸다고 한다.

【예문】 "임진왜란 직전 조선의 조정은 전쟁이 코앞인 상황을 평화라고 우길 만

큼 指鹿爲馬**지록위마**에 빠져 있었다."

568

支離滅裂
지 리 멸 렬

이리저리 찢기고 흩어져서 갈피를 잡을 수 없음

支 가를 **지** 離 떠날 **리** 滅 없앨 **멸** 裂 찢어질 **렬**

【직역】 갈라지고 떠나 버리고 없어지고 찢어져 버림.

【예문】 "북미협상이 支離滅裂**지리멸렬**하게 진행되고 있지만 희망의 끈을 놓아서는 안 되겠지."

【비슷한 글자】 滅 없앨 멸 減 덜 감 蔑 업신여길 멸

569

至誠感天
지 성 감 천

무슨 일이든 정성스럽게 하면 하늘도 감동받아서 좋은 결과를 가져오게 됨

至 지극할 **지** 誠 정성 **성** 感 감동할 **감** 天 하늘 **천**

【직역】 지극한 정성은 하늘도 감동시킨다.

【예문】 "至誠感天**지성감천**이라더니 알아주는 사람 없어도 묵묵히 정성을 다한 끝에 좋은 결과를 얻었구나."

至**지**가 여기에서는 '지극하다'는 의미이지만, '이르다' '도달하다'는 의미로도 많이 쓰인다.

570

知彼知己
지 피 지 기

상대방의 형편과 자신의 형편을 모두 자세하게 알아야 일을 제대로 할 수 있음

知 알 **지** 彼 저 **피** 知 알 **지** 己 자기 **기**

【직역】 저 사람을 알고 자기를 앎.

➡ 상대를 알고 자신을 알면 백 번 싸워도 위태로움이 없다는 '知彼知己百戰不殆**지피지기백전불태**'에서 나온 말.

【예문】 "결승전에 임하는 각오를 묻자, 감독은 知彼知己**지피지기**의 자세로 모든 준비를 완벽히 마쳤다며 강한 자신감을 내보였다."

【비슷한 글자】 彼 저 피 皮 가죽 피 被 당할 피 疲 지칠 피

571

知行合一
지 행 합 일

참된 지식은 반드시 실천이 뒤따라야 함

知 알 **지** 行 행동할 **행** 合 합할 **합** 一 하나 **일**

【직역】 아는 것과 행동하는 것이 하나로 합해짐.

➡ 지식과 행동이 일치해야 참되다고 할 수 있음.

【예문】 "知行合一**지행합일** 못 하는 자가 지식인 행세를 하고 다니니 손가락질을 받는 걸세."

ㅈ~ㅊ

572

盡人事待天命
진 인 사 대 천 명

자신이 할 수 있는 최선의 노력을 한 다음에 하늘의 뜻을 기다려야 함

盡 다할 **진** 人 사람 **인** 事 일 **사** 待 기다릴 **대** 天 하늘 **천** 命 명령 **명**

【직역】 사람이 할 수 있는 일을 다 한 다음에 하늘의 명령을 기다림.

【예문】 "盡人事待天命**진인사대천명**인데 노력은 하지 않으면서 성공만 꿈꾸어서야 되겠니?"

573

進退兩難
진 퇴 양 난

이러지도 저러지도 못하는 난감한 상황

進 나아갈 **진** 退 물러날 **퇴** 兩 둘 **양** 難 어려울 **난**

【직역】 나아가는 일도 물러나는 일도 둘 다 어려움.

【예문】 "글로벌 경기 침체로 수출이 둔화되는 가운데 후발 기업의 추격이 거세지면서 한국 기업들이 進退兩難**진퇴양난** 상황에 빠졌다는 우려가 제기되고 있다."

【비슷한 글자】 兩 둘 량 雨 비 우

574

進退維谷
진 퇴 유 곡

꼼짝도 할 수 없는 궁지에 빠진 어려운 상황

進 나아갈 **진** 退 물러날 **퇴** 維 오직 **유** 谷 골짜기 **곡**

【직역】 앞으로 나아가도 뒤로 물러나도 오직 골짜기뿐임.

➲ 비슷한 의미의 말로 四面楚歌**사면초가**, 進退兩難**진퇴양난** 등이 있음.

【예문】 "왜적들은 나갈 수도 없고 물러갈 수도 없는 進退維谷**진퇴유곡**이 되어 버린다. – 박종화 ,《임진왜란》

575

매우 많은 것 가운데 있는 보잘것없이 작은 것

滄 큰 바다 **창** 海 바다 **해** 一 하나 **일** 粟 벼 **속**

【직역】 큰 바다 가운데 떠 있는 한 알의 벼.

➲ 지극히 작거나 가치 없는 존재.

【예문】 "이 드넓은 우주에서 지구도 滄海一粟**창해일속**에 불과한데 하물며 인간은 얼마나 미미한 존재인가."

【비슷한 글자】 滄 큰 바다 창 倉 곳집 창 創 비롯할 창 槍 창(무기) 창 蒼 푸를 창
粟 벼 속 栗 밤 율

576

天高馬肥
천 고 마 비

맑고 풍요로운 가을

天 하늘 **천** 高 높을 **고** 馬 말 **마** 肥 살찔 **비**

【직역】 하늘은 높고 말은 살찜.

➲ 청명한 날씨와 五穀百果**오곡백과**가 무르익는 가을을 일컫는 말. 하늘이 높게 보일 만큼 날씨가 좋고 말에게까지 배불리 먹일 수 있을 만큼 먹을 것이 풍부함.

【예문】 "아침 바람이 서늘해진 것을 보니 天高馬肥**천고마비**의 계절이 성큼 다가 왔음을 알겠다."

577

千軍萬馬
천 군 만 마

아주 많은 숫자의 軍士**군사**와 軍馬**군마**

千 일천 **천** 軍 군사 **군** 萬 일만 **만** 馬 말 **마**

【직역】 천 명의 군사와 만 마리의 말.

【예문】 "결승전을 앞둔 중요한 시기에 그의 복귀 소식이 알려지자 팬들은 千軍萬馬**천군만마**를 얻은 것 같다며 환호했다."

578

千慮一失
천 려 일 실

여러 번 생각하여 신중하고 조심스럽게 행한 일에도 한 번 정도 실수는 있을 수 있음

千 일천 **천** 慮 생각할 **려** 一 하나 **일** 失 실수할 **실**

【직역】 천 번 생각한 일에도 하나 정도의 실수는 있을 수 있음.

➲ 아무리 현명한 사람일지라도 많은 생각 중에 한 가지쯤은 잘못된 것이 있다는 뜻으로, 아무리 어리석은 사람의 생각 중에도 간혹 쓸 만한 것이 있다는 千慮一得**천려일득**에 반대되는 말. 千慮一失**천려일실**은 지나치게 자신하지 말라는 충고, 혹은 실수에 대한 변명이나 위로의 말로사용된다.

【예문】 "누구라도 千慮一失**천려일실**할 수 있으니 실수했다고 너무 심하게 다그치지 말게나."

【비슷한 글자】 慮 생각할 려 盧 화로 로 廬 오두막 려 蘆 갈대 로

579

天方地軸 종잡을 수 없이 덤벙댐
천 방 지 축

天하늘 **천** 方방향 **방** 地땅 **지** 軸굴대 **축**

【직역】 하늘의 방향과 땅의 굴대(를 알지 못하면서 행동함)

➲ 어리석은 사람이 갈 바를 몰라 두리번거림. 어디가 천방인지 어디가 지축인지 모르고 급하게 허둥지둥 함부로 날뜀. 너무 바빠서 두서를 잡지 못하고 허둥댐.

【예문】 "한창 天方地軸**천방지축**인 어린아이를 셋이나 돌보고 있으니 얼마나 힘들까."

ㅈ~ㅊ

580

泉石膏肓 자연을 사랑하는 마음
천 석 고 황

泉샘 **천** 石돌 **석** 膏염통 밑 **고** 肓명치 끝 **황**

【직역】 샘과 돌(자연)에 고황(고치기 어려운 병)이 들었음.

➲ 자연을 사랑하는 마음이 정도에 지나쳐 마치 고치기 어려운 깊은 병에 걸린 것과 같음. 泉石**천석**은 글자 그대로는 '샘과 돌'이라는 의미이지만 '자연'이라는 의미로 많이 쓰이고, 膏肓**고황**은 '염통 밑과 명치 끝'이라는 의미이지만 '염통 밑과 명치 끝에 든 병'을 일컫는다. 염통 밑과 명치 끝에 있는 병은 고치기 어렵다고 알려져 왔기 때문에 膏肓之疾**고황지질**은 고치기 어려운 병을 일컬었다.

【예문】 "泉石膏肓**천석고황**인 사람치고 사람을 사랑하지 않는 사람 없다."

【비슷한 글자】 石 돌 석 右 오른쪽 우

581

千辛萬苦
천 신 만 고

온갖 어려운 고비를 다 겪으며 심하게 고생함

千 일천 **천** 辛 매울 **신** 萬 일만 **만** 苦 쓸 **고**

【직역】 천 번 매운맛을 보고 만 번 쓴맛을 봄.

➲ 매운맛 보는 것, 쓴맛 보는 것 둘 다 고생스럽다는 의미. '천'과 '만'은 매우 많음을 상징하는 것일 뿐 고정된 숫자는 아님. '부모가 자식을 낳아 돌보고 기르는 것이 千辛萬苦**천신만고**이니 추워도 애 울음소리도 꺼리지 않는다'는 문장에서 유래했다고 함.

【예문】 "아이돌로 성공하는 아이들은 극소수에 불과하다. 千辛萬苦**천신만고** 끝에 연습생이 된다 해도 데뷔하기까지 험난한 여정을 거쳐야 한다."

582

天壤之差
천 양 지 차

하늘과 땅 사이처럼 비교할 수 없을 만큼의 엄청난 차이

天 하늘 **천** 壤 땅 **양** 之 ~의 **지** 差 차이 **차**

【직역】 하늘과 땅의 차이.

【예문】 "소비자보호원의 발표에 따르면 비슷한 가격대의 제품도 성능은 天壤之差**천양지차**인 것으로 나타났다."

【비슷한 글자】 壤 흙 양 讓 사양할 양 孃 여자아이 양 懷 품을 회 壞 무너질 괴
差 차이 차 羞 부끄러울 수

天**천**은 '하늘' '하느님' '자연' '임금' 등 여러 의미로 사용된다.

583

天佑神助
천 우 신 조

세상의 모든 것들이 도와줌

天하늘 **천** 佑도울 **우** 神귀신 **신** 助도울 **조**

【직역】 하늘이 돕고 귀신(신령)이 도움.

【예문】 "그 큰 화재에 사망자가 한 명도 없었다니. 天佑神助**천우신조**가 아닌가!"

584

天衣無縫
천 의 무 봉

사물이나 문장 등이 완벽하여서 손댈 곳이 없을 만큼 자연스러움

天천사 **천** 衣옷 **의** 無없을 **무** 縫꿰맬 **봉**

【직역】 천사의 옷은 꿰맨 흔적이 없음.

➲ 성격이나 말이 매우 자연스러워 조금도 꾸민 데가 없음. 시나 문장이 기교를 부린 흔적이 없어 아주 자연스러움.

【예문】 "이곳이야말로 花園**화원**이다. 꾸밈이 없는 天衣無縫**천의무봉**의 화원이다." – 이병주, 《지리산》

585

千載一遇
천 재 일 우

좀처럼 만나기 어려운 좋은 기회

千일천 **천** 載해 **재** 一하나 **일** 遇만날 **우**

【직역】 천 년에 한 번 만남.

ㅈ~ㅊ

【예문】 "千載一遇**천재일우**의 기회가 찾아온다 해도 준비되어 있지 않은 사람에게는 그림의 떡일 뿐이다."

【비슷한 글자】 載 실을 · 해(year) 재 戴 일 대 裁 마름질할 재 栽 심을 재

586

天眞爛漫
천 진 난 만

조금의 꾸밈이나 거짓 없이 아주 순진하고 참됨

天 자연 **천** 眞 참 **진** 爛 문드러질 **난** 漫 흩어질 **만**

【직역】 자연의 참된 모습이 문드러지고 흩어져 있음(많음).

【예문】 "동자승들의 天眞爛漫**천진난만**한 모습에 행사장에 모인 모든 사람들의 얼굴에 미소가 번졌다."

【비슷한 글자】 眞 참 진 鎭 진압할 진 漫 질펀할 만 慢 게으를 만

587

千態萬象
천 태 만 상

사물이 한결같지 아니하고 모습과 모양이 각각 다름

千 일천 **천** 態 모양 **태** 萬 일만 **만** 象 모양 **상**

【직역】 천 가지 모양과 만 가지 모양.

➲ 온갖 모양.

【예문】 "하늘과 구름에 따라서, 일출과 일몰, 계절과 일기, 움직이는 그 모든 것에 따라서 시시각각 千態萬象**천태만상**, 채색의 조화를 부리던 산이 지금은 안개에 가려 아슴푸레 모습을 떠올리고 있었다." – 박경리, 《원주 통신》

588

千篇一律
천 편 일 률

여러 사물이 개성 없이 모두 비슷비슷함

千 일천 **천** 篇 시문 **편** 一 하나 **일** 律 가락 **률**

【직역】 천 개 詩文**시문**의 글귀가 하나의 가락으로 되어 있음.

➲ 詩文**시문**들이 모두 비슷한 글귀나 형식으로만 되어 있어 참신한 맛이 없음. 사물이 모두 판에 박은 듯 똑같아서 새롭거나 독특한 개성이 없고 재미도 없음.

【예문】 "겉으로는 千篇一律**천편일률**로 보이는 것들도 자세히 살펴보면 百人百色**백인백색**이다."

【비슷한 글자】 篇 책 편 偏 치우칠 편 編 엮을 편 遍 두루 편 扁 넓적할 편
律 법 률 津 나루 진

589

徹頭徹尾
철 두 철 미

처음부터 끝까지 빈틈없고 철저하게 함

徹 통할 **철** 頭 머리 **두** 徹 통할 **철** 尾 꼬리 **미**

【직역】 머리에서도 통하고 꼬리에서도 통함.

【예문】 "한두 군데 빈 곳이 있어야 다가갈 수 있지 사람이 너무 徹頭徹尾**철두철미**하면 사람들이 부담스러워 한다."

【비슷한 글자】 尾 꼬리 미 眉 눈썹 미

ㅈ~ㅊ

590

晴耕雨讀
청 경 우 독

일도 열심히 하고 공부도 열심히 함

晴 날씨 맑을 **청** 耕 밭갈 **경** 雨 비 **우** 讀 읽을 **독**

【직역】 날씨가 맑으면 밭을 갈고 비가 오면 책을 읽음.

➲ 부지런히 일하고 여가를 헛되이 보내지 않고 공부함.

【예문】 "직장 생활을 하며 어떻게 여러 권의 책을 저술할 수 있었는지 묻자, 그는 晴耕雨讀**청경우독**의 자세로 부지런히 움직였다고 답했다."

591

青雲之志
청 운 지 지

출세하고 싶은 마음

青 푸를 **청** 雲 구름 **운** 之 어조사 **지** 志 뜻 **지**

【직역】 푸른 구름(높은 이상이나 벼슬)에 닿고 싶은 뜻.

➲ 青雲**청운**은 푸른 구름이고, 푸른 구름은 어쩌다 한 번 볼 수 있는 귀한 구름임. 神仙**신선**이 있는 곳이나 임금이 될 사람이 있는 곳에는 푸른 구름과 五色**오색** 구름이 떠 있었다고 전해짐.

【예문】 "선거철이 다가오니 青雲之志**청운지지**를 품은 사람들이 앞다투어 출사표를 던지고 있다."

592

聽而不聞 청이불문

모든 일은 마음먹기에 달려 있음

聽 들을 **청** 而 그러나 **이** 不 아니 **불** 聞 들을 **문**

【직역】 (마음이 없다면) 들어도 그러나 들리지 아니함.

➲ 아무리 많이 듣는다 하더라도 마음이 없다면 들리지 아니함. 모든 일은 마음먹기에 달려 있음. '마음이 없다면 보아도 보이지 않고, 들어도 들리지 않으며, 먹어도 그 맛을 알지 못한다'는 心不在焉**심부재언** 視而不見**시이불견** 聽而不聞**청이불문** 食而不知其味**식이부지기미**에서 나온 말.

【예문】 "아무리 열심히 가르치려 해도 배우려는 의지가 없으니 聽而不聞**청이불문**이구나."

【비슷한 글자】 聽 들을 청 廳 관청 청

593

青天霹靂 청천벽력

뜻밖에 일어난 큰 變故**변고**나 事件**사건**

青 푸를 **청** 天 하늘 **천** 霹 벼락 **벽** 靂 벼락 **력**

【직역】 맑게 갠 푸른(맑은) 하늘에서 벼락이 일어남.

【예문】 "의사에게 青天霹靂**청천벽력** 같은 진단 결과를 듣고 큰 충격을 받았지만, 지금은 안정을 찾고 치료에 매진하고 있다더군."

ㅈ~ㅊ

594

青出於藍
청 출 어 람

제자가 스승보다 나음

青 푸를 **청** 出 날 **출** 於 어조사 **어** 藍 쪽빛 **람**

【직역】 푸른색은 쪽빛에서 나왔지만 (그러나 쪽빛보다 푸름)

➲ 원문은 '青出於藍而青於藍**청출어람이청어람**' 쪽빛에서 뽑아낸 푸른 물감이 쪽빛보다 더 푸름.

【예문】 "제자의 작품 전시회를 참관한 스승님은 青出於藍**청출어람**이라며 흐뭇한 미소를 지었다."

595

草露人生
초 로 인 생

허무하고 덧없는 인생

草 풀 **초** 露 이슬 **로** 人 사람 **인** 生 삶 **생**

【직역】 풀에 맺힌 이슬과 같은 인간의 삶.

➲ 풀잎에 맺힌 이슬은 태양이 뜨면 곧바로 사라짐. 보람이나 가치 없이 헛되고 부질없는 인생

【예문】 "부귀영화를 누린 사람이나 힘들고 구차하게 산 사람이나 늙어 草露人生**초로인생**은 마찬가지다."

596

焦眉之急
초 미 지 급

매우 위급한 상황

焦 태울 **초** 眉 눈썹 **미** 之 ~의 **지** 急 위급할 **급**

【직역】 눈썹이 태워지고 있는 위급함.

➡ 그대로 방치할 수 없는 다급함.

【예문】 "회사 측은 공사가 지연되면서 이자 금액이 눈덩이처럼 불어나고 있는 焦眉之急**초미지급**의 상황이라고 설명했다."

【비슷한 글자】 焦 태울 초 樵 땔나무 초 憔 수척할 초

597

初志一貫
초 지 일 관

처음에 세운 뜻을 하나의 방향으로 끝까지 밀고 나감

初 처음 **초** 志 뜻 **지** 一 하나 **일** 貫 뚫을 **관**

【직역】 처음의 뜻을 하나로 뚫음.

【예문】 "그 사람이라면 어떤 상황에서도 初志一貫**초지일관** 앞만 보고 뚝심 있게 밀어붙일 수 있을 거야."

【비슷한 글자】 貫 뚫을 관 慣 버릇 관

598

寸鐵殺人
촌 철 살 인

짧은 警句**경구**로도 사람을 크게 감동시킬 수 있음

寸 작을 **촌** 鐵 쇠 **철** 殺 죽일 **살** 人 사람 **인**

【직역】 작은 쇠붙이로도 사람을 죽일 수 있음.

➡ 말로써 상황의 급소를 찌름.

【예문】 "寸鐵殺人**촌철살인**은 말재주만 있다고 가능한 것이 아니다. 끊임없는 讀書**독서**와 思索**사색**이 뒷받침되어야 한다."

599

秋風落葉
추 풍 낙 엽

형세나 세력이 갑자기 기울어지거나 시들어 가는 모양

秋 가을 **추** 風 바람 **풍** 落 떨어질 **낙** 葉 잎 **엽**

【직역】 가을바람에 떨어지는 나뭇잎.

【예문】 "IMF 시절 하루가 멀다 하고 거대 기업들이 秋風落葉**추풍낙엽**으로 도산하는 상황을 보며 국민들이 큰 충격에 빠졌다."

600

出告反面
출 고 반 면

집 밖으로 나갈 때에 반드시 행선지를 말씀 드리고 돌아오면 반드시 얼굴을 뵙고 인사를 드림

出 나갈 **출** 告 알릴 **고** 反 돌아올 **반** 面 얼굴 **면**

【직역】 나갈 때에 (외출함을) 알리고 돌아와서 얼굴을 보여 드림(확인시켜 드림).

➲ 외출할 때와 귀가했을 때 자식이 부모에게 지켜야 할 도리.

【예문】 "出告反面**출고반면**은 바라지도 않는다. 그래도 며칠 동안 집을 비우면 행선지는 알려야 하지 않겠니?"

601

取捨選擇
취 사 선 택

취할 것은 취하고 버릴 것은 버려서 골라잡음

取 취할 **취** 捨 버릴 **사** 選 고를 **선** 擇 가릴 **택**

【직역】 취할 것과 버릴 것을 고르고 가려냄.

➲ 취할 것인지 버릴 것인지 선택하여 결정함.

【예문】 "이제는 지식을 암기하는 능력보다 지식과 정보를 取捨選擇**취사선택**하여 새로운 지식을 만들어 내는 능력을 키우는 교육이 필요하다."

【비슷한 글자】 捨 버릴 사 拾 주울 습

602

醉生夢死
취 생 몽 사

하는 일 없이 한평생을 흐리멍덩하게 살아감

醉 취할 **취** 生 살 **생** 夢 꿈 **몽** 死 죽을 **사**

【직역】 술에 취한 것처럼 살다가 꿈꾸는 것처럼 죽음.

➲ 술에 취한 듯 꿈을 꾸는 듯 한평생을 어영부영 살아감.

【예문】 "자식이 醉生夢死**취생몽사**로 하루하루를 낭비하고 있으니 부모 속이 얼마나 새까맣게 탔겠나."

603

七顚八起
칠 전 팔 기

여러 번 실패했음에도 절망하지 않고 노력을 계속하여 성공함

七 일곱 **칠** 顚 넘어질 **전** 八 여덟 **팔** 起 일어날 **기**

【직역】 일곱 번 넘어지고 여덟 번째 일어남.

➲ 실패를 거듭하더라도 아랑곳하지 않고 다시 일어섬.

【예문】 "成功**성공**과 失敗**실패**는 능력 차이가 아니라 끝까지 포기하지 않는 것에 달려 있으니 七顚八起**칠전팔기** 정신이 그 무엇보다 중요하다."

【비슷한 글자】 顚 넘어질 전 轉 구를 전 輾 구를 전

604

七縱七擒
칠 종 칠 금

상대를 마음대로 농락함

七 일곱 **칠** 縱 놓아줄 **종** 七 일곱 **칠** 擒 사로잡을 **금**

【직역】 일곱 번 놓아주었다가 일곱 번 사로잡음.

➲ 諸葛亮**제갈량**이 孟獲**맹획**을 일곱 번 사로잡았다가 일곱 번 놓아주었다는 데서 유래. 무슨 일이든 제 마음대로 함.

【예문】 "시합 전에는 상대를 七縱七擒**칠종칠금**할 수 있노라 큰소리치더니 되레 네가七縱七擒 당했구나"

【비슷한 글자】 縱 늘어질 종 從 좇을 종 擒 사로잡을 금 禽 날짐승 금

605

針小棒大
침 소 봉 대

작은 일을 크게 부풀려서 말함

針 바늘 **침** 小 작을 **소** 棒 몽둥이 **봉** 大 큰 **대**

【직역】 바늘처럼 작은 것을 몽둥이처럼 큰 것이라고 이야기함.

➲ 지나치게 과장하여 표현함.

【예문】 "임이네가 針小棒大**침소봉대**해서 한 말을 곧이들은 강청댁은 정말 마음을 쫓겨날 것이라 생각한 것 같다." – 박경리, 《토지》

606

快刀亂麻
쾌 도 난 마

복잡하게 얽힌 문제를 빠르고 분명하게 처리함

快 시원할 **쾌** 刀 칼질할 **도** 亂 어지러울 **난** 麻 삼 **마**

【직역】 어지럽게 헝클어진 삼(실)을 시원하게 칼질함.

【예문】 "모든 세상일이 快刀亂麻**쾌도난마**로 단번에 해결된다면 얼마나 시원하고 좋겠는가만…."

【비슷한 글자】 快 상쾌할 쾌 決 터질 · 정할 결

607

他山之石
타 산 지 석

다른 사람의 하찮은 언행 또는 허물과 실패까지도 자신을 수양하는 데 도움이 됨

他 다를 **타** 山 산 **산** 之 어조사 **지** 石 돌 **석**

【직역】 다른 산의 돌(내 옥을 다듬는 데 도움이 됨.)

➡ 착하지 못한 사람도 反面敎師**반면교사**로 삼을 수 있으니 나의 수양에 도움이 됨. 《詩經**시경**》에 나오는 시의 한 구절로 원문은 '他山之石**타산지석** 可以攻玉**가이공옥**'이다. 다른 산의 돌이라도 가히 써 옥을 가는 데 사용할 수 있다는 의미. 돌을 小人**소인**에 비유하고 옥을 君子**군자**에 비유하여 군자도 소인에 의해 수양할 수 있고 덕을 쌓아 나갈 수 있음을 일컫는 말.

【예문】 "그처럼 종술이를 심하게 욕하는 이유도 실상은 他山之石**타산지석**으로 들으라고 막내 놈을 은근히 겁주기 위함이었다." – 윤흥길, 《완장》

608

卓上空論
탁 상 공 론

실현 가능성이 없는 의미 없는 이야기.

卓 책상 **탁** 上 위 **상** 空 헛될 **공** 論 의논할 **론**

【직역】 책상 위에서만 오고 가는 헛된 의논.

➲ 현실성이 없는 허황한 이론이나 논의.

【예문】 "실무자가 빠진 상태에서 논의해 봤자 卓上空論**탁상공론**에 그칠 것이 뻔하니 회의를 연기하는 것이 좋겠다."

609

泰山北斗
태 산 북 두

세상 사람들로부터 존경받는 사람

太 클 **태** 山 뫼 **산** 北 북녘 **북** 斗 국자 **두**

【직역】 泰山**태산**이나 北斗七星**북두칠성**과 같은 존재.

➲ 중국 제일의 명산인 泰山**태산**과 가장 빛나 보이는 北斗七星**북두칠성**처럼 우러러보는 존재. 학문과 예술 분야에서 권위 있는 사람.

【예문】 "김구와 김원봉 선생은 대한민국 독립운동사의 泰山北斗**태산북두**와 같은 존재였다."

【비슷한 글자】 泰 클 태 秦 나라 이름 진 奏 아뢸 주

610

泰然自若
태 연 자 약

상태가 심상치 않음에도 충격 받지 않고 자연스러움

泰 클 **태** 然 그러할 **연** 自 스스로 **자** 若 같을 **약**

【직역】 크게 그러할 수 있다고 여기고 스스로 (옛날과) 같다고 생각함.

➲ (마땅히 놀라거나 두려워하거나 충격을 받을 만한 상황임에도) 크게 그럴 수 있다고 생각하거나 예전에도 있었던 일이라며 아무렇지 않다는 태도를 보임.

【예문】 "암 선고를 받고 泰然自若**태연자약**한 모습을 보이긴 했으나 속으로는 얼마나 무섭고 겁이 났을까."

611

兎死狗烹
토 사 구 팽

필요할 때 요긴하게 써 먹고 쓸모가 없어지면 가혹하게 버림

兎 토끼 **토** 死 죽을 **사** 狗 개 **구** 烹 삶을 **팽**

【직역】 토끼가 죽으면(잡히면) (사냥하던) 개를 삶아 먹음.

➲ 일이 있을 때 실컷 부려 먹다가 일이 끝나면 돌보지 않고 헌신짝처럼 버리는 비정한 세태.

【예문】 "예선에서 몸을 사리지 않고 열심히 뛰어 팀을 결승에 올려놓았는데 막상 결승 출전선수 명단에서 제외되니 감독에게 兎死狗烹**토사구팽**당한 셈이 아닌가."

【비슷한 글자】 狗 개 구 拘 잡을 구

612

推敲 퇴고

문장의 표현을 다듬고 고치는 일

推 밀 **퇴** 敲 두드릴 **고**

【직역】 민다고 (표현할까?) 두드린다고 (표현할까?)

➲ 당나라 시인 賈島**가도**가 '僧推月下門**승퇴월하문**'이란 시구를 지을 때 推**퇴**를 敲**고**로 바꿀까 말까 망설이다가 韓愈**한유**를 만나 그의 조언에 따라 敲**고**로 결정하였다는 데에서 유래. 글을 지을 때 여러 번 생각하여 고치고 다듬는 일.

【예문】 "'모든 草稿**초고**는 쓰레기'라는 헤밍웨이의 말을 통해서도 推敲**퇴고**가 얼마나 중요한 작업인지 알 수 있다."

【비슷한 글자】 推 밀 퇴(추) 堆 언덕 퇴 錐 송곳 추 維 밧줄 유 唯 오직 유 惟 생각 유

613

破鏡 파경

夫婦**부부** 관계가 틀어지거나 금실이 좋지 않아 離婚**이혼**하게 되는 일

破 깨뜨릴 **파** 鏡 거울 **경**

【직역】 깨뜨려진 거울.

【예문】 "사소한 불화가 破鏡**파경**으로 이어지지 않으려면 부부 모두 易地思之**역지사지**의 자세로 상대방을 이해하려는 노력이 필요하다."

【비슷한 글자】 破 깨뜨릴 파 波 물결 파 婆 할미 파
鏡 거울 경 境 장소 경 竟 다할 경

614

波瀾萬丈
파 란 만 장

일의 진행에 변화가 심함

波 파도 **파** 瀾 물결 **란** 萬 일만 **만** 丈 길이 (약 3미터) **장**

【직역】 파도의 물결침이 **萬丈만장**이나 됨.

➲ 일이나 생활에 起伏**기복**이나 變化**변화**가 매우 큼.

【예문】 "공격과 방어가 엇갈려야 경기가 재미있듯 밋밋하고 평탄한 삶보다는 波瀾萬丈**파란만장**한 삶이 재미도 있고 의미도 있지 않을까?"

【비슷한 글자】 丈 어른 장 杖 지팡이 장

615

破邪顯正
파 사 현 정

잘못된 생각을 버리고 올바른 도리를 행함

破 깨뜨릴 **파** 邪 사악할 **사** 顯 드러낼 **현** 正 바를 **정**

【직역】 邪惡**사악**한 것을 깨뜨리고 올바른 것을 드러냄.

➲ 불교에서 나온 용어로, 부처의 가르침에 어긋나는 사악한 것을 버리고 올바른 도리를 따른다는 뜻.

【예문】 "비리와 부정으로 물러난 전임자의 뒤를 위어 새로 임명된 위원장은 破邪顯正**파사현정**의 자세로 임하겠다는 각오를 밝혔다."

616

破顔大笑
파 안 대 소

즐거운 표정으로 한바탕 마음껏 웃음

破 깨뜨릴 **파** 顔 얼굴 **안** 大 큰 **대** 笑 웃을 **소**

【직역】 얼굴을 깨뜨릴 만큼 크게 웃음.

【예문】 "유치원 재롱잔치를 참관하는 부모들은 아이들의 작은 실수에도 破顔大笑**파안대소**하며 연신 큰 웃음을 터뜨렸다."

【비슷한 글자】 顔 얼굴 안 頂 정수리 정 須 모름지기 수 項 목 항 頌 칭송할 송 領 거느릴 령 頭 머리 두

617

破竹之勢
파 죽 지 세

세력이 강하여 걷잡을 수 없이 나아가는 모양

破 깨뜨릴 **파** 竹 대나무 **죽** 之 어조사 **지** 勢 기세 **세**

【직역】 대나무를 깨뜨리는(쪼개는) 기세(기운차게 뻗는 형세).

➲ 대나무는 순식간에 쪼개지는 속성을 지니고 있음. 강한 세력으로 거침없이 물리치고 쳐들어가는 기세.

【예문】 "신약 개발 소식이 알려진 뒤 제조회사의 주가가 破竹之勢**파죽지세**로 상승하고 있다."

618

破天荒 파천황

이제까지 아무도 하지 않은 일을 처음으로 해냄

破 깨뜨릴 **파** 天 자연 **천** 荒 거칠 **황**

【직역】 자연의 거친 상태를 깨뜨림.

➲ 천지개벽 이전의 혼돈한 상태를 깨뜨려 새로운 세상을 만듦. 天荒**천황**은 원래부터 거칠었다는 의미인데, 唐**당**나라 荊州**형주** 지방은 진사 합격자가 나오지 않아 天荒이라 불렀다. 이러한 天荒 상태를 깨뜨렸다는 의미로 처음으로 무엇인가를 해낸 상황을 일컫는 말이 되었다.

【예문】 "破天荒**파천황**의 道**도**라도 깨진 양 떠들고 있지만 실은 한 무제의 침략 이래 반만년 이 나라의 治者**치자**들이 해 온 짓거리를 되풀이하고 있을 뿐이다. – 이문열, 《황제를 위하여》

619

八方美人 팔방미인

모든 방면에서 능통한 사람

八 여덟 **팔** 方 방향 **방** 美 아름다울 **미** 人 사람 **인**

【직역】 여덟 가지 방향(모든 면)에서 아름다운 사람.

➲ 어느 면에서나 아름다운 美人**미인**.

【예문】 "八方美人**팔방미인**보다는 한 분야에서 1인자가 되는 것이 낫지 않겠니?"

620

敗家亡身
패 가 망 신

집안의 재산을 다 써서 없애 버리고 몸(신세)을 망침

敗 깨뜨릴 **패** 家 집 **가** 亡 망할 **망** 身 몸 **신**

【직역】 집안을 깨뜨리고 몸을 망하게 함.

【예문】 "도박에 빠져 敗家亡身**패가망신**에 이르렀으니 아내와 자식마저 등돌렸다고 서운해할 것도 없다."

621

平地風波
평 지 풍 파

평온한 상태에서 예상치 못한 다툼이 일어남

平 평평할 **평** 地 땅 **지** 風 바람 **풍** 波 물결 **파**

【직역】 평평한 땅에 바람이 불고 물결이 일어남.

➲ 쓸데없는 일을 만들어서 뜻밖의 紛爭**분쟁**을 일으키거나 일을 어렵고 복잡하게 만드는 경우를 일컬음.

【예문】 "분란이 일어날 게 뻔한데 왜 두 사람 사이에 오간 말을 여기저기 옮겨서 집안에 平地風波**평지풍파**를 일으키는 것이냐."

【비슷한 글자】 平 평평할 평 乎 어조사 호

平**평**은 '평평하다' 외에도 '다스리다' '바르다' '곧다' '편안하다'의 의미로 쓰이며, 地**지**는 '땅' 이외에도 '처지' '처해 있는 형편'의 의미로 쓰인다. 風**풍**은 '바람' 이외에도 '풍속' '경치' '모습' '시련'의 의미로, 波**파**는 '물결' 이외에도 '진동하는 결' '주름'의 의미로 쓰인다.

622

表裏不同
표 리 부 동

마음이 음충맞아서 겉과 속이 다름

表 겉 **표** 裏 속 **리** 不 아니 **부** 同 같을 **동**

【직역】 겉과 속이 같지 아니함.

【예문】 "몇 년을 알고 지냈는데 이렇게 배신을 당하다니. 그렇게 表裏不同**표리부동**한 사람인 줄은 미처 몰랐네."

【비슷한 글자】 裏 속 리 衷 속마음 충

623

風飛雹散
풍 비 박 산

일이나 사물이 형체도 알아볼 수 없을 정도로 망가지고 흩어짐

風 바람 **풍** 飛 날 **비** 雹 우박 **박** 散 흩어질 **산**

【직역】 바람에 의해 날리고 雨雹**우박**에 의해 흩어짐.

➲ 깨어지고 흩어져서 사방으로 날아감. 부서져서 사방으로 흩어짐.

【예문】 "남편 사업이 실패하면서 집안이 風飛雹散**풍비박산** 나서 온 가족이 뿔뿔이 흩어지게 됐어."

624

風樹之嘆
풍 수 지 탄

효도하고 싶은데 부모님이 돌아가셔서 효도할 수 없는 슬픔

風 바람 **풍** 樹 나무 **수** 之 어조사 **지** 嘆 탄식할 **탄**

ㅋ~ㅎ

【직역】 바람 때문에 움직이지 않을 수 없게 된 나무의 탄식.

➲ '樹欲靜而風不止**수욕정이풍부지** 子欲養而親不待**자욕양이친부대**'라는 문장에서 風**풍**과 樹**수**를 따와서 만든 말. 나무는 고요하고자 하나 바람이 그치지 않고(나무의 움직임을 결정하는 것은 나무가 아니라 바람임) 자식은 효도하고 싶으나 어버이가 기다려 주지 않는다(효도를 하고 싶어도 부모가 돌아가시면 효도할 수 없음)는 의미.

【예문】 "나처럼 風樹之嘆**풍수지탄**하지 말고 부모님 살아 계실 때 한 번이라도 더 찾아뵙게나."

625

風月主人
풍 월 주 인

바람과 달(자연)의 주인이 되어서 자연을 즐기는 사람

風바람 **풍** 月달 **월** 主주인 **주** 人사람 **인**

【직역】 맑은 바람과 밝은 달의 주인.

➲ 원래는 江山風月主人**강산풍월주인**이다. 江山風月**강산풍월**은 '아름다운 풍경'을 일컬음.

【예문】 "퇴직한 뒤 꿈이라면 고향으로 내려가 風月主人**풍월주인**으로 사는 것이라네."

626

風前燈火
풍 전 등 화

매우 위급한 상황에 놓여 있음

風바람 **풍** 前앞 **전** 燈등불 **등** 火불 **화**

【직역】 바람 앞의 등불.

➡ 사물이 오래 견디지 못하고 매우 위급한 상태에 있음. 바람 앞의 등불처럼 꺼질 듯 꺼질 듯 매우 위태로움. 비슷한 의미의 말로 累卵之危**누란지위**, 命在頃刻**명재경각**, 百尺竿頭**백척간두**, 一觸卽發**일촉즉발**, 焦眉之急**초미지급** 등이 있음.

【예문】 "농산물 수입 개방을 앞두고 농민들은 생존권이 風前燈火**풍전등화**의 위기에 처했다며 거세게 반발하고 나섰다."

627

風餐露宿
풍 찬 노 숙

떠돌아다니며 객지에서 모진 고생을 함

風바람 **풍** 餐먹을 **찬** 露드러낼 **로** 宿잠잘 **숙**

【직역】 바람 맞으면서 먹고 몸을 드러내놓고 잠을 잠.

【예문】 "농사일을 걷어치우고 집을 떠나 도로와 산야에 風餐露宿**풍찬노숙**을 한 지 벌써 한 달, 그사이에 보리는 무르익어 자칫 추수기를 놓칠 지경에 이른 것이다." – 현기영, 《변방에 우짖는 새》

露**로**는 '이슬'이라는 의미로 많이 쓰이지만 露出**노출**, 暴露**폭로**, 露宿者**노숙자**에서는 '드러내다'는 의미이다.

628

匹夫之勇
필 부 지 용

깊은 생각 없이 血氣**혈기**만 믿고 함부로 날뛰는 용기

匹천한 사람 **필** 夫사나이 **부** 之어조사 **지** 勇용기 **용**

【직역】 천한 사나이의 용기.

【예문】 "소서와 종의지는… 무식하고 匹夫之勇필부지용만 가진 무리와는 의견을 달리했던 것이다." – 박종화, 《임진왜란》

匹필이 여기에서는 '천한 사람'이라는 뜻으로 쓰였지만, '짝' '맞수' '벗' '길이의 단위'(비단 1필은 약 12미터)를 뜻하기도 한다.

629

下石上臺 하석상대

임시변통으로 이리저리 둘러맞춤

下 아래 **하** 石 돌 **석** 上 위 **상** 臺 누각 **대**

【직역】 아래에 있는 돌을 빼내서 위에 있는 누각의 돌로 삼음.

➲ 아랫돌 빼어 윗돌 괴기. 임시방편으로 일을 처리함. 비슷한 의미의 말로 姑息之計고식지계, 凍足放尿동족방뇨, 彌縫策미봉책 등이 있음.

【예문】 "마무리투수 영입이 필요하다는 지적에는 귀를 닫고 급할 때마다 선발투수를 마무리로 기용하는 下石上臺하석상대만 되풀이하니 팬들의 불만이 커질 수밖에."

【비슷한 글자】 臺 누각 대 壹 하나 일

630

下學上達 하학상달

낮고 쉬운 것부터 배워서 깊고 어려운 것을 깨달음

下 아래 **하** 學 배울 **학** 上 위 **상** 達 도달할 **달**

【직역】 아래 수준을 배워서 위 수준에 도달함.

➲ 쉬운 지식을 배워 어려운 이치를 깨달음.

【예문】 "늦게 입문했다고 서두르지 말고 下學上達**하학상달**의 자세로 기초부터 튼튼히 다지거라."

下**하**는 '아래'의 의미 외에도 '내리다' '아랫사람' '물리치다'의 의미로 쓰이며, 上**상**도 '위'의 의미뿐 아니라 '오르다' '임금' '하늘' '최고'의 의미로 쓰인다.

631

鶴首苦待
학 수 고 대

몹시 기다림

鶴 학 **학** 首 머리 **수** 苦 괴로워할 **고** 待 기다릴 **대**

【직역】 학의 머리가 될 때까지 (길게 목을 빼고서) 괴로워하면서 기다림.

➲ 간절한 마음으로 기다림.

【예문】 "시골에 계신 어머님은 자식들이 내려오는 날만 鶴首苦待**학수고대**하신다네."

632

學如不及
학 여 불 급

學問**학문**하는 사람은 자신의 지식과 지혜가 항상 모자란 것으로 생각하여 쉬지 말고 노력해야 함

學 학문 **학** 如 같을 **여** 不 못할 **불** 及 미칠 **급**

【직역】 學問**학문**은 미치지 못한 것 같다는 마음으로 해야 함.

➲ 학문은 겸손한 자세로 해야 함.

【예문】 "공부에 매우 열정적이고 學如不及**학여불급**의 자세를 갖추어 선생님들의 기대가 큰 학생이라네."

【비슷한 글자】 及 미칠 급 乃 이에 내

633

漢江投石
한 강 투 석

투자를 많이 하거나 노력을 많이 하여도 좋은 결과를 내지 못함

漢江 **한강:** 서울을 가로지르는 강 投 던질 **투** 石 돌 **석**

【직역】 한강에 돌 던지기.

➲ 한강에 아무리 많은 돌을 집어던져도 한강을 메울 수 없음. 아무리 도와주어도 보람이 없음. 아무리 투자를 많이 하거나 애를 써도 보람이 없음.

【예문】 "이건 漢江投石**한강투석**이야. 안 될 일에 무모하게 도전하느라 더 이상 힘빼지 말자."

634

汗牛充棟
한 우 충 동

책이 매우 많음을 표현한 말

汗 땀 흘릴 **한** 牛 소 **우** 充 채울 **충** 棟 마룻대 **동**

【직역】 (짐으로 실으면) **소가 땀을 흘릴 만큼** (바닥에 쌓으면) **대들보에까지 채울 만큼** (책이 많음)

【예문】 "汗牛充棟**한우충동** 부러워할 것 없다. 한 권이라도 精讀**정독**하여 내 것으로 만드는 것이 중요하다."

【비슷한 글자】 牛 소 우 午 낮 오 ‖ 充 찰 충 允 진실로 윤
棟 마룻대 동 凍 얼 동

635

含哺鼓腹
함 포 고 복

太平聖代**태평성대**의 모습

含 머금을 **함** 哺 먹을 **포** 鼓 두드릴 **고** 腹 배 **복**

【직역】 음식을 입에 머금고 먹으며 배를 두드림.

➲ 먹을 것이 풍족하여 실컷 먹고 (볼록하게 나온) 배를 두드리면서(자랑하면서) 즐겁게 지냄.

【예문】 "전쟁을 겪은 어르신들은 지금 세상을 含哺鼓腹**함포고복**의 시대라 하시지만 젊은이들 생각은 좀 다른 것 같아."

【비슷한 글자】 哺 먹을 포 浦 물가 포 捕 사로잡을 포 鋪 펼 포

636

咸興差使
함 흥 차 사

한번 간 사람이 소식도 없이 돌아오지 않음

咸興 **함흥:** 함경북도에 있는 지명 差使 **차사:** 중요한 업무를 주어 파견하는 관원官員

【직역】 함흥으로 간 太祖**태조**를 모셔 오라 보낸 사신(使)(이 돌아오지 아니함)

➲ 태조 이성계가 왕위에서 물러나 함흥에 있을 때, 太宗**태종**이 보낸 사신을 이성계가 잡아 가두고 돌려보내지 않아 소식을 알 수 없었던 일에서 유래. 심부름 간 사람이 소식도 없고 돌아오지 않음.

【예문】 "친구들 만나는 것도 좋지만 한번 나가면 咸興差使**함흥차사**니 잔소리를 안 할 수가 없다."

【비슷한 글자】 使 하여금 사 吏 벼슬아치 리 史 역사 사

ㅋ~ㅎ

637

合從連衡
합 종 연 횡

弱者약자끼리 세로로 연합하여 强者강자에게 대항하거나 약자들이 가로로 나란히 서서 강자와 和解화해함으로써 삶을 도모함

合 합할 **합** 從 세로 **종** 連 이을 **연** 衡 가로 **횡**

【직역】 세로로 합하고 가로로 이음.

➲ 남북으로 합류하고 동서로 연합한다는 뜻으로 强敵강적에 대항하기 위한 전략.

【예문】 "냉전시대가 저물자 전 세계 각 나라들이 자국의 존립을 위해 合從連衡**합종연횡**을 모색하면서 국제질서가 새롭게 재편되었다."

【비슷한 글자】 連 이을 연 蓮 연꽃 연 運 돌릴 운 ‖ 衡 저울대 형 衝 찌를 충

638

虛張聲勢
허 장 성 세

실력도 없으면서 虛勢허세로만 떠벌림

虛 빌 **허** 張 떠벌릴 **장** 聲 소리 **성** 勢 기세 **세**

【직역】 헛되이 떠벌리고 소리 지르며 기세만 올림.

➲ 실력이나 실속은 없으면서 허세만 부림.

【예문】 "虛張聲勢**허장성세**인지 아닌지는 결과가 나온 뒤 확인해 보면 알겠지."

【비슷한 글자】 勢 기세 세 熱 더울 열 熟 익을 숙

639

懸河之辯
현 하 지 변

강물이 흐르는 것처럼 막힘없이 잘하는 말솜씨

懸 매달 **현** 河 내 **하** 之 ~의 **지** 辯 말 잘할 **변**

【직역】 거침없이 흐르는 냇물을 매달아 놓은 것처럼 거침없고 유창한 말솜씨.

【예문】 "2시간 동안 쉬지 않고 懸河之辯**현하지변**으로 떠드는데 모두 홀린 듯 빠져들어 시간 가는 줄 모르더라."

【비슷한 글자】 河 내 하 何 어찌 하 荷 연꽃 하
辯 말 잘할 변 辨 분별할 변 辦 힘쓸 판

640

螢雪之功
형 설 지 공

가난에 굴하지 않고 공부하여 이룬 성공

螢 반딧불이 **형** 雪 눈 **설** 之 어조사 **지** 功 업적 **공**

【직역】 반딧불이에서 나오는 빛과 눈에서 반사되는 빛을 이용하여 이룬 업적.

➡ 어려운 상황을 이겨 내고 공부하여 뜻을 이룸. 晉**진**나라의 車胤**차윤**이라는 사람은 등불을 켤 기름이 없어 엷은 명주 주머니 속에 반딧불이 수십 마리 넣어 거기서 나오는 빛으로 책을 비추어 읽어 성공하였고, 孫康**손강**이라는 사람은 겨울에 눈에 반사되는 달빛에 의지하여 책을 읽음으로써 성공했다는 이야기에서 유래.

【예문】 "집안 형편이 어려워 진학을 포기하고 취업의 길로 들어섰지만 포기하지 않고 螢雪之功**형설지공**으로 공부를 계속하여 대학까지 마쳤으니 얼마나 대단한가."

【비슷한 글자】 功 공로 공 巧 공교할 교 切 끊을 절

641

狐假虎威
호 가 호 위

남의 權勢권세를 이용하여 威勢위세를 부림

狐 여우 **호** 假 빌릴 **가** 虎 호랑이 **호** 威 위세 **위**

【직역】 여우가 호랑이의 威勢위세를 빌림.

➲ 여우가 호랑이에게 잡아먹힐 위험에 처하자 꾀 많은 여우가 "잠깐, 이번에 내가 하늘로부터 모든 짐승의 왕으로 임명받았다네. 만일 나를 잡아먹으면 하늘의 명령을 어긴 것이 되어 天罰천벌을 받게 될 것이야. 나를 따라오게 되면 모든 짐승이 나를 무서워해서 도망치는 것을 보게 될 것이야"라고 말하였다. 여우가 앞에 서서 걷고 호랑이는 뒤를 따라서 걷는데 만나는 짐승마다 모두 도망치자 여우는 짐승들이 자기를 무서워해서 도망친 것이라고 말하였다. 사실은 호랑이가 무서워서 짐승들이 달아난 것이었지만 여우는 자기 때문에 도망친 것이라며 속였던 것이다.

【예문】 "권력에 빌붙어 狐假虎威호가호위하는 자들의 몰상식한 일탈 행동이 도를 넘고 있는데 이를 묵인할 셈인가."

【비슷한 글자】 假 거짓 · 임시 · 빌릴 가 暇 겨를 · 틈 가 瑕 티 · 허물 하 蝦 새우 하

642

糊口之策
호 구 지 책

겨우 먹고살 수 있는 방법

糊 풀칠할 **호** 口 입 **구** 之 어조사 **지** 策 방법 **책**

【직역】 입에 풀칠하는(먹고 사는) 방법.

➲ 죽지 않고 간신히 먹고살아 갈 수 있는 방법.

【예문】 "행복한 삶을 꿈꾸기는커녕 糊口之策호구지책 마련에 급급한 청춘들에

게 더 노력하라는 충고는 너무 가혹한 것 아닌가."

【비슷한 글자】 糊 풀칠할 호 胡 오랑캐 호 湖 호수 호

643

好事多魔

호 사 다 마

좋은 일에는 방해되는 일이 많음

好 좋을 **호** 事 일 **사** 多 많을 **다** 魔 마귀 **마**

【직역】 좋은 일에는 마귀가 많음.

【예문】 "화나고 속상하겠지만 好事多魔**호사다마**라 생각하면 아픔이 줄어들 것이다."

644

虎視眈眈

호 시 탐 탐

남의 것을 빼앗기 위하여 기회를 노리고 형세를 살핌

虎 호랑이 **호** 視 볼 **시** 眈 노려볼 **탐** 眈 노려볼 **탐**

【직역】 호랑이가 보는 것처럼 노려보고 노려봄.

➡ 날카로운 눈으로 가만히 기회만 노려보는 모양.

【예문】 "그 자리를 虎視眈眈**호시탐탐** 노리는 사람이 많다는 것은 그 자리가 그만큼 좋은 자리라는 뜻 아닌가?"

【비슷한 글자】 視 볼 시 規 법 규

ㅋ~ㅎ

645

浩然之氣
호 연 지 기

사람의 마음에 차 있는 크고 올바른 기운

浩 클 **호** 然 밝을 **연** 之 어조사 **지** 氣 기운 **기**

【직역】 크고 밝은 기운.

➲ 하늘과 땅 사이를 채울 만큼 커서 어떠한 일에도 굴하지 않고 맞설 수 있는 당당한 기상. 어떠한 어려움에도 굴하지 않고 흔들리지 않는 바르고 큰 마음. 하늘과 땅 사이에 가득 찬 넓고 큰 정기. 公明正大**공명정대**하여 조금도 부끄럼 없는 마음.

【예문】 "아무리 지식과 지혜가 많아도 浩然之氣**호연지기**를 가지지 못한 사람이라면 가까이하고 싶지 않다."

【비슷한 글자】 浩 클 호 活 살 활

646

惑世誣民
혹 세 무 민

세상 사람들을 속여 정신을 홀리고 세상을 어지럽힘

惑 어지럽힐 **혹** 世 세상 **세** 誣 속일 **무** 民 백성 **민**

【직역】 세상을 어지럽히고 백성들을 속임.

【예문】 "절의 형편도 딱하게 되어 다소의 보시를 바라고 왔더니만, 상투 자르고 유학하시는 양반께서 惑世誣民**혹세무민**의 원흉인 양 몰아세우는 바람에 수모만 당하였소이다." – 박경리, 《토지》

647

魂飛魄散
혼 비 백 산

몹시 놀라 어찌할 바를 모름

魂 넋(생각) **혼** 飛 날 **비** 魄 넋(생각) **백** 散 흩어질 **산**

【직역】 넋이 날아가고 넋이 흩어짐.

➲ 정신이 사방으로 흩어진다는 뜻으로 몹시 놀라거나 혼이 나서 넋을 잃은 상황.

【예문】 "갑자기 화재경보가 울리자 건물에 있던 사람들이 魂飛魄散**혼비백산**하여 출구로 달려들었다."

648

昏定晨省
혼 정 신 성

아침저녁으로 부모님을 보살펴드리면서 부모님을 잘 섬기고 효성을 다함

昏 저녁 **혼** 定 정할 **정** 晨 새벽 **신** 省 살필 **성**

【직역】 저녁에는 잠자리를 정하여 드리고 새벽에는 안부를 살핌.

【예문】 "昏定晨省**혼정신성**은 어렵다 해도 주말에 찾아뵙거나 하루 한 번 전화드리는 정도는 할 수 있지 않을까?"

【비슷한 글자】 昏 저녁 혼 婚 결혼할 혼

649

弘益人間
홍 익 인 간

세상 사람들을 이롭게 만듦

弘 넓을 **홍** 益 이로울 **익** 人 사람 **인** 間 사이 **간**

【직역】 널리 인간 세상을 이롭도록 함.

➲ 단군의 건국이념. 우리나라 정치 · 교육 · 문화의 최고 이념.

【예문】 "우리나라 교육이 弘益人間**홍익인간**을 지향해야 할 이상적인 인간상으로 정한 것은 옳은 방향이지만, 구체적으로 어떻게 실천할 것인가에 대한 고민은 부족한 듯하다."

人間**인간**은 '사람'이라는 의미뿐 아니라 '인간 세상' '사람 됨됨이' '마땅치 않은 사람을 얕잡아 이르는 말'로도 쓰이는데, 여기서는 '인간 세상'이라는 의미임.

650

畵龍點睛
화 룡 점 정

가장 중요한 일을 함으로써 전체 일을 완성시킴

畵 그림그릴 **화** 龍 용 **룡** 點 점 찍을 **점** 睛 눈동자 **정**

【직역】 용을 그리는데 눈동자를 점 찍음(그림을 완성함).

➲ 무슨 일을 하는 데 가장 중요한 부분을 마무리함. 벽에 용을 그리는데, 눈동자를 그려 넣자마자 그림 속의 용이 살아서 홀연히 구름을 타고 하늘로 날아 올라갔다는 고사에서 유래.

【예문】 "이번 여행은 일정과 코스 모든 것이 훌륭했어. 특히 마지막날 바닷가에서 일몰의 장관을 감상한 것이 여행의 畵龍點睛**화룡점정**이었어."

【비슷한 글자】 睛 눈동자 정 精 자세할 정 情 뜻 정 靜 고요할 정 靑 푸를 청
淸 맑을 청 請 청할 청 晴 날씨 맑을 청

651

花無十日紅 화무십일홍

세상에 영원한 것은 없음

花꽃 **화** 無없을 **무** 十열 **십** 日날 **일** 紅붉을 **홍**

【직역】 꽃은 열흘 붉은 것이 없음.

➲ 힘이나 세력 등은 성하였다가 쇠하였다가를 반복하는 속성을 지니고 있음.

【예문】 "花無十日紅**화무십일홍**이라, 있는 체하는 놈들 두고 보라지. 제 놈들은 언제까지 그럴 줄 알지." – 한수산, 《유민》

【비슷한 글자】 花 꽃 화 化 될 화 ‖ 日 해 일 曰 가로 왈

652

和而不同 화이부동

사이좋게 지내되 義**의**를 굽혀 좇지는 아니함

和화합할 **화** 而그러나 **이** 不아니 **부** 同같을 **동**

【직역】 남과 화합하기는 하되 그러나 같게 되려 하지는 않음.

➲ 남과 화목하게 지내기는 하지만 자기의 중심과 원칙을 잃지는 않음. 남과 사이좋게 지내기는 하지만 무턱대고 어울리지는 아니함. 화합하지만 부화뇌동하지는 아니함. 생각은 다르지만 화목할 수 있는 군자의 세계를 생각은 같아도 화목하지 못하는 소인의 세계와 대비시킨 공자의 말 "君子**군자**는 和而不同**화이부동**하고 小人**소인**은 同而不和**동이불화**한다"에서 나온 말.

【예문】 "국회의장은 각 당의 대표들과 만난 자리에서 和而不同**화이부동**의 정신을 강조하며, 다른 의견을 인정하고 화합하는 국회를 만들자고 했다."

653

禍從口出
화 종 구 출

재앙은 입(말)으로부터 나오는 경우가 많으므로 말을 삼가고 조심하여야 함

禍재앙 **화** 從좇을 **종** 口입 **구** 出날 **출**

【직역】 재앙은 입을 좇아서 나옴.

【예문】 "말을 하지 않아서 후회하기보다 말을 해서 후회하는 일이 훨씬 더 많다고 하지 않니. 禍從口出**화종구출**임을 명심하고 늘 말조심하거라."

654

畵中之餠
화 중 지 병

볼 수는 있지만 실제로 먹을 수는 없음

畵그림 **화** 中가운데 **중** 之어조사 **지** 餠떡 **병**

【직역】 그림 가운데의 떡.

➲ 마음에 들지라도 이용할 수 없거나 차지할 수 없음. 실속 없음.

【예문】 "선생님의 강의가 아무리 훌륭해도 익히고 또 익혀서 자신의 실력으로 만들지 않으면 畵中之餠**화중지병**에 불과하다."

655

換骨奪胎
환 골 탈 태

낡은 제도나 관습 등을 고쳐서 모습이나 상태가 완전히 바뀜

換바꿀 **환** 骨뼈 **골** 奪빼앗을 **탈** 胎아이 밸 **태**

【직역】 뼈를 바꾸고 태를 빼앗음.

➲ 용모가 이전보다 새로워지고 아름다워져서 딴사람처럼 변함. 옛 문인들의 詩文시문을 모방하여 더 멋지고 새로운 문장을 만들어 냄.

【예문】 "쇠락해 가던 전통시장들이 換骨奪胎**환골탈태**한 모습으로 소비자들에게 한 걸음 더 다가가고 있다."

【비슷한 글자】 奪 빼앗을 탈 奮 떨칠 분

656

鰥寡孤獨
환 과 고 독

외롭고 의지할 곳 없는 사람

鰥 홀아비 **환** 寡 홀어미 **과** 孤 고아 **고** 獨 홀로 **독**

【직역】 홀아비와 홀어미와 부모 없는 아이와 자식 없는 늙은이.

➲ 의지할 곳 없어 외로운 처지에 있는 사람.

【예문】 "鰥寡孤獨**환과고독**을 돌보는 것은 국가의 주요한 임무 중 하나이다."

【비슷한 글자】 獨 홀로 독 燭 촛불 촉 觸 닿을 촉 濁 흐릴 탁

657

膾炙人口
회 자 인 구

말이나 문장 등이 사람들의 입에 많이 오르내리고 찬양을 받음

膾 날고기 **회** 炙 구운 고기 **자** 人 사람 **인** 口 입 **구**

【직역】 잘게 썬 날고기(膾)와 구운 고기(炙)처럼 사람들의 입에 잘 오르내림.

➲ 회와 구운 고기는 사람들이 좋아한다는 사실에서 나온 말. 널리 사람들에게 이야기되고 칭찬이 자자함을 일컫는 말.

【예문】 "처음 출판했을 때는 주목을 받지 못했는데 膾炙人口**회자인구**되어 한참 뒤 베스트셀러에 등극하였으니, 매우 이례적인 사례라 할 수 있다."

ㅋ~ㅎ

658

會者定離
회 자 정 리

만난 사람과는 언젠가 반드시 헤어져야 함

會 만날 **회** 者 사람 **자** 定 정해질 **정** 離 헤어질 **리**

【직역】 만난 사람과는 헤어짐이 정해져 있음.

➲ 누구에게나 이별은 필연적인 일임. 세상 모든 일이 無常**무상**함. 對句**대구**가 되는 말에 '떠난 사람은 언젠가 반드시 되돌아온다'는 '去者必反**거자필반**'이 있음.

【예문】 "會者定離**회자정리**가 세상의 이치임을 알지만 이별의 아픔은 늘 새롭게 다가온다."

659

橫說竪說
횡 설 수 설

이렇게 말하였다가 저렇게 말하였다가 함

橫 가로 **횡** 說 말할 **설** 竪 세로 **수** 說 말할 **설**

【직역】 가로로 말하였다가 세로로 말하였다가 함.

➲ 두서없이 아무렇게나 떠들어 댐. 조리 없이 함부로 지껄임.

【예문】 "아무리 달변이라도 내용을 정확하게 이해하지 못한 채 이야기하면 橫說竪說**횡설수설**할 수밖에 없다."

【비슷한 글자】 橫 가로 횡 黃 누를 황 ‖ 說 말할 설 設 세울 설 悅 기쁠 열

660

嚆矢
효 시

어떤 일의 처음

嚆울 **효** 矢화살 **시**

【직역】 우는 화살.

➲ 전쟁터에서 소리 나는 화살을 쏘아서 공격의 시작을 알렸다는 이야기에서 유래.

【예문】 "우리 근대 소설의 嚆矢**효시**로 꼽히는 작품은 이광수의 〈무정〉이다."

661

後生可畏
후 생 가 외

젊은이는 장차 큰 역량을 나타낼 가능성이 있는 존재이므로 존중하고 소중하게 생각해야 함

後뒤 **후** 生날 **생** 可가히 **가** 畏두려워할 **외**

【직역】 뒤에 나온 사람(후배)을 가히 두려워해야 함.

➲ 후배일지라도 부지런히 노력하면 선배를 뛰어넘을 수 있음. 젊은 후학들을 두려워할 만하다는 뜻. 후배들이 선배들보다 젊고 기력도 좋기 때문에 학문을 닦음에 따라 훨씬 더 큰 인물이 될 수 있으므로 가히 두려워해야 한다는 말.

【예문】 "신입사원들의 업무 역량이 日就月將**일취월장**한 것을 보니 後生可畏**후생가외**라는 말을 실감하게 되더군."

662

厚顔無恥
후 안 무 치

뻔뻔하고 부끄러워할 줄 모름

厚 두꺼울 **후** 顔 얼굴 **안** 無 없을 **무** 恥 부끄러울 **치**

[직역] 얼굴이 두꺼워서 부끄러움이 없음.

[예문] "반성은커녕 피해자를 탓하는 가해자의 厚顔無恥**후안무치**한 발언이 알려지자 엄벌에 처해야 한다는 여론이 들끓고 있다."

663

後悔莫及
후 회 막 급

후회가 매우 큼

後 뒤 **후** 悔 뉘우칠 **회** 莫 없을 **막** 及 미칠 **급**

[직역] 뒤에 뉘우친다 해도 미침이 없음(매우 심함).

➲ 일이 잘못된 뒤에는 아무리 뉘우쳐도 어찌할 수 없음.

[예문] "그렇게 말렸는데도 빚까지 내서 무리하게 투자했다가 몽땅 날렸으니, 이제 와서 後悔莫及**후회막급**이라 해도 소용없구나."

[비슷한 글자] 悔 뉘우칠 회 梅 매화 매 每 매양 매

664

興盡悲來
흥 진 비 래

좋은 일과 나쁜 일은 돌고 도는 것임

興 흥할 **흥** 盡 다할 **진** 悲 슬플 **비** 來 올 **래**

【직역】 홍함(즐거운 일)이 다하면(끝나면) 슬픈 일이 옴.

➡ 세상일은 순환되는 것임. 세상일에 너무 자만하지도 낙담하지도 말아야 함. 홍망과 성쇠는 되풀이되는 것임.

【예문】 "興盡悲來**홍진비래**가 세상의 이치이니 너무 一喜一悲**일희일비**하지 마라."

【비슷한 글자】 興 흥할 흥 與 더불어 · 줄(give) 여 輿 수레 여
來 올 래 末 끝 말 未 아닐 미

665

喜怒哀樂
희 로 애 락

사람이 살아가면서 느끼는 네 가지 감정인 기쁨과 노여움과 슬픔과 즐거움을 아울러 이르는 말

喜 기쁠 **희** 怒 성낼 **로** 哀 슬플 **애** 樂 즐거울 **락**

【직역】 기쁨과 성냄과 슬픔과 즐거움.

【예문】 "가족이란 喜怒哀樂**희로애락**이라는 배를 함께 타고 가는 운명의 同伴者**동반자**이다."

【비슷한 글자】 喜 기쁠 희 禧 복 희 ‖ 怒 성낼 로 恕 용서할 서 努 힘쓸 노 奴 종 노
哀 슬플 애 衷 속마음 충 喪 죽을 상

한자성어로 배우는 한자

2019년 8월 5일 초판 1쇄 발행

지은이 | 권승호

펴낸이 | 노경인 · 김주영

펴낸곳 | 도서출판 앨피
출판등록 | 2004년 11월 23일 제2011-000087호
주소 | 우)07275 서울시 영등포구 영등포로 5길 19(양평동2가, 동아프라임밸리) 1202-1호
전화 | 02-336-2776 팩스 | 0505-115-0525
전자우편 | lpbook12@naver.com

ISBN 979-11-87430-74-2